郭沫若研究文库

在郭沫若研究的路途上

王锦厚　著

四川文艺出版社

图书在版编目（CIP）数据

在郭沫若研究的路途上/王锦厚著：—成都：四川文艺出版社，
2017.11

ISBN 978-7-5411-4847-7

Ⅰ. ①在… Ⅱ. ①王… Ⅲ. ①郭沫若（1892—1978）—人物
研究—文集 Ⅳ. ①K825.6-53

中国版本图书馆 CIP 数据核字（2017）第 277247 号

ZAI GUOMORUO YANJIU DE LUTU SHANG

在郭沫若研究的路途上

王锦厚　著

责任编辑	苟婉莹　方基华
封面设计	赵海月
内文设计	史小燕
责任校对	蓝海
责任印制	周奇

出版发行　四川文艺出版社（成都市槐树街 2 号）
网　　址　www.scwys.com
电　　话　028-86259287（发行部）　　028-86259303（编辑部）
传　　真　028-86259306

邮购地址　成都市槐树街 2 号四川文艺出版社邮购部　610031
排　　版　四川胜翔数码印务设计有限公司
印　　刷　四川五洲彩印有限责任公司
成品尺寸　169 mm×239 mm　1/16
印　　张　21.5　　　　　　　　　　字　　数　370 千
版　　次　2017 年 11 月第一版　　　印　　次　2017 年 11 月第一次印刷
书　　号　ISBN 978-7-5411-4847-7
定　　价　68.00 元

郭沫若研究文库

编委会

郭沫若研究文庫

百〇二歲題

馬識途

清若学海弘智海
研究才俊连翩来
千库别裁闻生面
出新时代再添彩

祝清若研究文库云新
丙申章玉钧

序"郭沫若研究文库"

蔡 震

郭沫若研究已经有了近百年历史，积累的研究成果浩如文海。在这个研究领域，相比较于学术论文的发表，研究专著的出版曾是一个令许多学者心中无底，感觉棘手的事情。稍微年长一些的学者们或许都有过这样的经历：因为学术著作的出版是一个难以预知的问题，所以在开始一部研究专著的写作时，就一定要有一个如司马迁所云"藏诸名山，传之其人"的心理准备。当然，也可能有些人便因此放弃了进行系统的研究，做一部学术专著的考虑，而宁愿零敲碎打式地撰写论文。

我并不是说研究郭沫若一定要撰写学术专著，事实上撰写一篇高水平的学术论文，所付诸的学术思考和努力，有时甚至要难于写作一部专著。但是郭沫若研究领域的许多方面，许多问题，确实需要进行系统的、深入的思考和研究，需要以学术专著的形式将研究成果呈现出来。好在近年来从国家到地方，投入到学术研究和出版方面的经费愈来愈多，学术著作的出版有了充分的财力支持。

在这样的情势下，四川郭沫若研究中心设立了"郭沫若研究文库"，专门资助出版研究郭沫若的学术著作，这之于郭沫若研究界显然是一个福音。

"文库"资助出版的学术著作，要经过学术委员会评审通过，这保证了进入"文库"的著作，要具有相应的学术水平和学术质量。而得到资助的学术著作，可以获得全额出版的资助，则保证了在出版环节的顺利操作。

希望"郭沫若研究文库"的设立，能够吸引到更多的学者，特别是青年学者们在郭沫若研究领域作深入、细致、全面的研究，并撰写成书，这将会更有力地推进郭沫若研究的发展。

所谓"文库"既是一种系列书籍的汇集，也是一个藏书之地——将相关的学术文献资料聚拢在一个平台上。所以看远一点，相信若干年后，"郭沫若研究文库"的积累可以构成郭沫若研究信息库、资料库的重要组成。

八十余年前，流亡海外的郭沫若在日本出版了研究古文字的学术著作《卜辞通纂》，为此，他特意给印制这部著作的印刷所老板题赠了一首诗以示感谢。诗中有句云："没道名山事，劳君副墨传"。就借这两句诗给四川郭沫若研究中心"郭沫若研究文库"吧。

丙申　夏

目　录

郭研文存

我们为什么坚持郭沫若研究

一位熟悉郭沫若的前辈在和我谈郭沫若研究时，曾这样告诉我：

郭老不太容易为人理解，更容易被人误解。尤其是晚年。

为什么？他没有说。我也没有问。然而，我却一直在寻求答案。

他以异军突起的姿态，诗人的身份登上文坛时就说：

我于诗学排斥功利主义，创作家创始时功利思想不准丝毫夹杂入心坎。创作家所当讲究事，只在修养自己的精神人格，艺术虽是最高精神底表现物。纯真的艺术品莫有不可以利世济人的，总要行其所无事才能有艺术底价值。所以我于文学上甚么——ism，甚么主义，我都不取。我不是以主义去做诗，我的诗成自会有主义在，一首诗可以有一种的主义。①

《女神》，就是他这种主张的产物，这种理论的结晶。说《女神》一首诗可以有一种主义，这是一种夸张的说法，但用浪漫主义概括其特点，似乎是只见树木，未见森林。他又说：

---

① 郭沫若：《致陈建雷》，《郭沫若佚文集》，成都：四川大学出版社，1988 年版。

近年来我从事文艺的制作以来，受到别人的批评不少，说我好的人，说我不好的人，他们的话能够直送到我的心坎的，实在少见。①

他的"心坎"里到底装的什么呢？他说：

我这人非常孤僻，我的诗多半是种反性格的诗，同德国的尼采 Nietzsche 相似。我的朋友极少。我的朋友只可说是些古代的诗人和异域的诗人。我喜欢德国的 Goethe, Heine，英国的 Shelly, Coleridge, A. E. Yeats，美国的 W. Whitman，印度的 Kalidasa, Kabir, Tagore，法文我不懂，我读 Verlaine, Baudelaire 的诗，（英译或日译）我都喜欢，似乎都可以做我的朋友。我不喜欢小说，我不喜欢自然主义 Naturism 的作品，因为我受的痛苦已经不少，我目击过的黑暗已经无限，我现在需要的是救济，需要的是光明。黑沉沉挖蹭蹭的文章读了只令人震头脑裂。可我自己却每每肯做黑沉沉的文章，因为我的环境还是个薄的世界，我还不曾达到光明的彼岸。我丢不下的东西太多了！②

原来他"心坎"里"需要的是救济"，"是光明"。

他的文艺制作由诗，扩展到散文、小说、戏剧、文论，很快，又扩展到中国的传统文化的研究，国外的社会科学的学习，继而又由文艺阵营走向实际的革命斗争……而且一直置身于矛盾斗争的旋涡中……从而，集诗人、学者、革命家于一身。

他在革命阵营的角色、贡献，暂且不作详论，仅就他复杂的文艺制作谈一点看法。

《女神》"开一代诗风，成为我国新诗运动的奠基者"③，几乎众人所知。投身革命，其事迹人们则知之不详，挺身而出，保卫并宣扬中国传统文化也少为人所注意。五四时期，在一片打倒孔家店的声浪中，他郭沫若就断然告白：

---

① 郭沫若：《批评与梦》，《文艺论集》，光华书局，1925年版。
② 郭沫若：《致陈建雷》，《郭沫若佚文集》，成都：四川大学出版社，1988年版。
③ 邓小平：《在郭沫若同志追悼会上邓小平同志致悼词》，《科学通报》1978年第7期。

我在这里告白，我们崇拜孔子。说我们时代错误的人们，那也由他们罢，我们还是崇拜孔子——可是决不可与盲目地赏玩骨董的那种心理状态同论。我们所见的孔子，是兼有康德与歌德那样的伟大的天才，圆满的人格，永远有生命的巨人。①

他在致宗白华的信中说：

我常想天才底发展有两种 Typus，一种是直线形的发展，一种是球形的发展……球形的发展是将他所具有的一切天才，同时向四面八方，立体地发展了去。这类的人我只找到两个：一个是我国的孔子，一个便是德国的歌德。②

为此，先后撰写了《我国思想史上之澎湃城》《歌德对自然科学之贡献》《中国文化之传统精神》等文，阐述对孔子和歌德认识，赞扬孔子和歌德的"球形"天才，对人类文化做出的巨大贡献。成仿吾在郭沫若用日文为大阪《朝日新闻》所写的《中国文化之传统精神》节译中写的"附识"中说：

不论是在一般的人或在专门的学者，不论是中国人或外国人，没有像我们文化的精神与思想被他们误解得这样厉害的。外国人可不必说，即我们的新旧学者，大抵都把他误解得已不成话。旧的先入之见太深，新的亦鲜能提到真义，而一般的假新学家方且强不知以为知，高谈中西文化及其哲学。在这样混沌的学界，能摆脱一切无谓的信条，本科学的精神，据批评的态度而独创一线的光明，照彻一个常新的境地的，以我所知，只有沫若数年以来的研究。③

是的，"只有郭沫若数年以来的研究"。
尔后，郭沫若在和宗白华论诗过程中又说：

---

① 郭沫若：《中国文化之传统精神》，《郭沫若佚文集》，成都：四川大学出版社，1988 年版。
② 郭沫若：《致宗白》，《三叶集》。
③ 成仿吾：《中国文化之传统精神、仿吾译后附识》，《创造周报》第 2 号，1925 年 5 月 20 日。

我想孔子那样的人是最不容易了解的。从赞美他方面的人说来，他是"其大则天"，从轻视他方面的人说来，他是"博学而无所成名"。我看两个评语都是对的，只是我们自己的立脚点是怎么样；可是定要说孔子是个"宗教家"，"大教祖"，定要说孔子是个"中国的罪魁"，"盗丘"，那就未免太厚诬古人而欺示来者。

　　歌德这位大天才也是到了"博学而无所成名"底地位。……他有他的哲学，有他的伦理，有他的教育学，他是德国文化上的大支柱，他是近代文学的先河……他这个人确也是最不容易了解的。[①]

的确，两个人都"最不容易了解"，生前身后遭到无数的非难、恶骂……

孔子生前被视为"丧家之犬"，到处碰鼻，死后被认为"盗丘"，是"中国的罪魁"……一次又一次地要打倒他。这是大家都熟悉的。歌德在德国的命运也是如此。这点，郭沫若也有深刻体会。他曾经翻译了尼采的《查拉图斯特拉》后告诉友人，说：

　　理解一个人的著作或一个人的思想，绝不是容易的事情，尤其是艰深的作品和深刻的作者。

歌德研究的权威专家杨武能先生在他的《郭沫若——"中国的歌德"》一文是这样概括歌德生前身后所遭受的非难、攻击和批判的。他说：

　　从右的立场攻击歌德者，主要是以教会为代表的封建势力。攻击的原因大致有二：一是歌德信奉泛神论和进化论，虽对原始基督教并无反感却对教会极端厌恶，因此便让一些主教大人斥为否定基督教义的"异教徒"和"上帝亵渎者"；二是歌德在作品里大力张扬人性、人道，主张个性解放、感情自由，特别是一些写男女爱情和婚姻的诗歌小说如《罗马哀歌》以及《少年维特的烦恼》和《亲和力》等等，都令教会大伤脑筋，因此被骂作"不道德的书"，"该遭天谴的书"。

---

　　① 郭沫若：《致宗白华》，《三叶集》。

从左的立场非难、攻击歌德的人更多一些，他们主要是一些作家同行特别是其中的激进民主主义者。他们这样做除了文人相轻、意气用事，还多少含有一些"恨铁不成钢"的意味。文人相轻、意气用事古今中外一个样，本来也挺无聊，就不多说了；只讲"恨铁不成钢"的吧。后一类人最著名的代表为激进的民主主义作家伯尔内（Ludwig Borne，1786—1837）。此人一生批判歌德不遗余力，也因此而出了大名，但他的批判不是遵照文学、道德或宗教的标准；他唯一的标准是政治。他骂歌德"是一个押韵的奴仆"，"是长在德意志躯体上的一个毒瘤"，原因就在歌德长期效力于魏玛公爵，既不赞成他所投身的民主革命，还对德国人反对拿破仑的民族解放战争态度冷淡。也就是说，他把歌德当作一位政治人物来要求；他恨歌德，由于歌德极有才能和威望，但却没有像他一样把才能和威望贡献给革命。海涅因此嘲笑伯尔内是一个"迟到的雅各宾党"，丹麦大批评家勃兰兑斯则断言他对文艺"一窍不通"，德国当代批评家狄茨（W. Dietz）却一针见血地指出："在伯尔内由于失望而燃起的仇恨之火后面，其实隐藏着'对歌德的真正的爱'，也就是恨铁不成钢的意思。"①

到了 20 世纪，像伯尔内一样从左的立场上批评歌德的人中，最著名者为托马斯·曼的哥哥亨利希·曼。他曾不止一次愤激地表示希望德国人能立一个法，禁止在 20 甚至 50 年内再提歌德的名字和谈论歌德。这位思想进步的大作家如此偏激，原因就在看不惯歌德的名字和诗作常常被达官显贵和形形色色的附庸风雅者滥用。

郭沫若也和歌德一样，在辞世不久之后也遭到了来自不同方面的贬低、非难和攻击。

这个分析是很有见地的。我们不禁要问：非难、攻击和批判郭沫若的到底是一些什么人？只要做一番具体分析，问题就一清二楚了，这些人大体上可以分为四派：

---

① 高中甫：《歌德接受史（1773—1945）》，北京：社会科学文献出版社，1993 年版。

一、敌对派

这一派里有个别美籍华人学者，如余时英《〈十批判书〉与〈先秦诸子系年〉互校记》，认定郭沫若《十批判书》抄袭了钱穆的《先秦诸子系年》，企图从学术上打倒郭沫若。还有几个西方所谓反马克思主义者，以及一批当年流亡海外或港台的国民党的追随者，如署名史剑，实则上海《和平日报》总编的马彬，他写了一本《郭沫若批判》① 在"发端"中说：

> 郭沫若这个名字和中国人的意念，是以"作家身分"作为联系的；而郭沫若可以批判和值得批判的，也正是他保有作家身份那一段岁月，一旦进入红色殿堂，其生荣或死哀，与中国人民均少有关系矣。诚然，郭沫若是善变的，今而后，虽然年迫衰暮，变化还是会有的；祇是弄臣之变，对人类社会不会再有影响。作为作家，叛逆者，斗士的郭沫若，到担任中共国务院副总理之后，已走完他底生命的路程了。

跟着《郭沫若批判》的路子而来的是《郭沫若总论——三十至八十年代中共文化活动的缩影》，台湾商务印书馆 1988 年 9 月初版。作者金达凯，湖北英山人，1925 年生，武昌中华大学历史系毕业，曾任香港中国问题研究所研究员、香港民主评论总编辑、政治大学教授、国际关系研究中心兼任研究员、政治作战学校教授、系主任。为什么写这样一个书呢？他说：

> 郭沫若的一生，正是中共整个文化统战活动的缩影。揭露了郭沫若的脸谱，也就等于揭穿共产党控制大陆文坛，将文学艺术作为政治斗争工具的底牌。

其目的不是昭然若揭吗？批判郭沫若醉翁之意不在酒，只不过借批判郭沫若表达自己的政治诉求而已。

只要稍微有一点现代历史、文学史知识的人，一眼就可以看出该书是什么样

---

① 史剑：《郭沫若批判》，香港：亚洲出版社，1954 年。

的玩意儿，除了造谣、歪曲，剩下的就是诬蔑！许多地方简直荒唐可笑！

二、恩怨派

这一派较为复杂，可分为直接恩怨和间接恩怨。直接恩怨，时间最久的莫过于沈从文，他从三十年代到八十年代去世，没间断地"碰撞"鲁迅、郭沫若，不断向郭沫若发起挑战，明的，暗的，直接，间接，对郭沫若进行所谓"褒贬"①，实际是攻击。当然，郭沫若也作过不少回应。间接恩怨，沈从文去世后，汪曾祺、张兆和等人，则变换手法将沈从文的沉浮统统归罪于郭沫若的《斥反动文艺》，制造、散布种种似是而非的言论，说什么"他是一个受到极不公平待遇的作家。评论家、文学史学违背自己的良心，不断地对他加以歪曲和误解"②，影响舆论。还有一些在历次运动中受了这样那样冲击的人，他们往往借郭沫若发泄自己的不满。

三、炒作派

八十年代浮躁之风大兴，各式各样的炒作盛行。为政治而炒作，故意抬高过去被批判的胡适、周作人、张爱玲，贬低鲁迅、郭沫若、茅盾……；为商业而炒作，或借"反思"，用他人之口说自己的话，争夺话语权；或借"重评"，沽名钓誉。如丁冬编著的《反思郭沫若》，李春林的《田仲济与郭沫若》，姚雪垠的《评〈甲申三百年祭〉》；还有借恭维活人，谩骂死人，如魏明伦的《巴山鬼话·自序》《奇奇怪怪的四川人》，恭维巴金，谩骂郭沫若是"弄臣""御用文人""御猫"……毫无半点学术味道。

此类人不少。

---

① 王锦厚：《沈从文是如何"褒贬"郭沫若的?》，《郭沫若学刊》，2016 年第 1 期。
② ［美］金介甫（Jeffrey C. Kinkley）著，符家钦译：《沈从文传》，北京：国际文化出版公司，2006 年 1 月 2 次印刷。

四、跟风派

这一派更为复杂，人数不多也不少。粉碎"四人帮"后，趁着改革开放之机刮来一股又一股西风，一些人便跟着风向跑，一会儿徐志摩、梁实秋热，一会儿张爱玲热，沈从文热，老外说好就跟着说好。如金介甫说："在西方……他们都认为，沈从文是中国现代文学史上少有的几位伟大作者之一，有些人还说鲁迅如果算主将，那么沈从文可以排在他之后。"① 于是，好事者便给中国现代作家大排特排座次。这完全是逆反心理作怪，往往被人牵着鼻子顺着风向跑，凡是过去否定的，他要肯定，凡是过去肯定的，他要去否定。曲解，甚至谣言也津津乐道……

鲁迅先生早就教导我们，他说：

> 我总以为倘要论文，最好是顾及全篇，并且顾及作者的全人，以及所处的社会状态，这才较为确凿。要不然，是很容易近乎说梦。②

敌对派的故意为之，其余一些人，则从根本上违背了鲁迅的教导，他们既没有顾及全人，更没有顾及所处的社会状态。事实告知我们：

郭沫若是一个"球形发展"的"天才"，爱做翻案文章的高手，站在时代前列的弄潮儿，因而也"最不容易了解"，但他对文学、对艺术、对历史、对考古、对翻译、对革命所作出的杰出贡献，绝不是几个人、几篇文章、几本书所能否定的。

其实，能够了解郭沫若，认识郭沫若，正确评价郭沫若，也不乏其人，贬低、非难、攻击郭沫若的这些人最好先去翻一翻历年人们对郭沫若的评论。如1933年北平成杰印书局出版的《中国新文学运动史》，王哲甫著。这是我国最早的一部现代文学史著作，值得一读，看他是怎样介绍分析郭沫若的。

---

① ［美］金介甫（Jeffrey C. Kinkley）著，符家钦译：《沈从文传》，北京：国际文化出版公司，2006年1月2次印刷。

② 鲁迅：《"题未定"草（七）》，《鲁迅全集》第七卷，北京：人民文学出版社，1981年版。

郭沫若

（一）略传

郭沫若，四川嘉定府人，现年三十八岁。他生来富于反抗的精神与革命的热情。民国三年赴日本留学，后来毕业于福冈医科大学。在帝国大学读书时，他就爱好研究文艺，颇受歌德、雪莱的影响。他的新诗集《女神》，《星空》，皆为在日本时所作。他回国后，四川省立医院派代表亲赴上海请他回去充任院长，他坚持不就，立志从事文艺生活，尽弃所学医道，与成仿吾，郁达夫，张资平等合办创造社。在一九二二年五月，《创造季刊》第一期出版，不久又出《创造周报》，《创造日报》，为新文学运动初期最有力的刊物，影响于青年的思想甚大。后创造社出版《创造月刊》，他出力最多，在中国靠笔墨维持生活，本来是很困难的事，所以郭沫若与他的日本夫人及三个孩子，生活往往感受窘迫，有时不得已竟把妻子送回日本去，他独自在上海卖文过活。一九二五年上海五卅惨案发生，郭氏目睹帝国主义的横暴，及我国民族的衰弱，于是由浪漫主义转变而提倡革命文学，青年学子群起拥护，虽然在当时也引起了剧烈的论战。《创造月刊》，也因为思想激进，遭官厅的嫉视，百般压迫，然郭氏始终奋斗，不辞劳怨，及一九二五年广东革命军出师北伐，郭氏即投身革命军中，从事实际革命工作，曾任总政治部副主任，未及一年，政局变化，郭氏亦退出政治生涯，东渡日本，专心著作，现在仍同其夫人孩子寓居日本，他的笔名甚多，有麦克昂，易坎人等。

（二）作品

郭沫若是一位革命文学家，他一生的精神是反抗。他对于中国的政治，社会，道德等等都感到不满意。他的感觉比别人特别敏锐；他的性情尤为热烈，这正如拜伦雪莱等不满意于英国的旧社会一样。所以他的作品里面含着热血，含着火焰，使每个读他作品的人，无不被他感动。他的反抗的精神，也曾经过了多次的转变。他最初反抗封建式的社会制度；自从事文艺运动后，对于一切都起强烈的反抗，于是流为空想的浪漫主义者。如他初期的作品《女神》，《星空》，都可以代表这时期的思想。"五卅惨案"后，他又提倡革命文学，并实地从事政治运动，但他的政治生涯不久便告了终结。他的作品里，处处对无产阶级表示同情，他所提倡的是第四阶级的文学，所以不见容于本国的官僚，军阀，资本家，而逃避在异国。

说到他的作品，他是一个多产的作家，他是诗人，是小说家，又是戏剧家，我们在这很短的篇幅里，不容易详细的评论，只能论其梗概。在小说方面，他的《落叶》描写日本女子恋爱的心理，无不深入人心。《落叶》是用四十一封书信体写的，信中并没有什么惊人的奇遇，复杂的情题，只用真挚朴素的文字，描写一个痴情的日本女郎的心境，使人读了，毫无觉单调乏味，只觉得这是一件真实的事。《橄榄》是一部叙写他的生活的小说。他弃了所学的医学，而过着作家的生活，经济的压迫，生活的困苦，都在这部书里表现出来。但他虽经过如许的艰苦，他的牧歌的趣味是特厚的，使他每一回忆以往，便有一种如咀嚼橄榄般的不尽的意味。如他的《山中杂记》的一部分和《行路难》里的《飘流三部曲》，《新生活日记》，完全是牧歌生活的表现。《塔》里头也有几篇很好的小说，如《万引》，《阳春别》是描写经济苦闷的作品，《Lobenicht 的塔》，《鹓雏》，《函谷关》，是追述古事的作品，而《叶罗提之墓》，《喀尔美罗姑娘》是属于恋爱小说。尤以后者描写他在日本迷恋于一个卖糖果的女郎的心情，使人读了，只觉得真实美妙，一个男子恋爱一个女子到这种地步，也是世间稀有的事；作者写来虽是平铺直叙，却字字入人心坎，较之一般平凡的恋爱小说，真有凤凰与燕雀之别。

郭氏的诗可以《女神》为代表，在这部诗里头，处处流露出作者的反抗性与革命性，田汉曾写信致郭氏说："与其说你有诗才，毋宁说你有诗魂，因为你的诗，首首都是你的血，你的泪，你的自叙传、你的忏悔录啊！"实在的，《女神》里所表现的，是"五四"以后中国青年的烦恼悲哀，真像火一样烧着，潮一样涌着。

至于他的剧本，也有他的特色。他爱取古事为题材，如《孤竹君之二子》系攻击穷兵黩武的军阀，《卓文君》一剧系对旧式家庭的婚姻，加以反抗，《聂嫈》系表现妇女参加革命工作，《王昭君》反抗君主玩弄女性的罪恶，这三本剧合之称为《三个叛逆的女性》，她们虽然都是古人，但他把她们都变为现代反抗旧礼教的妇女。

他的论文集，也值得我们注意，他的《文艺论集》也都是热血澎湃的文字，如《革命与文学》，《艺术家与革命家》，《文学革命之回顾》等文章，曾引起剧烈的论战，然而他的超越时代的思想，是无人不承认的。

此外他在翻译上也有很大的贡献。早年翻译了歌德的《少年维特之烦恼》，声名为之日隆。及后又翻译施笃谟的《茵梦湖》，及高尔斯毕绥的戏剧，辛克莱的小说，都是近代著名的作品。他对于考古学的著作，也出了几部，在此不便细述。总之他是我国的拜伦，他的伟大的反抗的精神，是任何人比不上的。

再读一读最早的《郭沫若传》，作者杨殷夫，广州新中国出版社 1938 年 6 日出版。作者在序言中写道：

> 郭沫若先生是现代中国最伟大的革命诗人，他的伟大处，除了写《哀希腊》的英国诗人拜伦以外，没有第二个能够比拟。不过他的伟大，并不全在他本身的伟大，而在他生存的时代社会背景的伟大。过去中国并不是没有比郭氏的才调更高超的文人才子，他们所以不及郭氏之伟大者，就因为他们没有一个伟大的时代社会背景的原故。"时事造英雄，英雄造时势。"我们只有从这一点上才能够正确地理解郭氏……

郭氏的一位同宗郭冠杰，曾引石达开的两句诗赠郭氏，是：

> 身价敢云空翼北，
> 文笔昔已遍江东。

我以为不如用：

> 拜伦前百年，
> 鲁迅后一人。
> 郭氏实足以当之无愧。

我要告诉那些贬低、非难、攻击郭沫若的人：王哲甫、杨殷夫并非共产党人，他们为什么如此评论郭沫若，不值得深思么！像这样评价郭沫若的人多着呢！

最好请这些人去读一读成都出版社 1992 年为庆祝郭沫若诞生一百周年，作为国家"八·五"重点图书规划项目郭沫若研究系列之一，隆重推出的《百家论郭沫若》。该书以编年的形式收录了1920年1月至1949年7月，120余位不同党派、学派、流派的172篇文章，看看这些人是怎样评论郭沫若的。

我们更应该去认真学习近平2015年10月14日《在文艺工作座谈会的讲话》，2016年5月17日《在哲学社会科学工作座谈会上的讲话》，其中都说到郭沫若。他说：

> 老子、孔子、庄子、孟子、屈原、王羲之、李白、杜甫、苏轼、辛弃疾、关汉卿、曹雪芹到"鲁郭茅巴老曹"（鲁迅、郭沫若、茅盾、巴金、老舍、曹禺），到聂耳、冼星海、梅兰芳、齐白石、徐悲鸿……从五四时期新文化运动、新中国成立到改革开放的今天，产生了灿若星辰的文艺大师，留下了浩如烟海的文艺精品，不仅为中华民族提供了丰厚滋养，而且为世界文明贡献了华彩篇章。

> 特别是十月革命一声炮响，给中国送来了马克思列宁主义。陈独秀、李大钊等人积极传播马克思主义。倡导运用马克思主义改造中国社会。许多进步学者运用马克思主义进行哲学社会科学研究。在长期实践探索中，产生了郭沫若、李达、艾思奇、翦伯赞、范文澜、吕振羽、马寅初、费孝通、钱钟书等一大批名家大师，为我国当代哲学社会科学发展进行了开拓性的努力。可以说，当代中国哲学社会科学是以马克思主义进入我国为起点的，是在马克思主义指导下逐步发展起来的。

将郭沫若放置于历史长河中的"大家之列"，是十分科学的。

郭沫若无疑是中华民族的伟大人物之一。难怪周扬要称郭沫若为"中国的歌德"，"社会主义时代的新中国的歌德"。郁达夫说：

> 没有伟大的人物出现的民族，是世界上最可怜的生物之群；有了伟大的人物，而不知爱戴，崇仰的国家，是没有希望的奴隶之邦。①

---

① 郁达夫：《怀鲁迅》，《郁达夫文集》第4卷。

杨武能教授也告知我们，歌德说过：

最伟大的人物总是通过某种弱点与他们的时代联系在一起。

——《格言与反思》

善良的人在追求中纵然迷惘却始终将意识到有一条正途。

——《浮士德·天上的序幕》

这是给我们如何看待郭沫若一生，尤其是他晚年的缺点和错误的一把钥匙。让我们记住杨武能教授的忠告：

但愿我们也像德国人尊重、珍惜歌德一样，尊重、珍惜我们"中国的歌德"郭沫若，以及我们民族自己所有的天才人物和杰出先辈！

是的，我们一定要像德国人尊重、珍惜歌德一样尊重、珍惜我们"中国的歌德"郭沫若，珍惜和保卫中国文化史一份宝贵财富。因此，无论遇到什么挑战、什么阻力、什么困难，我们都要把郭沫若研究坚持下去。"而且应当有郭老的大无畏精神，坚持真理的精神，实事求是以理服人。这不仅关系到研究郭老本身，也关系到珍惜我们民族文化的瑰宝，关系到怎样继承和发扬中华民族优秀文化传统"。①

---

① 曾绍义：《青山不老　清水长流——朱子奇同志谈郭沫若及郭沫若研究》，《郭沫若学刊》1991年第3期。

回顾历史

郭沫若研究开新章

——两次郭沫若研究学术讨论会纪实

1978 年 6 月 13 日，中央人民广播电台播发了郭沫若逝世的消息……

四川大学党委很快做出反映，拟在他逝世周年的时候举办纪念会暨学术讨论会，指派伍加伦和我去乐山联络。我们俩先后数次往返沙湾、五通桥、牛化溪、乐山市访问郭沫若的亲属、友人，拜见乐山地区乐山市的主要领导，商讨召开纪念会暨学术研讨会……这一倡议，得到乐山各有关方面的热烈赞同，很快双方便开始着手准备，可谓同心协力，一切进展十分顺利！

1979 年 6 月 12 日至 19 日，由四川大学和乐山地区、乐山市联合主办的郭沫若逝世一周年纪念会暨郭沫若研究学术讨论会，如期在乐山大佛寺举行。来自全国二十三个省、市、自治区九十七个单位的学术研究工作者、高等院校教师、文化新闻出版工作者一百三十多人出席了这次会议。他们当中有：中国社会科学院文学研究所副所长、郭沫若著作编辑出版委员会办公室负责人吴伯箫，人民文学出版社顾问、郭沫若著作编辑出版委员会办公室负责人楼适夷，老作家戈宝权、艾芜、段可情，郭沫若著作编辑出版委员会办公室负责人、原郭老秘书王廷芳，南京大学教授陈瘦竹，山东大学教授高兰，杭州大学教授孙席珍，四川大学教授华忱之、谢文炳、石璞，郭沫若同志的女儿郭庶英、郭平英以及郭沫若同志在乐山地区的亲友，在四川大学任教的日籍教师森时彦、森纪子、石田弘及其夫人也应邀参加了会议的开幕式。

会议共收到学术论文三十三篇，涉及郭沫若研究的各个方面，包括郭沫若的生平事迹和思想发展，郭沫若的诗歌、戏剧、历史、考古等著作。

戈宝权为《文艺报》写了题为《郭老研究开新章》的特稿，介绍此次会议的情形，他在文章中写道：

> 学术讨论会，先用了三整天的时间分组讨论，大家一致指出，在进行伟大的社会主义革命和社会主义建设过程中，继承、发扬郭老的思想和文化遗产，有着重大的现实意义和历史意义。我们在研究郭老时，一定要解放思想，用辩证唯物主义和历史唯物主义的科学态度，讲求实事求是，不能把郭老变成"神"或是用"神"来要求郭老。在研究过程中，要在尊重历史事实的前提下，科学地、唯物地对郭老一生作出正确的评价。

6月15日，全体代表访问了郭老诞生的家乡沙湾镇。

6月16日，参观了郭老曾经读过书的地方和乐山一中，看到郭老的两份珍贵的题词，其中1959年为乐山一中写的长条幅是："青少年时代可塑性最大。在这时期，无论在思想、立场、学习、发育方面，都应该把基础打好，照着教育与劳动结合的方针办事，便是最好的奠基工作。脑力劳动与体力劳动能适当地相互结合，可以使体魄壮健，可以使精神发扬，学习会感觉兴趣易登上高峰，学成之后能更好地为国家建设服务。有了明确的方针，靠着集体和个人的努力，便能培养出全面发展的社会主义建设人才。努力吧，人人都鼓足干劲，力争上游！"事过二三十年，现在重看这些题词，仍有现实意义。当天晚上，还看了乐山川剧团新近排演的川剧《屈原》，演出非常成功。

6月17、18两日，在大会上分别由戈宝权作了《谈郭沫若与外国文学的问题》、高兰作了《重读郭老〈女神〉的几点体会》、孙席珍作了《思想解放的典范》、陈瘦竹作了《郭老的悲剧艺术》等四个学术报告。上海图书馆的肖斌如汇报了他们编纂郭老《著译书目》和《著译系年目录》的体会，其中《著译书目》不久将由上海文艺出版社出版。会议的最后两三天，还在凌云寺山门的阁楼上，举办了郭老早年遗物展览会，其中陈列了郭老的作文本，算学练习本，成绩单，他读过的课本，他从日本写回的家书多封，这都是研究郭老的珍贵文物。

6月19日上午，楼适夷作了如何做好郭老著作的编辑、注释和出版工作问题的报告，提出了编辑《郭沫若全集》的若干原则和计划，征求大家的意见，并请各地研究机关、高等院校在编委会的统一组织和安排之下，参加编辑和注释的工作。下午大会闭幕，乐山地委宣传部副部长张追光主持，许琦之代表领导小组讲话。乐山地区行署副专员胡汉平祝贺会议成功，为代表们热情送行。吴伯箫也在会上讲了话，指出这次学术讨论会是成功的，收获是巨大的，希望大家把这次讨论会作为新的起点，继续努力，在郭沫若研究上做出新的贡献！最后全体代表在热烈的掌声中，通过了《关于成立郭沫若研究学会的倡议书》。

19日的夜晚，在凌云寺大雄宝殿前的院子里，由戈宝权主持，举行了一次生动活泼的诗歌朗诵晚会，庆祝这次盛会的圆满结束。

6月26日正式成立四川大学郭沫若研究室。

中国社会科学院文学研究所副所长、郭沫若著作编辑出版委员会办公室负责人吴伯箫，人民文学出版社顾问、郭沫若著作编辑出版委员会办公室负责人楼适夷，老作家段可情、戈宝权，郭沫若著作编辑出版委员会办公室负责人、原郭沫若同志的秘书王廷芳以及郭沫若同志的女儿郭庶英、郭平英等同志出席了郭沫若研究室成立大会。吴伯箫和四川大学副校长、党委副书记许琦之同志在会上讲了话，祝贺我国高等院校第一个郭沫若研究室的成立。

研究室成立后，立即着手进行以下几项工作：一、编选《郭沫若选集》五卷本，由四川人民出版社出版；二、与学报编辑部合编《郭沫若研究专刊》，不定期出版；三、受郭沫若著作编辑出版委员会委托，参加《郭沫若全集》的注释工作，初步商定承担十卷的工作量；四、编写郭沫若年谱和评传。研究室的同志决心奋发努力，坚决贯彻"二百"方针，把郭沫若研究工作搞好。

有学者如此评价这次郭沫若学术研讨会：

> 1979年10月，在四川乐山举行的全国郭沫若学术讨论会，标志着郭沫若研究新的历史阶段的到来。[①]

郭沫若诞辰90周年之际，全国不少地方举办了纪念会、学术研讨会。

由四川大学主办的纪念郭沫若诞辰九十周年及第二次学术讨论会，于1982年10月27日至11月2日在成都举行。

---

① 刘勇、刘春雨：《郭沫若研究述评》，《北京师范大学学报》2001年第4期。

这次讨论会，是继 1979 年在乐山举行的郭沫若学术讨论会后又一次盛会。来自全国二十五个省、市、自治区学术研究机关、大专院校、新闻出版单位和文艺团体的一百二十多名专家、教授、学者和代表参加了会议。他们当中，有不少是在郭沫若研究工作上已经取得可喜成果的中年骨干教学和研究工作者。

讨论会共收到学术论文八十一篇，比 1979 年在乐山举行的讨论会增加了一倍多。论文涉及的研究领域更广了，包括郭沫若的生平事迹、哲学、美学思想、文学艺术创作、历史考古著作、金文甲骨文研究、报刊宣传活动、翻译、书法等各个方面。

中共四川省委顾问、省政协主席、省文联名誉主席任白戈，中国社会科学院研究员、中国作协理事唐弢，四川大学副校长许琦之，四川省社科院副院长廖永祥，杭州大学教授孙席珍，内蒙古大学教授鲁歌，徐州师范学院教授吴奔星，四川大学教授杨明照、华忱之等出席了开幕式。四川大学中文系副主任、副教授唐正序主持开幕式。

讨论会上，唐弢就郭沫若对中国革命和文化事业的巨大贡献，孙席珍就怎样科学地评价与研究郭沫若，吴奔星就《女神》与郭沫若的诗论，作了专题发言。……小组会上，与会代表就郭沫若研究的各个方面，特别是有争议的《甲申三百年祭》《李白与杜甫》进行了各抒己见的热烈讨论。

会议期间，同志们怀着极大的热情参观了沙湾郭沫若故居。会上，还成立了郭沫若学会筹备组。

会后，应报刊之约，就这次会议的成果，我写了《郭沫若研究的又一新的起点》，分别刊登在四川省联络处编的《文艺通讯》1982 年 7 月号（总第十三期）、中国社会科学院文学研究所动态组编《文学研究动态》1983 年 5 月号（总 107 期）。全文如下：

> 由四川大学郭沫若研究室主办的纪念郭沫若诞辰 90 周年学术讨论会于 1982 年 10 月 27 日—11 月 2 日在成都召开。
>
> 会议先后收到学术论文 81 篇，贺电、贺信、照片、手迹 12 件。论文包括郭老生平事迹、文学创作、历史考古、报刊宣传、《女神》的哲学思想、日本翻译研究郭老情况、和外国戏剧的关系，并对《李白与杜甫》等争议较大的著作提供了新的情况、新的资料及不同的看法。

会议始终围绕着三个中心：（1）郭沫若在中国现代文化史上的杰出贡献和成就；（2）怎样科学地研究郭沫若及其著作；（3）在建设社会主义精神文明中如何学习郭沫若及其著作，本着"百花齐放、百家争鸣"的精神，实事求是的原则进行了广泛而深入的研讨。

　　会议一致肯定了郭老对中国革命、特别是对中国现代文化的杰出贡献和成就，着重研究了怎样科学地研究郭沫若及其著作。主要意见如后：

　　与会代表仔细分析了郭沫若研究的现状，一致认为：郭老及其著作的研究，严格说来是从他逝世才开始。它跟郭老的历史地位是很不相称的，与鲁迅、茅盾的研究相比较也有很大距离。这表现在许多方面：研究人员不很多，没形成队伍；至今尚无全国性的统一机构；研究专著很少，有分量的可以说没有；报刊宣传介绍也不够。长期以来较多地是研究他的诗歌和戏剧，特别是《女神》和《屈原》，其他则研究较少，近年来在新诗研究方面有较大进展，文艺思想的分析有所突破，历史剧的研究也比以前活跃，但小说、散文研究还是很少，自传还未得到应有的重视。作为一个伟大作家、杰出的无产阶级文化战士的郭沫若，无论是诗歌戏剧，还是文艺理论、小说、散文、自传，都取得了很大的成就，必须全面加以研究，才能正确认识郭沫若。现在较为常见的是就郭老研究郭老，没有把郭老与时代、与当时的文化思想联系起来研究。这次讨论会上有不少好的论文，但也有一些论文存在着孤立地研究郭老的倾向。

　　会议代表根据郭沫若研究的现状，一致认为，要科学地研究郭沫若及其著作，必须：

　　一、不断加深对郭沫若研究的认识

　　郭老是继鲁迅之后，在中国共产党领导之下，在毛泽东思想指引下，我国文化战线上又一面光辉的旗帜。郭老和鲁迅一样是文化巨人，是自己民族的骄傲。他在中国现代革命史上、学术史上、文学史上都做出了杰出的贡献，他的成就几乎都具有创造性，可以说在中国是文化史、学术史上的一个高峰。大家认为：

　　（1）郭老不仅是一个伟大的文学家、历史学家，更重要的是一个伟大的革命的行动家。从青年时代起，他就与中国革命斗争紧密联系在一起，直到停止呼吸，因此，我们首先应看到他是一个革命者，其次才是一个学者、作家。

（2）郭老在文化艺术上的成就是多方面的。

他是一位开了一代诗风的诗人。他的诗数量之多，形式变化之多，在现代，乃至中国文学史上都是屈指可数的。

他又是一位开了一代剧风的戏剧大师。他既有剧作，又有剧论。至今为止，在史剧理论和创作上还没有人能超过他。

他的自传体小说、历史小说、散文、杂文，都独具色彩。

他还是用马克思主义来研究中国古代史、甲骨文、金文的第一人。如果没有他的这种开拓性的研究，那么，我们今天的古代史、甲骨文、金文研究还不知是怎样的呢。

他也是用马克思主义研究中国农民战争史的第一个人。

他还是文艺运动、学术运动的杰出的组织者、领导者，他办的报刊、支持的报刊之多，在近人中也少有人能与之相比。

也有人认为：郭老在文化史上是一位成就巨大的巨人，或者说是一位成绩卓著的伟人，虽然他同时又是一位毛病较多，缺点不少的人。但他的功绩和历史地位是任何人也抹杀不了的，其毛病和缺点也是无法掩盖的。过头的指责、贬低是错误的，不实事求是地抬高，效果也往往适得其反。

与会代表强调：郭老在新文学、新文化史上做了许多开拓性的工作，并取得了任何人无法代替的成就和贡献，这是一个伟大的存在，研究郭老及其著作，不仅是研究他个人及其著作，也是研究整个新文学史、新文化史的一部分，是实现四个现代化，建设社会主义精神文明的需要。

目前，研究工作正是方兴未艾、大有作为的时候。只有不断提高对郭沫若研究的认识，才能排除干扰，深入、持久地研究下去。

二、要迅速提高研究者的水平，形成一支研究队伍

与会者一致认为：一个研究工作者、评论工作者，一定要站得高，才能看得远，看得准。郭老学识渊博，不仅有丰富的中国文化方面的知识，而且还有世界文化艺术的高度素养，不仅有丰富的革命实践经验，而且还有马克思主义的高度素养，可以说是"全才"。他从事文学创作、学术研究的领域之广，古今中外文化史上也是少见的。单凭一两个人是无法全面研究的，必需形成一支研究队伍，而且要求这支队伍的成员不断丰富、武装自己的头

脑，迅速提高自己的文化素养和马列主义水平，才可能在研究中避免无知。为此首先要扎扎实实地读书，把研究的过程变成一个不断学习的过程。怎样读书呢？大家认为：

（1）要通读郭老的书，并且要真正弄懂，包括字词句和它的精神实质。由于郭老各个方面的成就是有机联系、相互影响的，所以，研究文学的也必须看看他的历史、考古著作；研究历史考古的也必须看看他的文学创作。这样的研究才会深入扎实。如研究郭老的泛神论思想，有一篇文章似乎没有引起人注意，这就是郭老在《考古》杂志上发表的、六十年代讨论《兰亭集序》时写的《兰亭集序和老庄思想》一文，这篇文章是彻底否定泛神论的，文章谈到由一神论到多神论到泛神论的演变。谈到泛神论时，说它是反动阶级的麻醉剂。郭老为什么这么说？仿佛还没有人说明解释。所以说要通读，而且要读懂，读懂并不是一件容易事！

（2）要尽可能读一些郭老读过的书。郭老读过的书多到无法统计，而且有的书现在已很难找到了，但还是要尽可能多读，因为这是研究郭老的第一手材料。至少对郭老影响较大的一些书要读，如《社会组织与社会革命》《美术考古一世纪》《庄子》《文选》以及王国维的《观堂集林》等等。当前研究中从思想上探源的文章不多，比如："五四"时期，郭老文艺思想、哲学思想比较复杂，他受到西方哪些学派的影响？他是怎样吸收这些思想的？这都必须要看郭老读过的西方哲学家、文学家的原著。

（3）还要读与郭老著作有关的包括各种重要评论的书。有比较才有鉴别，有比较才能科学地评价郭老的历史地位。比如郭老的《十批判书》，这是他的一本重要的历史和古代哲学史著作，如何看待它的历史功绩呢？北大历史系有个教授在四十年代写了一篇介绍《十批判书》的文章，对这本书评价不高，说它在哲学思想分析上远远赶不上冯友兰的《中国哲学史》，在考证上远远赶不上钱穆的《诸子系年》，这样，我们研究郭老的《十批判书》时，就必须看看与他同时代的冯、钱等人的著作，才能较为科学地肯定它的历史地位。

三、要不断扩大研究领域，改进研究方法

鲁迅研究有三个学派，一是以资料为主，一是以理论为主，还有是以理论与资料并重。郭沫若比鲁迅活动的时间长，涉及的知识比鲁迅广……因此，郭沫若的研究不能老是囿于现状，一定要不断扩大研究领域，改进研究方法，既要研究他已成功的各种著作，还要研究他未成的著作，特别是各种革命实践活动；既要研究他的文学创作，也要研究他的考古、历史著述；即便是研究文学创作，从体裁上说，要研究诗歌与史剧，也要研究散文、小说、自传；从范围上讲，既要研究他的创作，也要研究他的文艺思想、文化思想、创作道路。要研究他与中国外国文艺思潮、哲学思潮的关系，与中外文学家的关系，与时代的关系，与同时代人的关系。每一个方面都要进行深入的研究，积累各方面的研究成果，才能在总体研究上有重大突破。除此之外，还要大力开展比较研究，例如鲁、郭、茅就可以进行比较研究，这很有意义。他们的成长道路、外国文学的修养、古代文学的修养、接受文艺思潮的特点……这些方面，同中有异，异中有同。他们的创作个性、风格、美学爱好，也可以进行比较研究。此外郭老与其他作家（中国或外国的）也可以进行比较研究。这样做，就能更好地寻找出规律性的东西，指导今天的文化建设。

四、要加强郭老研究资料的搜集、整理、出版等工作

鲁迅研究在北京、上海、浙江建立了三个资料中心，郭沫若研究也应该建立资料中心。郭老一生不仅活动时间长、地域广，而且经历也很复杂，活动内容极为丰富，交游更是十分广泛，单是题诗题字，几乎遍及全国所有的名胜古迹，书信也无法统计，这都是研究郭老不可缺少的资料，全面地搜集将是一个长期的十分艰巨的任务。四川大学郭沫若研究室的同志们在这方面做了大量的工作，四川人民出版社也做了不少有益的工作。今后还应继续努力做好这方面的工作，特别要注意"活资料"的抢救工作，动员知情者写回忆录，访问知情人等等，并设法及时出版，加强相互间的交流，反对那种追名逐利的封锁。

五、要采取实事求是的态度，贯彻"百花齐放、百家争鸣"的方针

任何一个伟大的人物总是活动在一定的历史条件下，都不可能不受时代的限制，总有他的局限性。郭老也不例外，何况对他的一些作品，某些活动，历来就存在着不同意见。对郭老，既要充分肯定他的成就和贡献，又要恰如其分地指出他的缺点错误，这样，不是贬低郭老，而正是维护郭老。郭老自己曾说过："我期待着我的错误有清算干净的一天。"当然，对他的某些

缺点，甚至错误，一定要以历史的眼光去看待，不能苛求前人。比如郭老写《甲申三百年祭》时，因环境关系，有些资料不可能得到，不能以今天的研究成果去打棍子，指责他什么学风如何如何。那不是科学，不是实事求是。

与会者还一致认为，研究郭老要注意从他的主流、本质、大节去看。郭老是一个很富有创造、革新精神的作家、学者，他在文学、史学等许多领域都有开拓性的贡献。要从这点出发肯定他了不起的贡献，而不能抓住他在开拓时某些难以避免的缺点、错误以及后人的研究成果去否定他。记得著名的马克思主义史学家吕振羽同志说过这样一句话：郭沫若同志对我们国家古代社会研究的功绩，不在他的具体观点是否正确，而在他用唯物史观研究历史，他的开拓性功绩是不可抹杀的。闻一多说过：郭沫若解释十个古文字，尽管只对了三个，但其他七个也打开了你的思路，启发你的思考，帮助你正确地去解释其他的字。

与会者还一致希望：（1）尽快出版《郭沫若全集》及有关研究郭沫若的资料。鲁迅逝世后，《鲁迅全集》一年就编成出版了，郭老逝世已四年了，听说今年只能出两卷。希望有关领导采取有效措施，切实改变这种状况；（2）希望领导重视，特别是社会科学院，积极筹备或批准，或支持成立全国性的郭沫若研究学会，出版研究专刊，以便形成队伍，发现人才，培养人才；（3）希望新闻、出版单位多加宣传，特别是四川人民出版社更应多出一点郭老的研究成果及研究资料；（4）希望四川大学郭沫若研究室成为研究郭老的中心之一。会议的主要论文已由郭沫若研究室编入不久即将出版的《郭沫若研究专刊》第四期。四川人民出版社也将于明年出版《郭沫若研究论集》（续编）。

最后，到会代表们一致希望全国各地研究郭老的同志为了一个共同的目标，团结起来，齐心合力，互相鼓励，互相促进，使郭沫若研究更广泛更深入地开展起来，为繁荣新时期中华民族的新文化做出更大的贡献。大家相信，当纪念郭老诞生一百周年或者再过四年纪念郭老逝世十周年的时候，郭沫若研究将呈现百花盛开、硕果累累的动人局面。

四川郭沫若研究管窥

——从四川大学到乐山师范学院

周扬同志告诉我们：

党的十二大提出建设社会主义文明的同时建设社会主义精神文明，研究和总结"五四"新文化运动，研究鲁迅、郭沫若的文化遗产并取得科学成果，这本身就是社会主义精神文明的组成部分。这是一种切实的需要花费巨大精力的劳动，需要众多人去做，迄今为止，我们还做得很不够，有待我们大家的继续努力。①

是的，我们还做得很不够，要继续努力！

纵观历史，郭沫若从异军突起，登上文坛，继而政坛，如贾植芳先生所说："他是一个聚光灯，在那里，凝结了中国现当代的历史光线。"② 历史的光线不断向他凝结。

在这个凝结的过程中，具有里程碑意义的研究是：

---

① 周扬：《纪念郭沫若诞生九十周年和庆祝郭沫若故居开放》，《人民日报》1981 年 11 月 11 日，《周扬文集》第五卷，北京：人民文学出版社，1994 年 3 月。
② 贾植芳：《致肖斌如》，《文坛琐记·翰墨缘》，上海：上海远东出版社。

《女神》纪念会

1922 年 7 月 31 日，郁达夫撰写《"女神"之生日》，得到《时事新报·学灯》副刊专栏编辑柯一岑的大力支持，将文章刊发于该报 8 月 2 日副刊第一版。文章说：

> 《女神》的真价值如何？因为郭沫若是我的好友，我也不敢乱说，但是有一件事情，我想谁也应该承认的，就是，"完全脱离旧诗的羁绊自《女神》始"的一段功绩。
>
> 我们不能说郭君是文学革命的开拓者，但是他在新诗方面所成的事业我们也不能完全抹杀。所以这一次于《女神》出版后一周年的 8 月 5 日的晚上，我们研究新文学的人大家聚集一次，开诚布公地谈谈我们胸中郁积的言语，同心协力地想个以后可以巩固我们新文学的方略。

这个建议得到文学研究会同仁的响应。

8 月 5 日，郁达夫便假上海一品香旅舍举办"女神"纪念会。文学研究会的郑振铎、沈雁冰、谢六逸、庐隐等如约而至，日本帝国大学出身的同学赶来参加的也不少。会上，沈雁冰作了讲演，其他人也开诚布公地谈了自己的看法。郁达夫还建议组织作家协会。最后一同摄影留念。可惜，详细资料已散失，但它的里程碑意义是显而易见的。它不仅是郭沫若作品的第一次公开讨论，更是不同流派的文艺社团的友好聚会，表达了为新文学运动开展的努力。

五十寿辰暨创作二十五周年纪念

1941 年 11 月 16 日，是郭沫若五十寿辰暨创作二十五周年，重庆文化界人士发起庆祝活动。周恩来指出：

> 为你作寿是一场意义重大的政治斗争；为你举行创作二十五周年纪念又是一场重大的文化斗争。通过这次斗争，我们可以发动一切民主进步力量来

冲破敌人政治上和文化上的法西斯统治。①

于是指定阳翰笙具体负责筹办。阳翰笙根据周恩来的指示，组成了包括冯乃超、石凌鹤、罗髫渔、朱海观、翁泽永等人在内的工作班子，联络各方人士，商讨工作细节。周恩来又一次作出指示：

开展这一活动的目的，是在造成左翼文化界更大声势，组织一次向国民党顽固派的进攻，同时鼓励进步文化人向郭先生学习，更好地为革命作出贡献。②

工作班子很得力。冯乃超起草了"缘起"：

中华民国三十年，为郭沫若先生文化劳作届满第二十五周年之岁；十一月十六日，适当先生五十悬弧之辰。溯念廿五年来，先生初则尽力诗歌、小说、戏剧、散文之创作，使新文学运动踏上一新阶段，十年创造，成绩斐然。继因局势丕变，迁居江户，虽仍事创作，以未能发表，其精力逐多发挥于古社会史之研究，自民十七迄抗战发动之初，域外十年，先生抑忧国怀乡之情，作藏山传人之业，默然自甲骨、碑铭、器物，上窥古代社会之结构及发展，旁及语文历史变迁之根源；新编迭出，异族同钦。吾国国史国故之考订，因先生遂亦一新其面目。七七抗战，重归祖国，五年以还，领导文艺各部门协力参加抗建圣业，勤劳备至，毋俟赞词。先生立身行事，磊落英多，摛藻抒辞，波澜壮阔，而治学所为，尤属国族文化之镶宝。及此佳辰，同人等感念先生廿五年来为文化战斗之勋劳，业绩辉煌，功在邦国。虽称寿有近乎鄙俚，而慰问则出于钦迟。爰敬发起纪念郭沫若先生创作生活二十五周年茶会，即订十一月十六日下午一时假陪都中苏文化协会举行。座款嘉宾，敬邀莅止，会非私庆，幸赐光临。我文化各界同仁，先生平日友好，尤盼共筹纪念之献，各惠精章，藉申慰敬之忱，同襄盛举。③

---

① 阳翰笙：《回忆郭老创作二十五周年纪念和五十寿辰的庆祝活动》，《新文学史料》1980年第2期。
② 翁植耘：《回忆郭老五十诞辰庆祝活动》，《社会科学（上海）》，1982年11月号。
③ 郭沫若先生创作生活二十五周年纪念会筹备组编：《郭沫若先生纪念特刊》，1941年11月16日。

工作班子请一位擅长书法的同志将"缘起"写在一只绫裱的空白横轴上，请人签名。作为发起人在横轴上签名的有：

冯玉祥	许世英	孙　科	陈布雷	黄炎培
梁寒操	张道藩	潘公展	吕　超	陈铭枢
萧同兹	沈尹默	沈钧儒	周恩来	马　衡
陈访先	杨云竹	邵毓麟	王昆仑	曹孟君
张申府	许昂若	宗白华	邓初民	阎宝航
周钦岳	范寿康	何公敢	陈铭德	罗学濂
李剑华	谢仁钊	老　舍	孙伏园	郑用之
郑伯奇	冯乃超	孙师毅	姚蓬子	阳翰笙[①]

紧接着，又进行了广泛而深入的动员，细致而周到的安排，11月16日，庆祝和纪念活动正式拉开序幕。周恩来在这一天的《新华日报》发表了社论，题为《我要说的话》。文章从鲁迅和郭沫若两人不同的时代背景和经历分析入手，深刻而准确地指出两人"各有千秋"，称"鲁迅是新文化运动的导师，郭沫若便是新文化运动的主将。鲁迅如果是将没有路的路开辟出来的先锋，郭沫若便是带着大家一道前进的向导。"文章赞扬了郭老的"丰富的革命热情"、"深邃的研究精神"和"勇敢的战斗生活"，最后周恩来同志热情地写道："鲁迅先生死了，鲁迅的方向就是大家的方向。郭沫若先生今尚健在，五十岁仅半百，决不能称老。抗战需要他的热情、研究和战斗。他的前途还很远大，光明正照耀着他。我祝他前进！永远地前进，更带着我们大家一道前进！"

《新华日报》以整整两个版面出了纪念专刊。邓颖超、董必武、沈钧儒、潘梓年、田汉、徐冰、沈尹默，还有日本朋友绿川英子以及其他许多人，都纷纷撰文或赋诗，诗文并茂，热诚地祝贺郭老的二十五年战斗历程。

下午在中苏友协举行了盛大的庆祝茶会，在热烈鼓掌后的静肃空气中，周恩来同志向郭沫若同志致以诚挚的祝贺。他说："在到会的老年、中年和青年三种

---

① 郭沫若先生创作生活二十五周年纪念会筹备组编：《郭沫若先生纪念特刊》（第一版），1941年11月16日。

人中，郭先生是无愧于'五四运动'当中长大的这一代。他不只是革命的诗人，也是革命的战士。无论从他的著作上和行动里，燃烧着那烈火一般的感情。他那一生战斗的生活，在反对旧礼教社会的战斗中，有着他这一位旗手；在保卫祖国的战争中，有着他这一支号角；在当前反法西斯的运动中，他仍然是那样挺身站在前面，发出对野蛮侵略者的诅咒，这些都是青年人们应当学习的。""希望郭先生继续领着青年们前进，更来一个二十五年的光辉灿烂的生活。"

最后，深受感动的郭沫若做了极谦虚的答词。他熟悉地背着历史故事，对青年们做了语意深长的策勉。他当着大家宣誓，接受朋友们对他的热情鼓励。他一定终生献出他的力量给多难的祖国；一定为着人类的幸福和反法西斯的斗争，做出更大的努力。

聚会延续了五个小时。会场上始终洋溢着热烈欢欣的情绪。一直到朗诵诗和"孩子剧团"歌咏的两个节目终了，人们始终聚精会神地听着。直到黄昏已迟，人们才依依不舍地相互告别而散。

这一天在延安、桂林、香港、新加坡、马来西亚等地也都举行了同样的庆祝。

纪念文章陆陆续续刊载了半年之久。

这次活动，虽然政治意义大于学术创作意义，但在作家作品研究上还是具有里程碑的意义。

郭沫若逝世周年纪念暨学术讨论会

1979 年 6 月 12 日至 18 日，四川大学和乐山地区、乐山市联合举办纪念郭沫若逝世一周年暨郭沫若研究学术讨论会。

这是粉碎"四人帮"后第一次最大规模、最高规格的作家作品学术研讨会。会议不但揭开了郭沫若研究的新篇章，而且极大地推动了重庆地区抗战文艺和四川现代作家作品的研究。很快，在四川出现了以研究现代作家和抗战文艺的空前繁荣的局面：李劼人、阳翰笙、巴金、艾芜、沙汀……学术研讨会，一次接一次，现代作家的选集一套又一套地出版了，作家传记丛书，大后方文学书系，解放区文学书系，在成渝两地也先后出版，得到国内外的一致认可。沈从文说：《沈从文选集》"是我集子中最好的一种"。

这次会议有三件标志性的事：

19 日，会议一致通过了《关于成立郭沫若研究学会的倡议》。

20 日，四川大学郭沫若研究室正式成立。全国高等学校建立的第一个郭沫若研究的专门机构。

6 月，《郭沫若研究专刊》编辑出版。全国第一个刊登郭沫若研究成果的专门刊物。

从此，四川郭沫若研究四川作家研究进入一个新阶段。

1980 年

11 月

四川省社会科学院、重庆市文联、西南师范学院在北碚西南师范学院召开了抗战文艺研讨会，成立了重庆地区中国抗战文学研究学会。

1981 年

9 月 4 日

四川大学、四川鲁迅研究学会举办西南地区鲁迅诞辰百年学术研讨会。任白戈、艾芜等出席会议。

会后出版了《鲁迅研究论文集》。

1981 年底

四川省社会科学院文学所与重庆地区抗战文学研究会合编的《抗战文艺研究》出版。这是第一个研究抗战文艺的专门刊物。

1982 年

时逢郭沫若诞辰九十周年，北京、上海、山东、乐山、成都等地先后举办各种纪念活动及学术研讨会。

10 月 27 日至 11 月 2 日

四川大学在成都举办了纪念郭沫若诞辰 90 周年暨第二次学术讨论会。这是继 1979 年在乐山举行的郭沫若著作学术讨论会又一次盛会。来自全国 25 个省、市、自治区大专院校、学术研究机构、文艺团体的 120 多位教授、专家、学者参加了会议。

会议收到学术论文 81 篇，比 1979 年乐山举行的讨论会增加了一倍多。论文的广度和深度都有了很大提高。

中共四川省委顾问、省政治主席、省文联主席任白戈、中国社科院研究员、作协理事唐弢、杭州大学教授孙席珍、内蒙古大学教授鲁歌、徐州师范学院教授吴奔星、四川社科院副院长廖永祥、四川大学副校长许琦之、教授杨明照、华忱之等出席。

任白戈作了《沫若同志，我要永远向你学习》、唐弢作了《向郭老学习》、孙席珍作了《怎样深入进行郭沫若研究》、吴奔星作了《〈女神〉与〈尝试集〉的比较观》的报告。

大会就《甲申三百年祭》《李白与杜甫》等有争议的著作进行了热烈的讨论，真可谓百家争鸣。

11 月 15 日至 17 日

四川省文化局、四川省文联、四川省作协、乐山地区行署、乐山市政府、乐山市文管所、郭沫若旧居七个单位，在乐山大佛寺联合举办了隆重的纪念活动。参加这次纪念活动的有来自全国 80 个单位的代表共 160 多人，他们是省、地、市党政领导、有关单位负责人，以及学术研究工作者、文化、新闻、出版工作者和郭老的亲属、故旧等。

18 日下午，乐山地委宣传部长张浩主持了大会。出席大会的代表，通过了《郭沫若研究学会章程》，率先成立了郭沫若研究学会。马识途同志主持召开了第一次理事会，选举了会长、副会长、秘书长、副秘书长和常务理事。名单如下：

郭沫若研究学会（乐山）
名誉会长、会长、副会长、常务理事、理事名单

名 誉 会 长：任白戈

拟聘请顾问：成仿吾　阳翰笙　楼适夷　戈宝权　艾芜　杨超　叶石　
　　　　　　杨万明

会　　　长：马识途

副 会 长：刘超　黄启璪　廖永祥　王聿修　李伏伽　黄高彬

秘 书 长：黄高彬

副秘书长：唐明中　黄文连　陈遐龄

常 务 理 事：	马识途	刘　超	黄启璪	方　敬	廖永祥	张　浩	王聿修
	刘世良	曾建戎	高　文	李伏伽	唐正序	黄高彬	余盛泽
	周　纲	康　鉴	杨　桦	唐明中			
理　　　事：	马识途	郭和夫	刘　超	黄启璪	张　浩	王聿修	李伏伽
	黄高彬	宋彬玉	陈永志	文万全	方　敬	唐明中	廖永祥
	刘世良	康　鉴	余盛泽	周　纲	杨　桦	黄文连	陈遐龄
	刘建勋	龚济民	唐正序	杜俊生	戴安常	全振寰	何智水
	郭宗瑨	魏庸芳	刘世钰	张可荣	曾建戎	刘中树	吴向北

这是一个立足乐山，面向全国的学会。

12 月

郭沫若研究学会主编，成仿吾题签的内部资料《郭沫若研究学会会刊》（第一集）出版。至 1985 年《郭沫若学刊》出版止，共出版六集。

12 月 7 至 13 日

重庆地区抗战文学研究会，四川省社会科学院文学所，举办抗战文艺学术研讨会。出席会议有来自西南地区各省、市大专院校和科研单位的人员。

1983 年

5 月 1 日至 11 日

中国作家协会副主席阳翰笙率领中国文联访问团抵达成都，调研并指导重庆地区抗战文艺研究、郭沫若研究。代表团成员包括戈宝权、葛一虹、凤子、范用、陈舜瑶等人。

在成都期间，举行了两次座谈会：

第一次座谈会 5 月 6 日在省文联举行。阳翰笙、陈白尘、葛一虹、戈宝权、凤子、范用、陈舜瑶等参加了会议。

第二次座谈会 5 月 7 日在四川省社会科学院举行。陈白尘、葛一虹、戈宝权、凤子、范用、陈舜瑶等参加了会议。

在成都座谈时，参加的单位有省委宣传部、四川省社会科学院、省文联、四川大学、四川师范学院、四川人民出版社、四川省社会科学院出版社、四川日报、成都晚报等。

两次座谈会均由四川省社会科学院院长陈文同志主持。

座谈会上，阳翰笙、陈白尘、葛一虹、戈宝权、凤子等发表了许多重要意见。

5月12日

代表团一行在马识途陪同下驱车前往乐山市。

马识途主持，在凌云山大佛寺楠楼举行郭沫若研究专题座谈会。阳翰笙发表长篇讲话，以自己与郭沫若几十年相处的亲身经历，介绍了郭沫若生平中鲜为人知的史实，研究郭沫若应注意的地方，对四川、乐山的郭沫若研究的殷切希望。代表团的其他成员也相继发言，就抗战文艺及郭沫若研究提供了许多史实和重要建议。

5月22日至27日

郭沫若研究学术座谈会在北京京西宾馆举行。会议由中国社会科学院郭沫若著作编辑出版委员会、文学研究所、历史研究所、考古研究所和全国文联联合举办。周扬、李一氓、夏衍、王惠德、林默涵、梅益、夏鼐、石西民、林林、刘大年、白寿彝、曹禺、沙汀、陈荒煤、赵寻、冯牧、孔罗荪、马识途、石凌鹤、黄药眠、钟敬文、唐弢、王瑶等负责同志和知名学者出席了开幕式或闭幕式。出席会议代表包括文学、历史学、古文字学、考古学等方面的研究工作者和教学工作者以及新闻出版界编辑、记者共150余人。

会议中成立了中国郭沫若研究学会，选举产生了第一届理事会理会，名单如下：（以姓氏笔画为序）

卜庆华	马识途	马良春	牛 汀	王世民	王廷芳	王锦厚	戈宝权
方诗铭	石西民	叶青谷	叶桂生	刘元树	孙席珍	孙党伯	吉少甫
华忱之	朱仲玉	许觉民	李世平	陈永志	陈瘦竹	萧远强	萧蔪父
谷辅林	周 扬	林 林	林甘泉	林恭寿	林焕平	张 颖	张毓茂
金钦俊	胡厚宣	郭平英	翁植耘	桂遵义	龚济民	黄侯兴	黄 烈
黄淳浩	黄高斌	鲁 歌	傅学苓	楼 栖	雷仲平	谭洛非	

理事会举行第一次会议，推举周扬为会长，成仿吾、李一氓、夏衍、阳翰笙、冯乃超、李初梨为名誉会长，石西民、林林、马识途、黄烈、马良春为副会长。

黄侯兴、雷仲平、叶桂生、王世民为副秘书长。

10 月 4 日至 6 日

四川省社会科学院主办郭沫若学术研讨会，其间成立了四川省郭沫若研究学会，马识途任会长。（名单从略）

此时四川出现了两个郭沫若研究学会，很快引起了有关部门的注意，立即进行协调。学会虽然有两个，但活动仍在乐山进行。

11 月 7 日

乐山师范专科学校成立郭沫若研究室。11 月 7 日隆重召开成立大会，乐山市、市有关领导莅临，乐山地区哲学社会科学联合会、郭沫若研究学会和乐山部分学校也应邀派代表出席。

乐山师专党委书记、郭沫若研究室主任王聿修、乐山地区行署顾问、郭沫若研究学会顾问杨万明同志、中共乐山地委宣传部部长张浩到会，分别讲话，表示祝贺，并寄予希望。

1984 年

10 月 18 日至 24 日

郭沫若研究学会（乐山）与重庆地区中国抗战文学研究会在乐山联合举办"抗战时期的郭沫若"学术讨论会。马识途致开幕词，廖永祥作《期望与祝愿》讲话，诗人方敬致闭幕词。

1984 年 10 月至 24 日在乐山举行"抗战时期的郭沫若"
学术研讨会全体与会者合影

会议决定 1945 年抗日战争胜利 40 周年与北京重庆联合举办"抗战中的郭沫若"学术讨论会。

11 月 18 日至 22 日

"郭沫若与爱国主义"学术讨论会 11 月 18 日至 22 日在郭沫若的故乡——四川乐山市举行。来自北京、上海、天津、山东、辽宁、安徽、陕西、甘肃、云南、四川等省市的 140 多位专家、学者、业余研究者和有关方面人士参加了会议。

任白戈同志在会上讲了话。他说，今天，我们学习郭沫若，研究郭沫若，是为了激发我们，特别是青少年的爱国主义热情。这是把我们国家建设好的一种思想根基，也是我们这次专题讨论会的目的。

会议收到四川省委书记杨汝岱、省顾问委员会主任谭启龙，以及知名作家、学者戈宝权、陈白尘、艾芜、葛一虹、马烽、公刘、叶石、孙席珍等和大专院校、科研出版机构、作协、文联共 40 多个单位发来的贺电、贺信 65 件，收到论文 60 多篇。杨汝岱在信中说："祝你们这次会议圆满成功，研究出新的水平，新的成果。"

乐山师范专科学校郭沫若研究室主编的内部刊物《郭沫若研究会论丛》出版，至一九九〇年六月，共出版三集。

1985 年

5 月 22 日至 28 日

巴金、阳翰笙、沙汀、艾芜学术讨论会在成都东风饭店举办。沙汀、艾芜亲自到会，并讲话。

四川大学将郭沫若研究室扩展为四川大学郭沫若巴金研究室。

10 月 13 日至 18 日

中国文联、中国郭沫若研究学会，四川省文联、四川郭沫若学会、重庆市文联、重庆市社联联合举办"郭沫若在重庆"学术研讨会。

石西民、周春山、陆石、马识途、朱子奇、叶君健、王瑶、楼栖、华忱之、方诗铭等出席。

周扬、夏衍、阳翰笙等发来贺电。

1986 年

10 月 21 日至 24 日

重庆地区抗战文学研究会第三次学术研讨会在成都举行。会议总结了学会成立以来的工作，讨论了日后的工作计划。

11 月

四川郭沫若学会年会暨郭沫若传记文学研讨会在乐山举行。

郭沫若研究学会（乐山）、四川省郭沫若研究学会合并，组成四川郭沫若研究学会。马识途任会长。会址：乐山凌云山大佛寺。

1987 年 5 月

《郭沫若学刊》创刊、半年刊。

四川郭沫若学会主办、张浩主编。编辑部设乐山凌云山大佛寺。

1988 年

《郭沫若学刊》改为季刊。

1991 年

巴金国际学术研讨会在成都举行。

1992 年

10 月，位于凌云山灵宝峰处的沫若堂竣工，该建筑由沫若堂、碑廊、郭沫若资料中心，《郭沫若学刊》编辑部、会议室、接待室等组成。占地面积 2500 平方米，建筑面积 700 平方米。

10 月 21 日，四川省暨乐山市纪念郭沫若诞生一百周年大会的省内外领导及参加“郭沫若与中国科学文化”的领导及与会代表来到“沫若堂”，为“沫若堂”举行落成典礼。

10 月 21 日至 24 日

四川郭沫若研究学会、乐山市沙湾区政府联合举办郭沫若诞生一百周年暨“郭沫若与中国科学文化”学术研讨会。

学术研讨会中，经理事会商定，会员大会通过，调整了该会领导人员，名单如下：

名誉会长：张秀熟
会　　长：马识途
副会长：廖永祥　王锦厚　谭继和　谭洛非　李吉荣　张　浩
　　　　王聿修　胡继先　张志翔　黄高斌
秘书长：唐明中
副秘书长：陈遐龄　王大明　刘维中

从此，四川郭沫若研究在学会领导下，迅速走上规范化、制度化、科学化：一年一次小型学术研讨会，两年一次大型学术研讨会，单独主办，或联合其他单位共同举办。先后举办"郭沫若与儒家文化"（1993 年）、"郭沫若与抗战文化"（1995 年）、"郭沫若与世界文化国际学术讨论会"（1997 年）、"郭沫若与新中国"（2000 年）等学术研讨会。

2001 年

9 月 24 日至 27 日

四川郭沫若研究学会举办"郭沫若与新世纪学术讨论会"暨换届选举。选出新的领导班子。会长章玉钧、廖永祥、张浩、谭继和、王锦厚。

2002 年

10 月 16 日至 21 日

中国郭沫若研究会、四川郭沫若研究学会在北京共同举办了"郭沫若与百年中国学术文化回望研讨会"。

2005 年

11 月 16 日

四川省教育厅人文社会科学重点研究基地——四川郭沫若研究中心在乐山师范学院正式成立。

2007 年

2 月

《郭沫若学刊》编辑部调整。

10 月

乐山师院郭沫若研究中心升格为四川省哲学社会科学重点研究基地。

中心大力加强学术交流：2006 年 8 月、2007 年 7 月、2009 年 4 月、2012 年
11 月、2014 年 5 月、2015 年 6 月，参与举办了"郭沫若研究发展趋势学术研讨
会"、"当代视野下的郭沫若研究国际学术研讨会"、"郭沫若研究九十年学术研讨
会"、"郭沫若与文化中国——纪念郭沫若诞辰 120 周年国际学术研讨会"、"首届
巴蜀文化名人与巴蜀地域文化学术论坛"、"民族复兴视野中的郭沫若"学术研讨
会；2008 年 8 月、2010 年 6 月、2012 年 6 月，陈晓春、税海模、廖久明、陈俐、
杨玉英等专兼职研究人员前往日本、俄罗斯参加国际学术会议；先后邀请了国内
外知名学者王锦厚、谭继和、李怡、藤田莉娜、岩佐昌暲、王富仁、顾彬、蔡
震、林德均、吴福辉、郭平英、孙玉石、马利安·高利克等 20 余人到中心进行
学术交流。

中心自成立以来，校内专兼职研究人员主持了国家、省部、市厅级立项课题
80 余项，出版学术著作 20 余部，发表科研论文 400 余篇，其中包括《郭沫若研
究文献汇要》（14 卷本）[1]、《英语世界的郭沫若研究》[2]。

立项资助北京郭沫若纪念馆、中国人民大学、四川大学、上海社会科学院、
四川省社科院、日本郭沫若研究会等海内外 40 余家高校和科研单位课题 150 余
项，并取得了一些重要研究成果：《跨越时空的自由——郭沫若研究论集》[3]、
《郭沫若翻译研究》[4]、《五四知识分子的淑世意识》[5]、《郭沫若和这几个文学大
师——闻一多、梁实秋、郁达夫、林语堂……》[6]、《日本郭沫若研究资料总目

---

[1] 杨胜宽、蔡震、廖久明、陈晓春、陈俐、何刚、王海涛等，上海：上海书店出版社，2012
年，2006 年度四川省社科规划项目成果。

[2] 杨玉英，上海：复旦大学出版社，2011 年，2010 年教育部项目成果。

[3] 李怡，北京：东方出版社，2008 年。

[4] 傅勇林，成都：四川文艺出版社，2009 年。

[5] 陈占彪，北京：商务印书馆，2010 年。

[6] 王锦厚，成都：四川大学出版社 2011 年。

录》①、《郭沫若著译作品版本研究》②、《中国现代学术史上的一桩公案——〈韩非子·难势〉篇"应慎子曰"辩证》③。

2012 年

11 月 16 日至 17 日

纪念郭沫若诞辰 120 周年暨《郭沫若与文化中国》国际学研讨会，四川省郭沫若研究会第五次会员代会在乐山沙湾区召开。

会议按照选举程序选出第五届郭研会理事、会长、副会长、秘书长，选举确定了创会会长马识途，会长陈次昌，副会长杨胜宽、彭邦本。

《郭沫若学刊》出版创刊百期纪念特辑。

从此，学会及中心开展了更为广泛的国际、国内合作，举办各式各样的论坛，编纂大型史料丛书，出版专著，将郭沫若研究向更加科学化、大众化、国际化推进！

---

① 岩佐昌暲、藤田莉娜、岸田宪也、郭伟，明德出版社，2011 年版。

② 蔡震，北京：东方出版社，2015 年。

③ 宋洪兵，《哲学研究》2008 年第 12 期。

我和两个郭研刊物

——《郭沫若研究专刊》《郭沫若学刊》

有学者在《郭沫若研究五十年》书中写道：

  四川大学等单位创办的《郭沫若研究专刊》和稍后创办的《沫若研究》丛刊，则有力地促使郭沫若研究向科学化的道路迈进。①

———————————

① 朱寿桐：《郭沫若文学研究五十年》，《徐州师范大学学报》，2001年第1期。

这是鼓励，更是鞭策。

《郭沫若研究专刊》，是中国最早出版的关于郭沫若研究公开发行的刊物。一九七九年六月创办，历时七年，出版六期。刊物由四川大学郭沫若研究室编辑，《四川大学学报》出版。第一期集中刊载了一九七九年六月纪念郭沫若逝世一周年暨郭沫若研究学术讨论的论文；第四期，则是纪念郭沫若诞辰九十周年暨学术讨论会的论文。刊物值得一提的是：

一、佚简、佚文的刊发

刊物伊始，编者注意刊登郭沫若佚简佚文。这些，是研究郭沫若的基础。第二期，集中发表了一组书信，加了如下按语：

> **编者按：**郭老战斗的一生，始终与时代紧密而又深刻地联系着。他经常与各色人物广泛而又多样地接触着，写下了数以千计的书信。除了《三叶集》、《沫若书信集》收录了一部分外，还有相当多的散见于"五四"以来的各种报刊，更大量地保存在私人手中。这些书信，也是郭老著作的极其重要的组成部分，是了解郭老、研究郭老、宣传郭老的不可缺乏的材料。

> 郭老生前就有将自己的书信汇集成册的意愿。他于一九三三年八月二十五日在《沫若书信集·序》里就曾说："我很希望书局方面藉这个机会来蒐集我其它未曾发表过的信札，汇成一个续集，或者比这部秏持的集子要较为有意义一点。"又说："我从事文艺活动的十几年来，写给朋友的信可也不少，假如真能把它们蒐集得起来，倒可以算一部难得的生活纪录。""这里面叙到自己过往的生活处也有好些真率的地方。"

> 承各方面有关人士的关心和支持，陆续寄给我们许多未曾发表或者虽已发表，但一般读者很难找到的书信。这里，我们选登了十九封。鲁迅先生说："我们读作家的一封书信，比读作家的一篇作品还容易得到了解。"因为"从作家的日记或尺牍上，往往能得到比看他的作品更其明晰的意见，也就是他自己的简洁的注释。"读郭老的书信，不正可以起这种作用么。

> 本刊切望郭老的亲友、同志、学生和有关人士继续提供这方面的材料，热情给予支持。

以后各期均有书信及佚文。这些佚简、佚文对《郭沫若文集》《郭沫若全集》作了补充，为读者和研究者提供了重要的、可靠的新材料。

二、档案材料的公布

刊物先后刊发了郭沫若北伐前后在广东的史料，三期发表了金钦俊、梁山两位教授辑注的《郭沫若在广东的若干史实》，钩沉了《国立广东大学概览》《国立广东大学校务会议记事录》《国立广东大学演讲录》，广东大学出版的《学艺》，国民党中央执行委员会编印的《党务月报·广大特别党部报告》以及广东大学出版部印行的《劳动号》等刊物上关于郭沫若的简介、题词、题字、讲演、校务活动、择师运动等方面的材料，五期又发表了梁山、金钦俊的《郭沫若在广东的若干史料》，对前文作了补充，为研究郭沫若北伐革命时期的战斗提供了许多新鲜史实。第六期，刊发了重庆档案馆提供的《郭沫若在重庆活动的两组档案史料》："军统局汗特区关于郭沫若在回教堂讲学的情报"，"郭沫若主办南林印书馆档案资料"，这为了解郭沫若领导的文工会的战斗提供了新的史料。

三、对外宣传、介绍了郭沫若研究的动态和成果

郭沫若不仅属于中国，也属于世界，尤其是抗日战争时期与日本法西斯的生死搏斗完全与世界反法西斯斗争融为一体，并做出可贵贡献，一定要让世界人民知道。

《北京周报》（英文版）两次对外做了宣传、介绍。一九八一年，该刊第二十九期，以"中国的歌德"为题，介绍了一九八〇年四川人民出版社编辑出版的《郭沫若论文集》。一九八三年十一月二十八日出版的该刊第四十八期上，又发表了记者 Ling Yang 撰写的《对文化巨人——郭沫若的研究》的文章，把郭沫若逝世后近四年的研究情况，分文学、历史、郭沫若著作的出版三大部分进行评述，着重评述了有关郭沫若的诗歌、戏剧、《李白与杜甫》的研究。

文章说，学术界仍然很重视郭老的诗歌研究，并有新的见解。在一九七九年举行的一次全国性的郭沫若研究会上，许多学者认为郭沫若早期诗歌的

主要因素是追求科学精神和物质文明，过去过分强调"为艺术而艺术"的唯心观的影响，而否定了郭沫若浪漫主义诗歌理论的核心，也就不能正确地说明郭老对今天新诗发展的影响。上海出版的《试论〈女神〉》，探讨了郭老写作《女神》时的世界观，认为《女神》是郭老二十年代初期思想观点的产物。

戏剧方面，着重介绍了南京大学老教授陈瘦竹对郭沫若戏剧创作研究的成果。文章说，最近陈瘦竹在比较了郭沫若和西方的戏剧作品以后认为，二十世纪四十年代悲剧文学在欧美衰落，剧作家不再写悲剧，剧院不再演悲剧，呈现出"悲剧的死亡"的景象。有人认为这应归咎于现实生活中缺乏英雄人物。于是，美国的阿瑟·米勒提出写"普通人的悲剧"。正在这个时候，郭沫若成功地创作了六个悲剧，这些悲剧都塑造了古代中国正义的爱国者形象，展现了他们在反对侵略者和专制暴君时的英雄、崇高的精神。这些历史悲剧极大地鼓舞了正在同专制暴政和日本侵略者斗争的中国人民。客观而论，郭沫若的这些戏剧创作给垂死的戏剧文学注入了生命。郭沫若的戏剧创作也是他继承中外文学遗产的结晶。

关于《李白与杜甫》一书，文章说，郭沫若在这本书中一反传统观念，赞扬浪漫主义诗人李白，贬抑过去被视为诗圣的现实主义诗人杜甫。许多学者认为这一观点是偏隘的。从郭老逝世以来，至少有五十篇文章就《李白与杜甫》进行了争论，争论仍在继续进行。

最近地处中国西南的四川大学出版的一期刊物——这是近四年中出版的第四辑郭沫若研究专刊——上，刊载了一篇文章。作者赞同郭沫若的这一观点，现代的研究者把封建时代备受尊崇的诗人杜甫捧得太高。作者站在郭沫若一边，要求将一千多年以来扬杜抑李的传统颠倒过来。作者也指出，郭沫若的这一创见是思想挑战，但是郭的某些偏见也对他用科学方法进行分析有所损害。

历史方面，着重介绍了郭沫若在中国古代社会的研究和金文、甲骨文研究的贡献，以及近年来对郭沫若上述贡献的研究的一些成果。还介绍了刘大年关于应当重视对郭沫若的哲学思想进行研究的意见。

这些对《郭沫若研究专刊》的介绍，不仅有利于世界了解郭沫若也有利国内读者、研究者的研究。

《郭沫若学刊》，四川郭沫若学会主办，1987年7月创刊，初为半年刊，1988年改为季刊。创刊号编辑部的《发刊词》如下：

> 《郭沫若学刊》创刊了。正如刊名所昭示，我们将把郭沫若遗留下来的所有精神财富，包括他的文学创作、戏剧创作、历史研究、考古研究、古文字学的研究，以及一生社会政治的活动等分门别类地、系统地加以研究，试图建立"郭沫若学"（如《红楼梦》之有"红学"）。尽管这要经过若干年的艰苦奋斗，但我们愿把这作为社会主义精神文明建设一个科学的课题，勉力而为之。
>
> 郭沫若著作等身，学术成就范围很大，可以说是百科全书式的人物，有必要广开学术研究园地，以期团结全国郭沫若研究工作者，共同完成建立"郭沫若学"的使命。
>
> 《郭沫若学刊》将像郭沫若本人一样，坚持创造的精神。我们将继承郭老"丰富的革命精神"和"深邃的研究精神"，创造性地开拓新的研究领域，不断地把郭沫若研究工作推向新的深度。
>
> 《郭沫若学刊》立足四项基本原则，贯彻"百家争鸣"方针。在学术园地里，只有在争鸣的环境和气氛中才能辨其好音；只有同时开展像培土浇灌与修枝剪叶式的批评与反批评，理论的枝头才能花繁果硕。
>
> 相信《郭沫若学刊》能在实践的长河里扬帆前进。[1]

《郭沫若学刊》各个时期编辑部工作人员如下：

（1987年7月——1999年2期）

主　　编：张　浩

副 主 编：王锦厚　唐明中　秦　川

编辑部主任：陈遐龄

地　　址：凌云山大佛寺

---

[1] 《郭沫若学刊》编辑部《发刊词》。

（1999 年 3 期——2001 年 2 期）

主　　　编：张　浩　谭继和

副 主 编：王锦厚　唐明中　秦　川

编辑部主任：陈遐龄　张明军

地　　　址：凌云山大佛寺

（2001 年 3 期——2007 年 2 期）

主　　　编：张　浩　谭继和

副 主 编：王锦厚　唐明中　秦　川　杨胜宽

编辑部主任：张忠林

地　　　址：乐山师范学院内

（2007 年 3 期——2012 年 3 期）

咨 询 顾 问：秦　川　唐明中

主　　　编：王锦厚

常务副主编：杨胜宽

副 主 编：彭邦本　陈晓春　魏红珊

编辑部主任：张忠林

地　　　址：乐山师范学院内

（2012 年 4 期——　　　　）

咨 询 顾 问：秦　川　唐明中

主　　　编：王锦厚

常务副主编：杨胜宽

副 主 编：彭邦本　陈晓春　魏红珊　廖久明

编辑部主任：张忠林

地　　　址：乐山师范学院内

　　编辑部工作人员，除张忠林专职，其余皆为兼职、业余。初选，一般由编辑部主任办理，然后，开会集体定稿。2001 年后，则由专职主任张忠林初选，交杨胜宽初审，再开会集体定稿。

　　我虽然挂名编辑部时间最长，但 2001 年前，主要工作多为编辑部主任和唐明中、秦川两位副主编效力。2007 年后，受张浩、唐明中、杨胜宽委托，对编辑部工作做得多一点，但整个领导，始终在会长马识途、章玉钧指导下进行。

会长马老一再指出本刊的研究方向："把郭沫若作为一个人，一个20世纪的中国这个具体环境中成长和活动的中国文化人，对他的政治理想、人格理想、美学理想以及文化心态，心理结构等等方面进行整体的综合性的研究"，"把郭沫若作为一个历史的人，作为一个在世界和中国发生决定变化的风云际会之时所诞生、成长的中国人，作为在中国这个有几千年历史的文化氛围中成长起来并深受这种传统文化影响的中国人，作为西学东渐之际向西方寻求解救道路的善良学者，作为一个充满浪漫主义气息的诗人却卷进现实的革命斗争并担负政治重任的作家，作为一个在中国的几翻几覆、大起大落的政治浪潮中一直受'左倾'思想和个人崇拜之害而不息止的革命家来进行研究。"围绕着马老提出的这个中心，我们敢于排除干扰，倡导百家争鸣，一直注意把郭老同近现代中国文化发展史结合起来探究，开展了"郭沫若与爱国主义""郭沫若与科学文化""郭沫若与传统文化""郭沫若与抗战文化""郭沫若与中外文化"等廿多个专题的大讨论。这些专题的讨论，推动了全国范围内的郭沫若研究，提高了对郭沫若的认识。

现将有代表性的文稿、按语、编后文字举例加以介绍。

郭沫若是继鲁迅之后又一面旗帜，刊物要高举这面旗帜，支持什么，反对什么，一点不得含糊。先后发表了与马彬、金达凯、李春林等形形色色歪曲、诬蔑、谩骂郭沫若，针锋相对的文章。我们总是让事实说话。2002年3期（总61期），我们将田仲济不同时期写的关于郭老的文章一并发表，加了如下按语：

> 大凡一个伟人生前死后，总会有这样或那样的遭遇：褒者褒之，贬者贬之，毁者毁之，誉者誉之……
>
> 鲁迅有过这种遭遇，直到今天，不仍然是集褒贬毁誉于一身么！然而，鲁迅照样是伟大的；郭沫若也一样，生前死后，集褒贬毁誉于一身，然而，郭沫若照样是伟大的。这有他们的著作在那儿作证，谁能否定得了呢？谁又能将它推翻得了呢？
>
> 在这样那样的褒贬毁誉中，值得人们注意的：一是"谩骂和恐吓"，什么"蜀犬吠日"呀，"'倡优者'一班头"呀，"文学弄臣"，"御用工具"呀；二是谬托知己，什么"说"呀，"信"呀，前者，明眼人一看就穿，后者，则会给某些人以迷惑。

著名的《鲁迅研究月刊》在今年第五期"纪念"栏中发表了李春林的《田仲济与郭沫若——谨以此文悼念恩师田仲济先生》。文章名为"悼念恩师田仲济",实则借田仲济之口,行攻击、谩骂郭沫若之实。田仲济先生对郭沫若的态度到底如何?请读一读他的两篇文章:

《诗人,战士》。初载于 1941 年 11 月 17 日重庆《新蜀报》,后收入 1982 年 12 月青海人民出版社出版的《郭沫若在重庆》一书。

《了解郭老,理解郭老》。文稿收录在 1994 年 12 月中国社科文献出版社出版的《郭沫若百年诞辰纪念文集》一书。

两篇文稿都是田仲济先生为纪念郭沫若寿辰所写的,前后相隔整整五十年,思想态度却是一贯的、鲜明的,言论也是由衷的、中肯的。如果按照李春林对田仲济言论的转述,那不又是一个田仲济了么?到底相信哪个田仲济好呢?写到这里不禁让人想起了鲁迅先生的名言:

"文人的遭殃,不在生前的被攻击和被冷落,一瞑之后,言行两亡,于是无聊之徒,谬托知己,是非蜂起,既以自炫,又以卖钱,连死尸也成了他们沽名获利之具,这倒是值得悲哀的。"

李春林们啊!不要让你的"恩师田仲济"死后也"悲哀"呀!

为了便于读者对照阅读,特将两篇文稿予以转载。也算对田仲济先生的纪念。

我们于 2003 年 1 期(总 63 期)在《学术争鸣》栏发表金玉堂的评文,并加了如下按语:

《田仲济与郭沫若》一文在《鲁迅研究月刊》发表后引起不少读者和研究者的关注。据有的读者告知,建议将田仲济所写的纪念郭沫若 50 寿辰及 100 周年诞辰的文章与李文同时刊载,以便读者明白事实真相。《鲁迅研究月刊》未予理睬。

本刊于去年 3 期将田文和李文同时刊载后,反响强烈,纷纷来电、来信、来文,赞赏本刊以事实说话的争鸣态度。现从来稿中选一篇发表,再次以正视听。

评李春林先生的《田仲济与郭沫若》

李春林先生《田仲济与郭沫若——谨以此文悼念恩师田仲济先生》一文，假悼念恩师之名，行诽谤郭老之实，将鲁迅与郭沫若置于中国知识分子的"两极"。故而写一些想法，以就教于李先生。

悼文，当是对逝者的追念，缅怀。古今悼亡诗文亦多褒扬溢美之词。李先生对恩师赞誉有加，无可厚非。只是，借恩师之口，大骂郭老，非但无助于表明恩师的人格持操、学术成就，反而有辱恩师形象。文不对题，太离谱。

1978年郭老谢世，邓小平同志代表中央给郭老一生高度评价，许多文艺界和社会各界有影响的老前辈纷纷发表文章，对郭老生平业绩予以肯定。至今，笔者案头尚存有华罗庚、茅以升、夏鼐、阳翰笙诸公的悼郭文章，篇篇情真意切，字字掷地有声，读之令人动容。但，包括"官方"评价，未见有"超过鲁迅"的说法。李先生借了一个"似乎"的考研题，来证明恩师的人格高尚，过人胆识，是不是有点借题发挥之嫌？应该说，郭老作为继鲁迅之后，我国文化战线上又一面光辉的旗帜，是当之无愧的。这不是谁"树"得了的，而是历史的事实，也是李先生们否定不了的。别的不说，就连田仲济先生本人都是抗战时期以郭老为代表的抗日文化大军中的一员。据田先生自己回忆，抗战时在重庆，与郭老有一面之识，且应田之请，郭曾为田写了字，还为田的作品写了序。这些翰墨交往，在中国现代文学上当传为佳话。作为恩师的学生，理应知之一二。仅此一点，这位高足硬把恩师划到郭老的"另一极"，就教人于情、于理都十分费解。身为高足还把"听说"恩师出差坐火车"骂了一路郭沫若"也写了进来。照此说来，"骂郭"竟成了时尚，骂郭就能显现恩师的人格，二者究竟有什么因果关系？依笔者看来，李先生，再怎么一路地骂下去，于恩师又何益之有？

既然李先生对郭老的作品和人格骂个一无是处，作为恩师的高足，倘能平心静气，坐下来做点学问，拿出点"干货"，把郭老考古"那剩下的三也靠不住"一一考辨，把《女神》败笔处一一开列出来，以正视听，也免得"五百年以内"不致以讹传讹，贻误后学，恐怕这才算是对恩师的报答吧。李文中用了"善翻筋斗，趋时附势，毫无持操"这样恶毒词语恣意贬损郭老人格，炒了30年代前后一些文坛掌故，连郭老对自己的作品利用再版之机加大修改一事，都大加挞伐，顺笔用"与时俱进"来揶揄一番。李文通篇没有一处用恩师的直接引语，也难说是恩师告诉他的，还是他在图书馆"阅览"到的。作者甚至把自己在大学课堂上"直着脖子"吟唱《凤凰涅槃》与恩师"《女神》不知道直着脖子在喊什么"联在一起。什么意思？倘尊恩师对《女神》不以为然，那就据实分析，以理评判，把《女神》打翻在地，批得一无是处，那才叫学问。怎能设想，一位"中国现代文学研究的奠基者和开拓者"——尽管是"之一"的学者，会对《女神》说了什么都不知道呢？"你三十年前的凤凰涅槃，预先歌颂了新中国的诞生。"① 作为元帅诗人陈毅的话，能不能给李先生一点启蒙？对了，陈老总，高官也，李先生大可不必"附势"就是了，尽管陈老总也是四川人。

按说，李先生当年在大学讲坛上少不得也得硬着头皮对《女神》肯定几句。只是得"直着脖子"歪腔怪调，言不由衷。由此，我真的悲从中来，这太难为李先生了。

李先生肆意诋毁、贬损郭老人格，全然不顾自己的学者风度，除了起劲地谩骂，就没词了。看来，李先生是太义愤，太得意了。于不经意间引了"台湾周锦先生"以抗战后国府未能趁"共产党员田仲济"骂郭沫若之机把郭"收罗"过去为憾一事。奇文，妙极了。如此说来，在"台湾周锦"眼里，郭沫若还是有"收罗"的价值的，因而以未能"收罗"过去为憾事。事实，李先生应该知道，"国府"要"收罗"郭沫若，还用得着派特工去搜集田骂郭的情报吗？"国府"抗战前后何尝没有用力"收罗"过郭沫若？只不过，郭沫若并没有因为一个"共产党员"那一骂就去投奔"国府"，更没有被"国府"的一再"收罗"而"过去"。这不是和鲁迅先生一样的硬骨头吗？李先生，"翻筋斗"一说，"趋时附势"云云，经你这么一提醒，反倒使读者得出结论：你是在颂扬郭老崇高的人格情操，坚贞不屈的革命精神，至于抗战爆发后，蒋在庐山召见郭一事，李先生也愤然有"微词"。只可惜，作者连中国现代史上国共合作抗战的常识都全然不顾了。

再说，既然是恩师，李先生当与恩师有不止一时一事的接触；恩师当对

---

① 陈毅：《赠郭沫若同志》，《人民日报》1978 年 6 月 18 日。

弟子有不止一字一题的指点，恩师的音容笑貌，儒雅风范，治学态度，人格魅力，高足于文中当略陈一二，惜乎阙如。抑或作者认为那样写又落入窠臼，于是别出心裁，独辟蹊径，除首尾给恩师戴上高帽，通篇就是十分得意的谩骂、攻讦。然而田先生形诸文字的"微词"也无稽可考，这倒应了古人的"身后是非谁管得"那句话，是非曲直评说了。而今，田郭两位都已作古，李先生，你就放心地骂就是了，何必假恩师的盛名呢？

上世纪年代初，笔者在大学中文系听鲁迅、郭沫若专题，老师曾把鲁、郭进行比较、分析，引出周恩来同志《我要说的话》作结论。同学们一致感到，他们崇高的爱国主义精神，大无畏的革命气概，为人民解放事业献身的业绩，堪称中国知识分子的楷模。我们几代人就是在以鲁迅、郭沫若为代表的新文化影响、熏陶下长大的。小说、诗歌、戏剧、散文、音乐、美术……大家辈出，产生了一大批无愧于时代的经典之作。我以有鲁迅、郭沫若这样的中国知识分子而自豪。他们的民族魂、爱国心，他们的奋进精神，铮铮傲骨，连同他们身后的不朽著作，永远鼓励着后人。

然而李先生自己骂还嫌不够，还把"听说"的也扯进来了，把四川那位魏姓郭老的"乡梓"和他"周围的人"也拉来了，以证明"渐趋一致"。笔者不是四川人，也不敢以李先生"周围的人"去攀附，只是一个与李先生住在一个"屯"里的中国人。沈师院、辽宁社科院，现今尚未搬出咱们"屯"，——"屯"者，北方地区村民聚居地之谓。沈阳的皇姑区，以界内有皇姑屯而名之，即1929年张大帅被日本人炸死的那个地方。我的周围也不乏对现代文学史略知一二的人，我怎么就没有李先生那样灵敏的嗅觉，听到那"爱憎分明"的两极说呢？李先生用心良苦，把恩师与郭老划清界限，以此彰显恩师人格，倘尊恩师大海有知，会颔首吗？

鲁迅先生在《南腔北调集·我怎么做起小说来》有言："批评必须坏处说坏，好处说好，才于作者有益。"我体会，不但对作者有益，更对批评者自己有益，对读者有益。李先生此文，算不上是严肃的学术批判，亦非发自内心的悼文；通篇充斥谩骂和诽谤，是一篇逻辑混乱，了无新意的文字，不禁让人想起当年大批判传单中的调子。

上海的《文汇月刊》1981年1、2、3期连载了姚雪垠的《评〈甲申三百年祭〉》，挑起一场不大不小的争论。本刊从创刊伊始就十分关注这一争论，创刊号上发表了《关于〈甲申三百年祭〉的风波——驳〈评'甲申三百年祭'〉》的长文，以后刊发了多篇批驳文章及重要史料。《甲申三百年祭》发表五十周年、六十周年，都编辑了"特辑"。五十周年特辑，刊发了一篇题为《〈甲申三百年祭〉纪念文章巡礼》，概括了当年对该文的认识，如下：

> 以人为鉴可以知得失，
> 以史为鉴可以知兴亡。

永远值得玩味的甲申又一次来到了。为了纪念 60 年前郭沫若撰写的《甲申三百年祭》，3 月 8 日上午，中国社会科学研究院历史研究所、郭沫若纪念馆、中国郭沫若研究学会在北京郭沫若故居召开了有关方面负责人和专家学者 40 余人的座谈会，同时举办了《甲申三百年祭》手迹、版本、资料的图片展览。之前之后，《北京日报》《文汇报》《广州日报》《北京党史研究》《中华读书报》《中国文物报》《人民政协报》《大江南北》《社会科学报》等报刊纷纷刊载了纪念文章，有的还出了特辑。为了方便读者了解，现将（除本刊发表的纪念文章外）报刊发表的纪念文章作一个巡礼。

《广州日报》，2004 年 3 月 19 日，编发了重读《甲申三百年祭》特辑，并加了编者按。按语说：

> 60 年前的甲申年的今天，即 1944 年 3 月 10 日，《甲申三百年祭》在重庆《新华日报》上发表，迅即引起广泛的关注。时在延安的毛泽东读到该文，非常赞赏，先后两次号召全党学习并把它作为延安整风学习的重要文件，突出强调了戒骄与防腐。
>
> 60 年来，《甲申三百年祭》一直为我党领导人所重视。就在 5 天前，温总理在记者会上再次提到《甲申三百年祭》。
>
> 读史可以明智，可以知兴替。在 360 年后的甲申年，在 60 年后的今天，在中国全面建设小康社会与努力和平崛起的重要战略机遇期，在我们面临国际国内诸多挑战与考验的今天，重温《甲申三百年祭》仍有很强的现实意义，仍然"有大益于中国人民"。

《北京日报》，2004年3月1日，刊发了王戎笙的《〈甲申三百年祭〉发表前后》：

郭沫若当年为什么要写《甲申三百年祭》？我认为，就郭老当年的写作本意来说，是以明末腐败的历史，讥讽国民党的腐败统治。至于把它当作一面历史镜子，并列入整风文献，告诫共产党人不要犯胜利时骄傲的错误，这是毛泽东同志的远见卓识。在共产党取得全国政权以前很久，他就在提前考虑一个十分严肃的问题，共产党成为执政党以后，如何防止腐败。

《甲申三百年祭》有17000字，揭露明末政治腐败、饥民遍野、官逼民反内容的，约5000字，占全文三分之一。《甲申三百年祭》中描述胜利时骄傲，包括"过分的胜利陶醉中一二位清醒的人"，总共约5000字，也占全文三分之一。假如当年郭沫若撰写《甲申三百年祭》的本意是给共产党提供一面历史的镜子，敲一敲警钟，他就不会写出如下这一段文字："（李）自成的大顺朝即使成功了（假使没有外患，必然是成功了的），他的代表农民利益的运动早迟也会变质，而他必然也会做到汉高祖、明太祖的藏弓烹狗的'德政'，可以说是断无例外。

《中华读书报》2004年3月10日，发表了冯锡刚的《〈甲申〉六十年祭》：

郭沫若想写的也只是以李岩和红娘子为主角的史剧。由起初的创作历史剧的欲望而变为论述明亡及李自成起义成败的实际操作，合理的解释是：柳亚子既因故无法撰写史论，急党所急的郭沫若便担当了这个重任。也正因此，郭沫若在很长一段时间里，对创作以李岩与红娘子为主角的历史剧情有独钟，念兹在兹。

他的史学研究尤其是这篇多少有"遵命"成分的史论。自然不乏现实意义，但终究不是简单的比附或影射。

他在《甲申》发表一个月后致信美国费正清博士，称《甲申》"本是研究性质的史学上的文字"，《中央日报》的社论是"无理取闹的攻击"，"我只感觉着论客们太可怜了，竟已经到了歇斯迭里的地步。"

作者以近乎三分之二的篇幅围绕李岩的身世、经历、谋略及其悲剧命运落墨。作者对李岩的至高评价，集中在这一句上，"有了他的入伙，明末的农民革命运动才走上了正轨"。李岩的悲剧结局，正是历代农民起义的规律性结局所决定的。

《解放日报》编者按对《甲申》的概括，虽言之有据，却并不全面，甚至可以说有重要的缺漏。毛泽东侧重于吸收"胜利时骄傲"的历史教训。也是见仁见智，各有所取。对"骄傲"的种种表现及其产生的根源，虽也可作多重阐释，但终究与作者的关注重心不尽一致。

《北京日报》，2004年4月12日，发表了毛佩琦的《〈甲申〉与晚明政治史的启示》：

> 《甲申三百年祭》一开始便指出明朝由于吏治腐败而陷入无法挽回的颓势。他引用了崇祯帝于崇祯十年（1637）下的《罪己诏》。崇祯皇帝所下的明明是"罪己诏"，却把一切罪责都推给百官，他自己应负什么责任呢？对明史有所了解的人都清楚，明朝的腐败是自上而下、自下而上腐败透了的。明武宗、世宗、神宗、熹宗，一个个表现得可以说是千奇百怪，再加上宦官专政，锦衣卫、东西厂横行，明朝的局面已经烂到无法收拾。崇祯帝即使是一代明君，也无回天之力！皇朝统治者们不代表先进的生产力，他们的利益从根本上说与广大民众是对立的。因而注定无法跳出走向衰亡"历史周期率"。
>
> 《甲申三百年祭》作为中国农民战争史研究的开拓之作，毛泽东给予高度评价不是偶然的。但是由于时代与认识水平的局限，人们在用马克思主义研究历史时也出现过教条主义、形而上学的倾向，甚至出现过把阶级斗争绝对化的极左思潮，阉割历史的儒法斗争史和影射史学就是典型的例子。这无疑是应当坚决予以纠正的。但当前史学研究的一个重要偏颇却是忽视理论，把史学边缘化，烦琐化。所谓"不为无益之事，何以遣有涯之生"，连篇累牍，引经据典，而不知所云，这是一种倒退！我们重读《甲申三百年祭》，从中发掘历史经验教训的同时，也要发掘对当今史学的借鉴作用。新史学应该保持和发扬它的优良传统。史学呼唤理论，史学界要提倡学习理论，研究理论，提倡探索，要关注现实生活。

《社会科学报》，2004年3月18日，发表《再祭甲申》编者按：

1944年，郭沫若先生以其政治敏锐性，有感于历史上"打江山易、守江山难"的悲剧典型，写出了史论文章《甲申三百年祭》，郭文所评述的明末史事，都是大事，当年受到毛泽东同志的重视，被当作整风文献。今年，在十届全国人大二次会议之际，国务院总理温家宝答中外记者问时，再次提及该文，他怀着拳拳的爱民心特别强调，"我和我的同事们愿意接受人民的监督。"今天，中国正处于剧烈的社会变革中，转型和变迁的社会是敏感而又脆弱的，每一个中国人都期待着去除弊端，走向祥和。再祭甲申，我们坚信，没有什么可以逍遥于历史的法则之外。

《社会科学报》，2004年3月18日，刊发了谢俊美的《不要忽略人文精神》：

在中国共产党领导的农民革命战争即将取得全国胜利前夕，毛泽东向全党及时下发了郭沫若撰写的《甲申三百年祭》一书，告诫全党，教育干部，以李自成农民起义的失败教训为例，不要被胜利冲昏头脑，务必要保持谦虚谨慎、不骄不躁、艰苦奋斗的作风。这种以史为鉴的教导对于当时的每一个党员来说，无疑是一帖清醒剂，的确起到了净化心灵的作用。在毛泽东执政的20多年中，以他为首的领导班子以及他本人始终坚持拒腐蚀、永不沾，坚守着全心全意为人民服务的宗旨。时至今日，人们仍旧怀念他为政时的党风、政风、民风和学风。

官僚政治与腐败相连，吏治败坏是社会的一种病兆。解决社会的腐败，首先要消除政治腐败。除了党纪国法外，从根本上说还在于建立社会信仰机制，召唤人文精神。人文精神的核心是世界观、价值观、民族情怀、爱国之志，也包括个人的道德操守。小到言谈举止，大到为国牺牲个人，如林则徐所说的"苟利国家生死以，岂因祸福避趋之。"对目前中国而言，忽略人文精神，必将要付出沉重的代价。十年树木，百年树人。高楼大厦，高速铁路等固然要建，但崇高的国格、高尚的人格教育尤要倡导和重建。

《社会科学报》，2004年3月10日，发表了雷颐的《崇祯的悲剧》：

　　诚如郭氏分析，"饥荒诚然是严重，但也并不是没有方法救济。饥荒之极，流而为盗，可知在一方面有不甘饿死，铤而走险的人，而在另一方面也有不能饿死、足有海盗的物资积蓄着。假使政治是休明的，那么把彼注此，损有余以补不足，尽可以用人力来和天灾抗衡，然而却是'有司束于功令之天，不得不严为催科'。这一句话已经足够说明，无论是饥荒或盗贼，事实上都是政治所促成的。"虽然崇祯帝也曾想作某些变革，但在既得利益集团的强烈反对下根本未付诸行动。可能他认为自己实力还不够，还要积蓄力量，等待最后变革时机。但历史并未给他以"时机"，大明王朝最终亡覆在这位最爱表示"亲民"的皇帝手中，的确令人深思。崇祯的悲剧说明，当社会矛盾极其尖锐的时候，只有大刀阔斧地改革才是唯一出路，当最高统治者连体制内的既得利益集团都无力控制、无法进行至上而下的变革时，就更没有力量控制体制外力量的造反了。

《社会科学报》，2004年3月18日，发表了章立凡的《农民铸就王朝兴替》：

　　辛亥革命后皇冠落地，由封建走向共和，政治体制已变，何以国民党最终还是丢失了大陆呢？我看最重要的原因有四：
　　一、一党专政，党国不分。
　　二、个人独裁，拒绝民主。
　　三、背弃诺言，怒视农民。
　　四、抗战胜利，腐败加速。
　　郭老那时与晚年不同，写文章是讲真话的，而毛泽东处于在野地位，也注意听真话。弹指之间，又过去了60年。对于一个用"三千万人流血牺牲"换来的政权而言，"胜利时的骄傲"在1949年后的一段时间内是避免了。但闭关锁国将近30年之后，随着对外开放和经济发展，欲望闸门打开，腐败于今为烈。能否彻底摆脱"周期律"，仍是一个意味深长的老问题。
　　《炎黄春秋》2004年3期转载了此文，题为《甲申再祭》。

《人民政协报》，2004 年 3 月 18 日，刊发了林思列的《〈甲申〉六十年记》：

　　六十年前的明天，郭沫若的《甲申三百年祭》在《新华日报》发表，迄今又过了一个甲子。六十年间，这本不足两万言的小册子被一版再版，曾作为党内整风文件下达，也是毛泽东等中央领导同志反复提到的"以史为鉴"的代表作。3 月 14 日，温家宝总理在记者招待会上回答反腐败问题时，特别提到了这部作品。回眸《甲申三百年祭》发表以来的历程，我们有理由深信，它的生命力至今未衰，而且将会存在下去……

　　分析《甲申三百年祭》，应该抽取的其实是两个主题，即戒骄和防腐。如果说毛泽东在 1944 年所侧重的是戒骄，那么仅隔几年，在 1949 年 3 月党的七届二中全会上，他便提出了"务必使同志们继续地保持谦虚、谨慎、不骄、不躁的作风，务必使同志们继续地保持艰苦奋斗的作风。"这是毛泽东从即将垮台的国民党和即将执政的共产党身上总结出来的历史经验，而这"两个务必"恰与《甲申三百年祭》的两个主题相吻合，这不能不说是新中国成立后《甲申三百年祭》屡受重视的原因。因此也就不能机械地以文章所占篇幅的几分之几来衡量明亡李亡孰轻孰重了。

《社会科学报》，2004 年 3 月 18 日，发表了李维武的《历史回音壁上的轰响》：

　　作为史学著作，《甲申三百年祭》是对三个世纪前李自成领导的农民起义军成败得失所作的一个回顾与总结。而从 20 世纪中国思想史上看，《甲申三百年祭》则反映了中国共产党人在走向革命胜利的途程中面对历史之镜对自己未来命运的一种深刻的思考。

　　从现代解释理论看，一个文本的意义不仅是写作者在书写时所赋予的，而且是解读者在解读时所赋予的。《甲申三百年祭》在 20 世纪中国思想史上的意义也是如此，它实际上是由郭沫若和毛泽东所共同赋予的。郭沫若以其史学家兼思想家的大手笔，写出《甲申三百年祭》，当然功不可没，毛泽东以其革命家兼思想家的大智慧，解读《甲申三百年祭》，意义更为深远。正是由于有了毛泽东这种深度解读，使得《甲申三百年祭》中所蕴涵的思想底蕴得以淋漓尽致地阐发出来，其价值、其影响远远超越出史学研究的范围，而与现实的中国历史运动融为一体。《甲申三百年祭》以一史论而成为常读常新的 20 世纪中国思想史名篇，其秘密也就在这里。

《文汇报》，2004 年 3 月 29 日，刊发了石仲泉的《甲申三百年祭》：

处于 21 世纪中国的甲申年，再祭 360 年前之甲申，有哪些资治的史鉴呢？

第一，必须坚持改革开放和社会发展；

第二，必须加强忧患意识，居安思危；

第三，要大力宣传并切实坚持"两个务必"精神；

第四，必须深入持久地开展反腐败斗争。

《求是》2004 年 9 月以《前事不忘　后事之师——"甲申三百年祭"笔谈》发表了金冲及、王戎笙、白皋三人的文章。金冲及在题为《历史告诉我们的真理没有过时》一文，与《北京党史》3 期发表的《学习"甲申三百年祭"的两点体会》论点相同。王戎笙在题为《重温人亡政息的历史教训》一文中指出，毛泽东把《甲申三百年祭》"视为防止腐败的一面镜子"，"1945 年 7 月，黄炎培、章伯钧、傅斯年等六位国民参政员访问延安，黄炎培在同毛泽东的一次谈话中提出了中共如何跳出中国历史上历代封建王朝'共兴也'的'周期率'的问题。毛泽东说，我们已经找到新办法，这个办法就是民主，让人民来监督政府，政府才不敢松懈，只有人人起来负责，才不会人亡政息"，"今天，重读《甲申三百年祭》，重温人亡政息的历史教训，显得尤为必要"。白皋在《以史为镜，可以知兴替》一文中指出，"李自成的失败和郭沫若的总结，成为中国共产党人的镜鉴。"

《中国文物报》2004 年 3 月 12 日在《遗产周刊》67 期以"一代农民英雄李自成功败垂成，其所留下的血的教训，历史之谜，相关文物，都成为今天的遗产，甲申三百六十年纪念"的文字和图片。文章一开头就指出："六十年前，郭沫若先生写了一篇著名长文《甲申三百年祭》。开头第一句话是：'甲申轮到它的第五个周期，今天是明朝灭亡的第三百周年纪念了'。重温一下这段历史不该是多余的罢。"文章又说，"李自成大顺军于崇祯十七年三月十九日进入北京，四月三十日退出北京。在京这一个多月，既是大顺胜利的顶点，又是它失败的起点。正所谓祸兮福所倚，福兮祸所伏。这其中的教训实在太大了。首先，大顺军没有一个统一全国的政治方略，对明军、清军及友军（当时在四川的张献忠农民军是一支重要力量）却没有一个正确的主张和政策；其次，进入北京后，被胜利冲昏了头，骄傲起来，对当时严重的军事形势不以为意，兵骄将横，意志懈怠；再次，贪污腐败，将士各有私囊，'腰缠多者千余金，少者亦不下三五百金，人人有富足还乡之心，无勇往真赴战之气'（《明季南略》）；最后还有一条就是将相不和，擅杀李岩这样的重要人物，实在令人扼腕。"文章还对李自成是否牺牲、何时牺牲、凶手为谁等尚在学术界争论的问题作了介绍，并主张应本着百花齐放、百家争鸣的方针继续讨论下去。

《北京党史》2004 年第 3 期发表了三篇纪念文章。金冲及的《学习"甲申三百年祭"的两点体会》说"回顾这段历史，依然使人感慨万千，这里，只谈两点体会：第一，《甲申三百年祭》提出的确实是一个带根本性的问题，'小胜即骄傲，大胜更骄傲'。党的十六大以后，胡锦涛同志立刻带领书记处成员到西柏坡七届二中全会遗址去，重提'两个务必'，确实有着极为深刻的含义。第二，郭老的《甲申三百年祭》为历史研究怎样为现实服务作出了榜样。多读读郭老这样的大师的作品，用心领会，对提高我们的史学研究水平无疑是十分有益的。"

马英明的《"甲申三百年祭"揭示的执政规律》指出："郭文通过对明末李自成农民起义军从夺取胜利到遭受失败经过的阐述与分析，深刻揭示了一条自古以来的执政规律：民心向背，决定政权的存亡。即：得民心者得天下，失民心者失天下。夺取政权，巩固政权，都必须依靠广大民众的拥护和支持。重温这一历史名著，对于始终代表广大人民的根本利益的执政党——中国共产党来说，是有着重要现实意义的。"执政者能否真正代表人民群众的利益，不在于其主观认识、口头表达为何。而是不仅要看执政者的实际立场如何，即是否真正与民众站在了一起，还要看是否具备了贯彻实现这一立场的御宇能力，执政水平，政略艺术。最终，还要通过客观事实，通过民众的亲身体验和感受，通过民意反映和民心向背才能判定。

翟清福的《感悟历史名篇》称，《甲申》一文，紧紧抓住明末阶级斗争和农民革命运动，从鲜明的对比中揭示了明朝的必然灭亡和李自成等农民军兴起的原因，深刻地总结了农民军最终失败的沉痛教训。郭沫若以昂扬的战斗激情回击了敌人在文化思想上的进攻，指出农民战争的发展规律。认为农民起义是统治阶级逼的。只有在无产阶级先锋队领导下的农民革命，才能取得真正的胜利，代表广大农民利益的运动才不会变质。

《大江南北》2004 年 4 期，刊发了蒋星煜《"甲申三百年祭"警钟长鸣》，文章指出《甲申三百年祭》一文的核心不是论证明代灭亡，而是总结李自成农民起义军最后走向失败这幕悲剧的深刻教训。"十分有趣的是《甲申三百年祭》并没有把明代灭亡与国民党作任何联系，而国民党统治者由于本身的极端腐败，内心惶恐，却自动对号入座，于 3 月 24 日在其党报《中央日报》发表社论，诬蔑郭沫若鼓吹'亡国论'，对郭沫若进行了恶毒攻击。"毛主席一直非常重视《甲申三百年祭》，多次号召全党认真学习，"1951 年 12 月，三反五反时，公审大贪污犯刘青山、张子善大会前夕，以及 1953 年 2 月，在南京参观太平天国遗迹时，毛主席都说过要记取李自成进城的教训。"文章还详细谈了《甲》文与历史剧创作的有关情况。

《书屋》2004 年 4 期，登载了石天河的《甲申三百六十年》：

六十年过去了，我们现在重新探讨明朝亡国的历史，却不能不看到，《甲申三百年祭》的论断，于明朝亡国，主要归罪于崇祯对臣下之苛察、猜忌及其轻躁与无能，于农民起义军的失败，则主要归罪于李自成听信牛金星谗言杀害李岩。这样的功过评量，虽然不为无据，却因为过于侧重个人行为责任的春秋笔法，忽略了对当时政治体制与文化传统的深入分析，不能不使人感到有"重于衡人、轻于论世"之憾。因而，关于明朝亡国及农民起义军失败的根本原因，《甲申三百年祭》还留下了没有涉及的许多问题。现在，我们有必要对这些问题再作进一步的探讨。

明王朝的灭亡，除了这几位皇帝的失误以外，深层原因主要还在于皇帝高度集权的体制。可以说，明王朝并不是亡于李自成，而是亡于它自身。从神宗到熹宗，由"立太子"引发了神宗皇帝与群臣对立、皇帝怠工、群臣内斗、大臣挂冠、朝政疲敝，最后导致熹宗在青少年时登基，听任妇寺窃柄、太监专权，皇帝自己变成了傀儡，旁人无法制止。在"阉党"残杀"东林党"的"党祸"落幕时，朝廷已经变成了难于收拾的烂摊子。在皇帝高度集权的体制中，在皇帝想破坏"祖制"、"废长立幼"因素的诱发下，各种潜伏的内在矛盾，在火星一闪之际陆续地爆发出来了。这样，使这个自身极不合理的体制和皇家的一切特权，也就都伴随着国家的衰亡而冰消瓦解。

中国历朝历代的封建体制都是依据儒家经典理论建立起来的。按儒家教义来建立的政治体制，既有至高无上的皇帝，又有用言论去劝导与规谏皇帝的言官，还有用竹帛或纸张去记下皇帝过失的史臣，而且，还规定皇帝的继承人，从小就必须接受儒家的教育，用儒家士子出身的大臣，去做未来皇帝的老师，教他学习儒家经典。这一切，就是儒家解决问题的方式，谓之"为帝王师"。

儒家"为帝王师"幻想的破灭，一是由于它与"君权至上"的政治体制的矛盾，二是因儒家士子本身的素质与才能，对这种体制改革不可能进行。儒家士子只能依附于封建朝廷，尽忠食禄，或与皇家同其休戚，或则在改朝换代时，装点欢颜，另事新主。看看明朝亡国时可知，虽然有很多儒家士子自杀尽节，但投降的人却更多。从"东林"名士钱谦益的投降和"复社"诗人吴梅村终于还是做了清朝的官就可以看出：儒家的伦理道德教育，到亡国以后，其作用也是非常有限的。不仅"气节"难于坚持，连"华夷之辨"的底线，也没有能守住。儒家经典维系封建统治的作用，到明朝亡国时，已经完全破产了。

所有这些纪念文章都充分体现了学术界对郭文及晚明史的研究和认识有了新的进展。历史可以指导现实，昭示未来。我们一定要像毛主席那样独具慧眼去发掘对当今有借鉴作用的历史研究的新成果。

历史规律不可抗拒，世界潮流，浩浩荡荡，顺之者昌，逆之者亡，那是不以人的意志为转移的。

《李白与杜甫》是争论最为厉害，也是诟病郭沫若最为猛烈的著作。本刊倡导百家争鸣，先后刊发了《〈李白与杜甫〉的得失》（王锦厚）、《如今了然识所在——再论郭沫若的〈李白与杜甫〉》（刘茂林）、《写〈李白与杜甫〉的"苦心孤诣"》（谢保成）、《重读〈李白与杜甫〉》（刘讷）、《〈李白与杜甫〉研究综述》（杨胜宽）……关于这一讨论，有两点值得一提：

一、1993 年 2 月号《郭沫若学刊》（总 24 期）在《郭沫若研究在海外》栏，发表了《对郭沫若〈李白与杜甫〉一书的再研究》，作者单文明、译者凌如珊、

徐盛化。虽然是摘译，但让我们了解了海外学者对该书的一些看法。译者写了如
下"后记"：

　　为纪念中国文化先驱郭沫若诞辰 100 周年，特翻译海外学者单文明《对
郭沫若〈李白与杜甫〉一书的再研究》一文。该书带来一些海外学者对《李
白与杜甫》的看法，特别是第四部分，从该书创作的时代背景入手研究，认
为郭老是一位有思想的人，该书是一部卓越的讽刺作品，维护了郭老及其名
著的声誉与地位。

　　无独有偶，中国郭学专家、四川大学王锦厚教授，在其《郭沫若学术论
辩》的学术研究专著中，也通过与时代背景挂钩的方法，从而使作者了解郭
老当时的特殊处境和写作意图。据此，登载海外学者单文明论文的杂志从未
进口。双方在某些问题上的这一研究方法和所达到的结论，不失为一家之
言。当然，王教授所论更为周全，显示了郭老研究李杜的特色，从中窥见郭
老在特殊年代对中国传统文化所持的态度。

二、2010 年第 3 期《郭沫若学刊》（总 93 期）在《〈李白与杜甫〉研究》专
栏里刊发的《〈李白与杜甫〉是怎样一本书》的部分文字，我加了如下按语：

　　《李白与杜甫》修订本，1982 年编入《郭沫若全集》，9 月由人民出版社
出版。2010 年 5 月，中国长安出版社以全集作底本，单独印行。这次印行，
增加了《杜甫与苏涣》、《杜甫与岑参》手稿片断；《题梁楷画李太白像》、
《为江油李白纪念馆题联》、《录杜工部诗〈春夜喜雨〉》、《为成都杜甫草堂题
联》等手迹，以及附录《〈李白与杜甫〉是一本怎样的书》。这里选登的就是
该书的"附录"。

现一并辑录全文：

《李白与杜甫》是一本怎样的书？

一、作者自述
　　唐诗中我喜欢王维、孟浩然，喜欢李白、柳宗元，而不甚喜欢杜甫，更

有点痛恨韩退之。

——郭沫若《我的幼年》，上海光华书局 1929 年版

　　当然，杜甫是生在一千多年前的人，他不能不受到历史的局限。例如他的忠君思想，他的"每饭不忘君"，便是无可掩饰的时代残疾。他经常把救国救民的大业，寄托在人君身上，而结果是完全落空。封建时代的文人，大抵是这样，不限于杜甫。这种时代残疾，我们不必深责，也不必为他隐讳，更不必为他藻饰。例如有人说杜甫所忠的君是代表国家，那是有意为杜甫搽粉，但可惜是违背历史真实的。

——郭沫若《诗歌史中的双子星座》，《光明日报》1962 年 6 月 9 日

　　其实，我也是尊敬杜甫的一个人，九年前我替成都工部草堂写的一副对联可以为证："世上疮痍，诗中圣哲；民间疾苦，笔底波澜"。我也同样在称杜甫为"诗圣"。不过这种因袭的称谓是有些近于夸大的。实事求是地评价杜甫，我们倒不如更确切地说：杜甫是封建时代的一位杰出诗人。……

　　这样评价杜甫，并不是贬低了杜甫。指责了杜甫的错误，也并不是抹杀了杜甫的一切。人谁无错误呢？何况"圣人过多，贤人过少，要愚人才无过"。把杜甫看成人，觉得更亲切一些。如果一定要把他看成"神"，看成"圣"，那倒是把杜甫疏远了。

——郭沫若《读〈随园诗话〉札记》后记，作家出版社 1962 年版

　　杜甫应该肯定，我不反对，我所反对的是把杜甫当为"圣人"，当为"它布"（图腾），神圣不可侵犯。千家注杜，太求甚解。李白，我肯定了他，但也不是全面肯定。一家注李，太不求甚解。

——郭沫若 1977 年 1 月 28 日复胡曾伟信，《东岳论丛》1981 年第 6 期

二、学者印象

　　郭老《李白与杜甫》自必胜于《柳文指要》，对青年有用，论杜稍苛，对李有偏爱之处。论李杜思想甚多创见。

——茅盾致周振甫信（1972 年），《尘封的记忆：茅盾友朋手札》，
文汇出版社 2004 年版

《李白与杜甫》一扫从来因袭皮相之论。

——恽逸群《关于〈李白与杜甫〉致郭沫若书》（1972 年），

《社会科学》1981 年第 2 期

由于《李白与杜甫》是针对现实中"全面颂扬"杜甫的倾向而写的，因此，不可避免地带有鲜明而强烈的倾向性。郭沫若所反对的李杜研究中的错误倾向，既有历史根据，又有现实的目标。一句话，有强烈的针对性，是在做"翻案文章"。李白，郭沫若"肯定了他，但也不是全面肯定"，仔细研究全书后是可以同意的。如果与"五四"以来新文学工作者对李杜的比较研究看，我们不能不承认，无论是观点，还是方法，郭沫若的论著都要高一筹。

也许有人会问，依你的看法，《李白与杜甫》就没有问题了吗？不！《李白与杜甫》的确也存在着一些问题。然而，尽管如此，《李白与杜甫》还是不失为一部有学术价值的书。价值在什么地方呢？就在于其敢于打破因袭的见解，提出自己的独到看法，解决了或接近解决了一些前人或同时代人没有解决或解决得不能令人满意的难题，提出了一大堆供人们思考，也值得人们思考的问题。闻一多先生说得好：

"有些拘谨的学者，很不以郭先生的见解为然，而且说他大胆与轻率。好！这些学者先生们一次都没有错，因为一句离开前人见解的话也不曾说过，这种过分的'谨慎'，如果是怕说错了影响自己已成的学者之名，那却未免私心太重，这样谨慎了一辈子，对于古代文化的整理上最后还是没有添加什么，而郭沫若，如果他说了十句，只有三句说对了，那七句错的可以刺激起大家的研究辨证，那说对了的三句，就为同时代和以后的人省了很多冤枉路。"

其他学者也说：

萧（涤非）先生尽管对《李白与杜甫》一书不满，但也吸收了该书中许多正确的意见，没有重复那个年代流行的"好便一切皆好，坏便一切皆坏"的简单思维逻辑。毋庸讳言，郭老《李白与杜甫》一书问世以前，我国古典文学研究领域，对杜甫的研究，相当普遍地存在着另一种倾向，这就是对杜甫及其作品的全盘肯定和过高颂扬。坦率地说，这种倾向在萧先生的《李白与杜甫》旧版中是表现得相当明显的，这同样不符合历史唯物主义和辩证唯物主义。郭老《李白与杜甫》的出版，对这种倾向，显然是一种冲击，至少或是从另一个角度提出了问题，或是在思想方法论方面提供了反面教训。

——杨廷治《〈李白与杜甫〉的出版和〈杜甫研究〉的修订》，

《北京大学学报（哲学社会科学版）》1991年第5期

从"国学"研究的视角来审查《李白与杜甫》一书，至少有以下几个方面的超越前人的，或者说是显示其大师手笔的。

其一，发挥着他独具的文史"两栖"的特长，透过李白与杜甫，尤其是李白的经历和遭遇，生动地展现了唐代社会自开元至天宝年间是如何由盛转衰的历史画卷。

其二，以诗证史，把李白身世、李杜宗教生活等项研究推进到一个新的层次。

显然，他只是想翻"抑李而扬杜"的旧案，恢复"李杜并称"的平衡局面。但当展开具体考察之际，一进入诗的意境，感情的"好恶"时不时地战胜着学者的理智，书中自然而然地流露出了"扬李抑杜"的明显倾向。完全可以说，《李白与杜甫》一书是学者郭沫若与诗人郭沫若"相混合"的产物。

——谢保成《品味唐诗，评李说杜》，《郭沫若评传》，

百花洲文艺出版社1995年11月版

如果不算若干短小的诗词，《李白与杜甫》的确是郭老的封笔之作。不管人们对这部书的扬李抑杜立场有何不同意见，重读这部书，我仍由衷地钦佩郭老以八十之高龄，在连遭丧子惨祸之后，还能够把一部历史著作写得这样文情并茂，充满活力。近些年来，对于郭沫若其人其学的非议时有耳闻，我不否认作为一个真实的人，他必有其弱点和失误，但我同时相信，凡是把郭沫若仅仅当作一个政治性人物加以评判的论者，自己便是站到了一种狭隘的政治性立场上，他们手中的那把小尺子是完全无法衡量中国现代文化史上

这位广有建树的伟人的。

——周国平《〈李白与杜甫〉内外》（1997 年 5 月），《周国平自选集》，
海南出版社 2004 年版

郭沫若一生热心于政治生活，晚年又有高层政治生活的体验，这对于他的学术活动，尤其是后期，影响巨大。《李白与杜甫》具有一定程度的政治内涵，原因主要在此。因为他有高层政治体验，对政治又具有相当的洞察力，他就善于抓住历史上有关人物与当时政治相关的课题进行研究，在当时来看，这是颇有生命力的。

——胡可先《论〈李白与杜甫〉的历史与政治内涵》，
《杜甫研究学刊》1998 年第 4 期

郭著无论是在哪一个部分，虽然都有所偏激乃至较大之失误，但事实证明，其创获既多，卓见亦众，故其仍不失为一部颇具学术价值的著作。

——王辉斌《学术中的误区与误区中的学术：重评郭沫若的〈李白与杜甫〉》，
《文学遗产》1999 年第 3 期

若问：郭沫若写《李白与杜甫》意欲何为？

答曰：意不在对李杜优劣的评判，也不在去翻无关紧要的历史陈案，也不在表示凤凰更生，更不是投人所好（相反却有不少微词）。而借助于李白与杜甫的人生旅程、人格缺陷和仕途坎坷，向人们提出一个严峻的问题：作为一代诗雄，在盛唐时代，为什么会出现如此不幸的结局？李白穷愁而死，杜甫抑郁以终。郭沫若以其聪明睿智和心灵感悟，对历史世界和现实世界做了双重的解析，从而给李杜，也同时给自己，做出了人生评估，或称之为终极关怀。

——刘茂林《如今了然识所在——再论郭沫若的〈李白与杜甫〉》，
《郭沫若学刊》2001 年第 2 期（总第 56 期）

《李白与杜甫》，对于郭沫若来说，可算是学术绝笔。在那样一个学术荒凉、思想获罪的时代，在宣布自己的全部著作都应烧掉之后，已经年趋八旬

的郭沫若仍然不惮烦劳写下这部书，并在行将年届八十之年将其出版，其用意一定是很深沉的。现在重读这本书的原版本，深感这块不是不甘寂寞，更不是有的人所讥的溜须拍马，而是借对李白和杜甫的政治性评论对自己进行的一次灵魂解剖，是生命暮年的一次沉重的精神涅槃。

……（他）引用了恩格斯在《路德维希·费尔巴哈和德国古典哲学的终结》中批评到歌德和黑格尔时说的一句话——"歌德和黑格尔在自己的领域中都是奥林帕斯山上的宙斯，但是两人都没有完全脱去德国的庸人气味。"接下去，郭沫若写道："这句话同样可以移来批评李白和杜甫。生在封建制度的鼎盛时代，他们两人也都未能摆脱中国的庸人气味。"

——曾永成《〈李白与杜甫〉：沉重的精神涅槃》，

《郭沫若学刊》2002年第2期（总第60期）

郭沫若的《李白与杜甫》，重点不在于评述李杜的诗歌艺术，而是力图透过他们失败的仕途生涯，揭示阶级社会中士人格与仕途圆融之两难。为此，作者不仅从个性及政治思想层面，同时还从宗教意识层面深刻地全方位地揭示了李杜的人格与仕途的矛盾。郭沫若之所以着力揭示这一矛盾，既饱含着对自我一生的反思与总结，也是对知识分子命运的关注及对"文革"肆意残害知识分子罪行的隐晦曲折的批判与思考。

——张顺发《士人格与仕途圆融之两难——〈李白与杜甫〉管窥》，

《重庆三峡学院学报》2003年第2期

三、其他研究文献

王锦厚　《郭沫若学术论辩》，成都出版社1990年6月版。

童超　《历史人物论》，选自刘茂林、叶桂生等《郭沫若新论》，社会科学文献出版社1992年6月版。

萧远强　《历史人物研究》，选自林甘泉、黄烈主编《郭沫若与中国史学》，中国社会科学出版社1992年10月版。

谢保成　《郭沫若评传》，百花洲文艺出版社1995年版。

刘讷　《重读〈李白与杜甫〉》，《郭沫若学刊》1997年第1期。

张清　《对郭沫若"扬李抑杜"的一点考察》，香港《镜报》1997年3月号。

谢保成　《郭沫若学术思想评传》，北京图书馆出版社1999年7月版。

谢保成 《从社会历史的发展演变审视"李杜并称"与"扬李抑杜"两种文化思潮——兼论郭沫若的李杜研究》，选自中国郭沫若研究会编《郭沫若与二十世纪中国文化》，福建人民出版社 2002 年 10 月版。

刘茂林 《向暮春风杨柳丝——再论郭沫若李白与杜甫》，选自中国郭沫若研究会编《郭沫若与二十世纪中国文化》，福建人民出版社 2002 年 10 月版。

章玉钧、谭继和 《论郭沫若后三十年的学术争鸣》，选自《郭沫若与百年中国学术文化回望》，四川人民出版社 2005 年 7 月版。

杨胜宽 《〈李白与杜甫〉研究综述》，《郭沫若学刊》2009 年第 2 期。

长安出版社初版书影　　　　　　人民文学出版社初版书影

该书的封面腰封写了这样一些话：

一代文豪的封笔之作，鲜为人知的晚年心境。
颠覆千年偏见
李白原来是道士　杜甫信的是禅宗。
杜甫嗜酒实不亚于李白。

四十年来，此书争议不断，真正读懂的少之又少。

这些话是很值研究者深思的。

一个人青少年时代所读的书报往往对其后产生不可估量的影响，郭沫若在他的自传中多有论述。要真正读懂郭沫若的著译，这些书是必须知道的。但现时的人已很难觅寻了，为此，我们尽可能将找到的予以登载，先后刊载了《地球韵言》《启蒙画报》《史鉴节要》《卡比尔百吟》……在 2006 年 1 期（总 75 期）刊发《卡比尔百吟》时加了这样的按语：

> 郭沫若在谈到自己的作诗经过时，一再谈到卡比尔的影响。他说：
> 我这人非常孤僻，我的诗多半是种反性格的诗，同德国的尼采 Nietzsche 相似。我的朋友极少。我的朋友只可说是些古代底诗人和异城的诗人。我喜欢……印度的 Kalidasa……
> ——《致陈建雷书》1920.7.26　《新的小说》月刊二卷一期

> 我由太戈尔的诗认识了印度古诗人卡比尔（Kabir），接近了印度古代的《乌邦塞德》（《Upanisad》）的思想。
> ——《创造十年》

> 当时日本正是太戈尔流行着的时候，因此我便和太戈尔的诗结下了不解之缘，他的《新月集》、《园丁》、《吉檀伽利》、《爱人的赠品》，译诗《卡比尔百吟》（One Hundred Poems of Kabir），戏剧《暗王室》我都如饥似渴地买来读了。在他的诗里面我感受着诗美以上的欢悦。
> ——《我的作诗的经过》　1936.9.4

由此可见，郭沫若在思想和创作上所受卡比尔的影响之深。国内已很难寻觅《卡比尔百吟》，我们特请我驻印使馆工作人员胡金国同志代为找寻，蒙他热情相助，为我们找到该书。为了更深入地研究郭沫若思想和创作所受外国诗人和思想家的影响，特请四川大学中文系教授毛迅同志选译了《卡比尔百吟》若干首，供郭沫若研究者参考。

郭沫若是一个与时俱进的历史人物。无论是他的作品，还是他的活动，都与时代紧密相连，时代影响着他，他也影响着时代。为此，我们编辑了各种特辑、专辑，以突显出这种影响。如2012年1期（总99期）《〈屈原〉创作演出七十周年纪念特辑》，发表了一组照片和文章，加了如下按语：

　　《屈原》的出现是20世纪40年代中国文坛的一件大事，陪都剧坛的一大奇迹，是同国民党反动派作斗争的一大战役。在抗日战争的关键时刻，在国统区、革命者以戏剧为武器与国民党反动派进行斗争并取得全胜。

　　周总理是这场战役的总指挥，郭沫若是主将，演职员个个都是战士……

　　为纪念这一战役胜利70周年，本刊特发表这组文章，以资纪念并作为进一步研究的参考。

此辑目录为：

2012年，本刊迎来了一百期，我写了编后记：

　　这一期：《郭沫若学刊》出版100期了。

　　在第99期，我们刊出了"创刊百期寄语"："深切期盼国内外专家学者、社会友人，踊跃赐稿，慷慨撰文，继续给予宝贵的关心与支持。"短短二十多天，就收到了专家学者们寄来的贺词、贺信、贺文……现特辟专辑，予以刊载！这是对我刊的呵护和支持，鼓舞和鞭策！

几个常设栏目，都有值得一读的文章。生平思想：郭沫若40到60年代的六封家书，清楚地告知他的亲情和友情；与同时代人：有关郭沫若与郑伯奇的两篇文章，记录了郑伯奇与郭沫若的不同寻常的友谊。郑伯奇在创造社中的地位和作用得以显现；作品研究：《郭沫若研究文献汇要·导言》、《"女神"研究在日本》，可以窥见国内外郭沫若研究的成果及其动向；学术争鸣：《写〈李白与杜甫〉的"苦心孤诣"》很有新意，实为一家之言；史料·讯息：两组文章，一组柳亚子先生保存的两分文献。柳亚子和郭沫若的友谊非同一般，两人除诗词唱和，书信往来，字画交流，还有赞贺专文……亚子先生在给家人柳非杞的信中多次说到郭沫若，他说：

沫若先生，我极喜欢他！（三十一年一月十二日）

今天是十一月十七了，仍没有收到你的信，奇怪得很，是不是被扣了呢？请你就告诉我！（十七日上午十一时半注）

昨天老郭生日，此间在□莎餐室举行典礼，极热烈。主席是香港大学中国文学系主任马鉴先生，演讲的，有我、有茅盾、有韬奋、有胡风、有郭步陶、有刘清扬女士，革命空气浓厚非凡，一致攻击破坏联合战线者之误国。我大呼郭先生万岁，中华民族解放万岁，掌声如雷。高兴极了。你如见老郭，可以告诉他一下。闻说重庆也很热闹，你也参加了吗？听说，桂林和新加坡都有欢□也。

十一月十日、十五两信都到，容缓作复。（十一月十八晨注）

（《书简集》第一集抄本，苏州博物馆资料室藏）

可见柳亚子对郭沫若的情谊。在同时代人中、他除对毛泽东主席和鲁迅先生有如此热爱、尊敬之情，恐怕就是郭沫若了。

另一组史料：1979年6月第一次郭沫若学术讨论会上代表的"倡议"及其"倡议书"的"草案"。这是历史，大可供史家参考：

《郭沫若学刊》出版的这100期，不但得到了老一辈学人及资深学者的呵护和支持！特别令人欣慰的是越来越多的年轻人加入了研究和宣传郭沫若的行列。他们关注我们的刊物，爱护我们的刊物！这是力量、更是希望！

我们深信，在老、中、青几代学人的热情支持下，刊物一定会越办越好！

让我们共同努力吧！

它可以代表我们的编辑方针我们的努力的方向。

由此可以清楚地看出：郭沫若是如何影响时代，时代又如何影响着郭沫若，我们特别注意加强与同时代人的特辑编辑，先后编辑了李劼人诞辰120周年、罗曼·罗兰逝世70周年、闻一多遇害70周年、抗日战争暨反法西斯战争胜利70周年、祝贺王火九秩华诞、马识途百岁华诞纪念、《讲真话的书》出版二十五周年纪念、艾芜逝世二十四年纪念等特辑或专辑。这些专辑或特辑，充分显示了郭沫若与同时代的密切关系和相互影响，深受读者好评。

与同时代人的关系中，也有不协调的一面，关于和沈从文的关系就很值得研究，两人恩怨由来已久，到底是什么性质，从来未有人讲清楚。汪曾祺的《沈从文的转业之谜》、张兆和刘洪涛的《与张兆和谈沈从文》《沈从文的家事》等文或专著先后发表或出版，一段时间几乎一边倒地认为沈从文的沉浮是郭沫若的《斥反动文艺》所致。为了弄清事实真相，刊物特辟了"争鸣园地"，已先后发表了《也谈沈从文的转业之谜》《论郭沫若对〈看虹摘星录〉的批评——读〈斥反动文艺〉札记之一》《关于〈看虹录〉的命运》《看虹录研究综述》《沈从文是如何"褒贬"郭沫若的?》等文展开讨论。这不仅有益于郭沫若、沈从文研究的深入，而且有益于整个现代文学史的研究的深入。

值得欣慰的是，《郭沫若研究专刊》《郭沫若学刊》在研究郭沫若的道路上已走过四十年了。四十年多来，一方面为读者、研究者提供大量信息，确凿史料，一方面为读者、研究者展示郭研成果搭建了平台，在推动对郭沫若的研究走向大众化、国际化，提高郭沫若研究的科学水平尽了微薄之力！

缅怀逝者

一位郭沫若研究的好导师

——记阳翰老对郭研的意见

翰老逝世了，文艺战线又失去了一位优秀的战士，失掉了一位郭沫若研究的好导师。

我们感到万分悲痛！

我与翰老虽然无幸直接交往，但对翰老的一切：他的戎马生涯，革命历程，写作道路……尤其是与郭沫若的友谊，还是比较熟知的。

郭沫若与周恩来、阳翰笙在赖家桥院子内的郭宅门前留影

郭沫若逝世后，翰老一直特别关心家乡人对郭老著作的整理、研究、宣传。先后在会议上或刊物上，发表过不少关于郭沫若研究的讲话或文章：《恳切与希望》《把郭沫若研究深入下去》《风雨同舟战友情——深切缅怀郭沫若同志》等

等，给人以莫大的启发。他说：

郭沫若研究现在要在全国范围内组织很大的力量来进行，实际上真正系统地研究郭沫若还很不够。郭沫若在学术上耕耘的范围很宽广，成就是卓越的。不论在史学、古文字学、文学、戏剧上，在意识形态的各个领域，几乎没有一个范围没有涉及，没有一个范围不有他的特点和成就。在现代作家中，新的一代不说，老一辈的现代作家中，像郭老那样丰富、渊博、深入的，也不多。郭老在每个范围内都有自己的看法和创见，这是很不容易的。郭老在研究学问时没有离开过马克思主义，他是运用马克思主义来研究学问的，尽管在某些问题上不一定百分之百的完全正确，可是他在每一个学术范围内成为马克思主义的开创者，譬如说在甲骨文、古文字学方面，在郭老之前有哪几个人像他那样用马克思主义来研究的？还有历史学和其他学问方面，也都有他的创见，这是郭老的可贵之处。郭老给了我们非常丰富的、可以说是很浩瀚的一大批遗产。但是，现在还没有很好地去研究它，这是需要及时解决的问题。

我觉得开展郭沫若研究是我们大家的责任，推动这个工作对于我们后一代的年轻人大有好处，对建设社会主义的精神文明大有好处，看一看老一辈的无产阶级革命家、文学艺术家、历史学家、社会科学家给了我们一些什么遗产，这些遗产是怎样在战斗中产生、成长起来的。我们这个《郭沫若研究》就要这样来做，这样来研究。这不是短时期能够完成的，要花它十年八年的时间下功夫把郭沫若研究搞好。①

郭沫若在日本前后二十年，这是他一生文学创作和史学研究成绩卓著的两个时期，也是他思想演变的重要历史时期。不过，我理解"郭沫若在日本"不仅仅是一个时间的概念，也是一个空间的概念，当然这个空间不单指日本。郭沫若之所以能成为一代文化巨人的社会历史原因在于，"五四"新文化运动打破了封闭、保守的传统文化模式的桎梏，东西方两种文化冲突、交融的历史进程孕育了现代意义上的中国新文化。那么，我们要全面、深刻地评价郭沫若，就必须把他放在这样一个历史背景上，"郭沫若在日本"恰

---

① 阳翰笙：《恳切与希望》，《郭沫若研究》1985 年 8 月。

恰点出了这样一个思考的视界。因为正是在日本，郭沫若全面接触了西方资产阶级民主思想，挣脱了传统文化思想的禁锢，才能成为"五四"新文学第一位真正的新诗人。也因为是在日本，郭沫若系统地接受、研究了马克思主义，使他成为中国马克思主义史学研究的开拓者。所以，我希望这次学术讨论会，在这种宏观的文化背景上把郭沫若研究深入一步。①

翰老无论是讲话或文章，都表达了他的一种责任感、紧迫感。更难得的是1983年5月，已届80高龄的他还率中国文联代表团来川访问、了解郭沫若研究和抗战文艺研究的情况和问题。

先是在5月6日，在省文联座谈；接着，5月7日，在四川省社科院座谈。在两次座谈会上，翰老、陈白尘、葛一虹、戈宝权、凤子等，都发表了许多重要意见。翰老说：

> 四川的同志，在郭沫若研究和抗战文艺这两方面先走了一步，你们很重视这两件事，组织了很多人研究，收集了很多资料，建立了广泛的联系，撰写了一批论文，还出了专刊，做出了很大的成绩，在全国打了先锋。

5月10日，翰老提议到乐山召开郭沫若研究座谈会，以便深入了解情况。5月12日，由四川省文联主席、四川郭沫若研究会会长马识途主持，在大佛寺楠楼座谈了一整天，翰老和代表团的同志，高度评价了乐山党政领导和文化艺术部门，对郭沫若研究的重视。几年来，乐山地区和四川大学，对郭老的资料、文物的收集、整理和组织研究，花了很大功夫，做出了很大贡献。尤其对郭老青、少年时期资料的收集，做得很不错，这是乐

1983年5月12日翰老在乐山
大佛寺交谈会题签

山的一大特色。创办刊物，为全国郭研同人提供发表阵地方面，乐山地区和四川

---

① 阳翰笙：《把郭沫若研究深入下去》，《郭沫若学刊》1988年第3期。

大学都不遗余力，成绩卓著。翰老说：

> 这次我从北京来的时候，曾经同"郭编室"的同志谈过几次，主要是给石西民同志谈过，因为石西民同志现在负责郭老著作编辑委员会的工作，我也曾经在医院里面给一氓谈过两次，后来我们又交换过几次意见。"郭编室"在石西民同志来了以后，在原来吴伯箫、楼适夷和其他同志工作的基础上，计划编辑出版郭老三十五部书，如果每一部是三十万字，那么就是一千五百多万字。中国的作家从鲁迅起，能够有一千五百多万字的恐怕不多吧！我所晓得的也算第一个。郭老在文学艺术、学术、思想、政治活动等各个领域中都有杰出的成绩。这是大家公认的。这三十五卷书，当然包括日记在内，即使不包括书信，那也不得了。一千几百万字，这样的知识是我们一笔宝贵的精神财富。现在我们要建设精神文明，那么研究郭老的著作，从事这个工作的同志，对党、对国家民族、对建设精神文明，也是作出了很大贡献的。
>
> 现在对郭老的研究，虽然各地做出了一些成绩，但还差得很远。如果跟鲁迅的研究比较，那就太落后了。今后责无旁贷地应该把这个研究工作放在第一位。①

翰老以自己的亲身经历，用许多鲜为人知的史实说明郭老战斗的一生：政治上、学术上、文学艺术等等方面的成就，以及如何进行研究宝贵意见……
他最后语重心长地说道：

> 郭老这个人值得好好研究，现在跟鲁迅研究工作比起来还差得很远，希望在这上面多花点功夫。②

短短半个月的访问、座谈，不但了解了抗战文艺研究和郭沫若研究的成绩，而且也发现了一些值得注意的问题，并帮助解决了不少问题，特别是研究队伍的团结问题。离开四川去重庆时，还向送行的四川社科院副院长廖永祥同志一再嘱

---

① 《千载仰斯人》，《郭沫若研究学会会讯》1983年3月。
② 《千载仰斯人》，《郭沫若研究学会会刊》1983年3月。

咐，要他转告马识途同志，希望做好联合团结的工作，把各方面的力量组织在一起，郭研才搞得好。四川是郭老的故乡，也是抗战文艺的故乡，要走在全国的前面。

可惜，我因为出差在外而错过了这次亲聆翰老教导的大好机会，一直感到遗憾！然而，我们四川大学郭沫若研究室开展郭沫若研究却一直得到翰老的关心和支持。研究室的同志根据青年人的迫切需要决定编撰一部《郭沫若作品辞典》，翰老欣然同意担任顾问。费了九牛二虎之力，几经周折，终于在1988年完成了。为了增添辞典的光彩，我们经过慎重研究，又决定约请翰老作一篇序文。翰老欣然应允，在病中为我们写了一篇研究郭沫若的极有价值的序文。序文中说：

> 这些年来，特别是近两年来，郭沫若研究取得了很大的成绩，不少中青年同志在学习、研究、宣传郭沫若的工作中作出了自己的贡献，令人欣慰，值得祝贺！然而，从郭老多方面的革命实践及其成就看，从总结"五四"新文化运动的经验教训，建设社会主义精神文明的急切需要看，那就显得远远不够了！怎样如何吸引和帮助更多的青年从事这一工作，就需要多方面想些办法出来。
>
> 四川大学郭沫若研究室的同志在这方面作了不少的工作，并取得了可喜的成绩。最近，他们又在河南教育出版社的支持下，经过艰苦的努力，编成了这部《郭沫若作品辞典》，无疑是一件大好事。我相信，这部工具书的出版对郭沫若这位一代文化巨人及其作品的研究将起很大的促进作用的。因此，我乐为之向读者介绍。是为序。①

翰老的序文先后在《解放日报》《现代工人报》《郭沫若学刊》等报刊发表，引起读者的极大注意。我们先后收到好些读者来信：或提供资料，或询辞典出版，这对我们是一个莫大的鼓舞！

1991年，川大出版社根据上级有关加强青少年爱国主义、国情教育的指示，决定编辑出版一套"可爱的家乡丛书"，得到各级领导的重视和支持。为了把这套丛书编好、出好，我们聘请巴金、阳翰笙、沙汀、艾芜、马识途等著名作家作

---

① 阳翰笙：《郭沫若作品辞典·序》，郑州：河南教育出版社，1991年。

"丛书"的顾问。翰老不但欣然同意，而且随时关心"丛书"的编辑出版。"丛书"第一批出版后，社里派专人送往北京翰老寓所。翰老在寓所亲切地接见送书的人，将送去的书，一本一本的翻了又翻，连声称赞道：

1990 年 11 月 18 日 星期日

郭沫若：值得深入研究的文化战士

阳翰笙

阳翰老的序文在《解放日报》上发表

　　"这是一项伟大的工程！"
　　"对青少年进行爱国主义教育、国情教育的好教材。"
　　"你们一定要把它出好！一定要把这一工程进行下去！"
　　……

　　翰老一边翻阅丛书，一边询问家乡的情况，每当听到家乡的变化时，显得更是格外高兴！翻阅完过后，又将丛书整整齐齐地放在自己的案头，似乎是准备随时翻阅！临别时还一再嘱咐下次到北京来，一定要到他家玩玩！并和来人合影留念。

1991 年，阳翰老在寓所接待本社
工作人员时留影

　　翰老的家乡高县，是著名的茶乡。县委宣传部的同志决定编撰一本题名"蜀南茶乡高县"的书，要我以出版社的名义给翰老写信，求他写一篇序文。信写好后，很快得到翰老秘书吴庆琳同志的如下复信：

王锦厚社长：

　　您好！七月十七日来信收悉，寄来的《郭沫若作品辞典》一书及稿酬皆收到，谢谢！

关于您们想请阳翰老为"可爱的家乡丛书"高县册写稿之事，由于阳翰老现年事已高，精力不济，自六月十日住院以来，病情经常反复，至今未能出院，故写稿之事已难胜任。因此，请您向高县县委宣传部解释一下，望能谅解。

此致
敬礼！

秘书　吴庆琳
1992 年 8 月 18 日

我们一直为阳翰老的健康担心。1992 年 11 月去北京参加纪念郭老诞辰百周年的活动，本拟去医院看望阳翰老，因医生不允许，只得作罢！幸运的是，会议期间见到了翰老的女儿，我请她代我问候翰老，并说到高县县委宣传部请翰老写序事。不久，翰老还是在病床上写下了如此深情的两句话：

一山一水多厚谊，
一草一木带深情。

阳翰笙
一九九三年二月

短短的两句话包含了多么浓重的感情啊！对家乡的挚爱之词，这恐怕是翰老的绝笔了罢！

翰老啊！我本来有机会面聆您的教导的，可惜，因种种原因未能实现，这不能不说，是一件永远遗憾的事呀！

一九九三年八月七日

向郭老学习必须像登金顶那样努力

——缅怀吴伯箫前辈

我和吴老直接接触虽然只有十余天，那是在 1979 年纪念郭沫若逝世一周年暨学术讨论会的前前后后，然而，他留给我的印象却是永远鲜活的！

吴老，一代散文大师。他的名字，是我早就熟悉的，他的作品，早已是我学习的范文：《记一辆纺车》《歌声》《菜园小记》《窑洞风景》《天涯》，真脍炙人口，沁人肺腑，给了我多少美的享受和艺术上的熏陶啊！

1979 年，我参加了筹办纪念郭沫若逝世一周年暨学术讨论会的工作。在这一过程中，我早知道吴老等著名作家、学者要与会，心情是何等快活！能有这么一个好机会聆听众多前辈学者的教导！多么难得啊！我想象着他们到来的种种情景……

1979 年 6 月 9 日，吴伯箫、楼适夷、王廷芳等郭沫若著作编辑出版委员会办公室一行七八人来到我们学校。我以工作人员的身份接待了他们。吴老的外貌与性格似乎恰成反比，身材不高，然而却很魁梧，颇有点军人气魄，略带椭圆的脸上总是堆满了笑容，没有一点名人的架子，谦和、平易，言谈温文尔雅。我将筹备会议的情况向他们做了汇报。他听得那么认真，又显得那么虚心，不时点头表示赞许。6 月 10 日，我们分别乘车去到乐山大佛寺参加会议。

会议开幕，他向大会上作了《祝贺与希望》的发言，介绍了《郭沫若全集》编辑出版委员会的组成及工作情况。他说：

委员会的组成，由周扬同志任主任，委员为 于立群 、尹达、冯乃超、冯至、任白戈、成仿吾、齐燕铭、张光年、李一氓、李初梨、沙汀、宗白华、茅以升、茅盾、林默涵、侯外庐、钱三强、夏衍、夏鼐、曹禺等二十位同志；后来又增加了刘大年、林林、郑伯奇、胡愈之、魏传统等五位同志。令人悲痛的是，委员会第一次会议刚要召开，齐燕铭同志就去世了。不久郑伯奇同志、于立群同志又相继离开了我们。现在共有委员二十三位同志。

委员会下设办公室，由中国社会科学院文学研究所、历史研究所、哲学研究所、考古研究所和人民文学出版社、人民出版社、科学出版社等七个单位抽调研究人员和编辑人员担任有关方面著作的编辑工作，三个出版社又分别担任文学、历史、考古著作的出版工作。

……

他发言中，一再表示希望大家"为编辑出版好《郭沫若全集》投入热忱，做出贡献"！力争"早日跟读者见面"。

他除详细介绍了郭沫若著作编辑委员会的工作情况外，还利用每一个空隙时间召开小型座谈会，征求各方面的人士对《郭沫若全集》编辑和注释工作的意见，接待与会者的访问、签名题词，每天紧张极了。我不敢多打扰他，只是偶尔去看看他，问问他有什么要办的事。他总是笑着回答："没有什么事！""已经够好了！""谢谢你们！"

会议开得紧张而活泼。老、中、青三代人在一起深情地缅怀了郭沫若的丰功伟绩，大胆地畅谈了对郭沫若著作的各种见解，真可谓百家争鸣，畅所欲言，所有一切给与会者以难忘的印象。为了庆祝会议圆满成功，6 月 19 日由著名翻译家戈宝权同志主持，在大佛寺的殿堂空坝里举行了一次别开生面的诗歌朗诵会。楼适夷、艾芜、段可情、孙席珍、高兰、石璞、郭庶英、郭平英等老、中、青三代，或者赋诗题词、即兴朗诵，或者朗诵郭老的诗词，借以表达对郭老无限敬爱和怀念之情，盛赞郭老学术讨论会的成功！吴老兴奋地挥毫题道：

凌云钟秀，
沫水深情。
友以文会，
同仰金顶。

这是一首极有象征意义的诗，据他自己解释："那是把郭老在近代文化史上所树立的学术高峰比之为峨眉山的金顶的。"

乐山会议结束后，吴老一行又在我校逗留了好几天，先后召集我校中文、历史两系的有关同志交谈郭沫若研究的开展，并商定承担《郭沫若全集》历史、自传、杂文等十余卷的注释任务。每次交谈，吴老总是先听我们的发言，或者解答我们的提问，自己说得很少，给人印象是那么诚挚，那么谦和。他的谈话留在我记忆中不能忘怀的是：

> 选大佛寺开会，不是把郭老当作"神"来崇拜，而是作为"人"来纪念。这"人"是诗人、哲人、伟人。

> 郭老是四川人，四川大学是郭老的母校。四川出了郭老，四川大学出了郭老，这是四川人的骄傲！这是四川大学的骄傲！

> 四川大学的同志应该在研究郭老、宣传郭老方面作出更多的贡献！

> 四川大学应该成为研究、宣传郭老的基地。

> 我们寄希望于四川大学的同志们！
> ······

吴老的话，对我们是鼓舞，也是鞭策。学校党委和行政非常重视郭老的研究，乐山会议后，立即做出决定：成立四川大学郭沫若研究室。研究室由中文、历史两系的有关教师组成，并于6月26日召开了隆重的成立大会。吴伯箫、楼适夷、段可情、戈宝权、王廷芳等出席了成立大会。吴老在成立大会上发表了简短、热情的讲话，祝贺中国第一个郭沫若研究室正式成立，并寄予厚望。

我和吴老的这次接触是短暂的，然而收获却是非常丰富的，所受的教益也是深刻的。吴老走后，他的声音笑貌、言谈举止，不断地出现在我脑海，像电影一样。他虽然走了，但对我们郭沫若研究室的工作仍然非常关心，还不时带来他的口信，希望把中国第一个郭沫若研究室办好，这将是对中国新文学的巨大贡献。

很快，我就读到他发表在《人民文学》上记叙乐山会议的散文《攀金顶》，文章虽然记叙的是自己登金顶的过程，描绘了所见到的种种特有的自然奇观，但吴老却始终把他对郭老的伟大人格、杰出贡献的赞颂与登金顶过程中所见到的自然奇观天衣无缝地融合在一起，尽情抒发了自己对郭老的一片真情！这篇《攀金顶》和吴老的那些脍炙人口的散文一样，显示了他的高超艺术，给人以知识上的启迪，给人以美的享受！确实不愧为一代散文大师的称号。读读吧：

> 把郭老手建的艺林文苑比之为峨眉山是合适的。峨眉山，九老洞一带的拱桐花，牛心岭附近的报春花，洗象池以上的冷杉，伏虎寺周围的桢楠，再加品种繁多的杜鹃花，珍贵的动物小熊猫，别处一般都是稀罕的，但是，那里的异葩奇卉，是日月红还是万年青，必须亲自去看看才知道；那里的峰峦寺观，雨景的优美，哲理的秘奥，必须拾级而上，升堂入室，才能领略。因此，对郭老著作的学术研究，也必须一首诗一首诗地吟味，一部书一部书地探讨，才可能有所发现，有所发挥。
>
> 登峨眉山上到金顶不容易。研究郭老，向郭老学习也必须像登金顶那样努力！

这些融情景一体的富有哲理的警句是多么深刻啊！不但让人们领略了峨眉山的风韵，完全可以说是研究郭沫若的宝贵经验教训之谈。研究郭老、宣传郭老的确是像攀金顶一样艰难。我们是这样，吴老也是这样。据说，吴老在郭沫若著作编委会办公室工作期间就遇到许多难以想象的困难。这是局外人不容易知道的，吴老逝世后，楼适夷老人在缅怀吴老的文章中沉痛地写了这样一段话：

> 近年来，我们的队伍里有些不好的风气。有些同志被安排到领导岗位，接受一些工作任务，就先讲究用权，权力在手，谋私第一，安排铺张，引用私人，花公家的钱全不心痛，对个人的要求永无餍足。伯箫同志生性耿直，就是看不惯这种风气的人，在这方面他是个倔老头，而那种人当然也看不惯他，反而以为他可欺，于是在背后克扣他，甚至当着面也有绝不礼貌的言语。我看他个人受那窝囊气，并不计较，但由此而贻误了工作，却使他非常

伤心。①

　　熟悉吴老晚年生活的同志多次告诉我，吴老确实受了不少"窝囊气"，然而，他仍然一心扑在《郭沫若全集》的编辑工作上，且常常为贻误《郭沫若全集》的编辑工作而"伤心"。他的病情的加重、他的病情的恶化、他的逝世，似乎与"受气""伤心"都有不小的关系。难道我们不可以说：吴老生命的一部分是献给了郭沫若研究宣传的事业么！

　　1982 年 8 月 10 日，吴老在北京不幸逝世。噩耗传来，我为失去一位散文大师，为失去一位郭沫若研究、宣传的老师而悲痛。今天可以告慰吴老的是，他所关心的《郭沫若全集》已出版，郭沫若研究、宣传也正在深入发展。我们这些后辈人，一定要化悲痛为力量，把郭沫若研究、宣传搞得更好！吴老，你安息吧！

---

　　① 楼适夷：《一个严于律己的共产党员——缅怀吴伯箫同志》，《人民日报》1982 年 8 月 20 日。

他那追求真理的精神将永世长存

——怀念楼适夷老人

报载："中国共产党优秀党员、著名作家、翻译家、编辑出版家、中国作家协会副主席、人民文学出版社原副总编辑兼副社长楼适夷同志因病 1995 年入住协和医院，2001 年 4 月 20 日逝世，享年 97 岁。……"

读后，头脑轰然。

楼老逝世虽是预料中的事，但总觉得还是有点突然。他的音容笑貌、言谈举止，立即浮现在我的脑海中，一幕又一幕，好像电影一样。

我和楼老第一次接触是在 1979 年 6 月郭沫若逝世周年纪念暨郭沫若研究学术研讨会期间。会议由四川大学和乐山地区、乐山市联合举办。这是郭沫若研究史上一次空前绝后的盛会。来自全国 23 个省、市、自治区的 97 个单位的学术研究工作者，高等院校的教师，新闻出版工作者 130 多人出席会议。其中，不乏知名作家、翻译家、教授

楼老赠作者的照片

以及中青年学术骨干。会议开得生动活泼，不管是认真严肃的学术研讨，还是参观、演出以及晚会，都给人以启迪、以智慧。

楼老在会上，做了《关于编辑出版〈郭沫若全集〉的一些情况和问题》的报告。这位资深编辑出版家、《郭沫若文集》的编辑出版者一开始就深情地说道：

衷心感谢我们会议的主人——四川大学、乐山地区和乐山市，你们组织了一次意义重大的会议。当郭老逝世周年纪念的日子，在郭老的山明水秀、美丽雄奇的家乡——乐山，为开展郭沫若研究的工作，跨出了全国的第一步。我们得以参加这次会议，感到很大的荣幸。

郭老，最杰出的无产阶级文化战士，中国革命文学的创始人，在他战斗的一生中，经历了长达六十多年的光辉的创作生涯和斗争历程，其著作的宏富，不仅仅是"等身"的，简直是浩如烟海的，这是发掘不尽的宝藏。我们生长在这伟大的时代，能与鲁迅先生、郭老这样的文化巨人为同时代人，并有幸得到亲切的教导，实在是很大的骄傲。鲁迅很早就离开了我们，现在郭老又不在了，但他遗留给我们的著作，是我们民族永远的瑰宝。如何使这些宝贵的财富，留给我们的子孙后代，发挥它更大的光，更大的热，开展广泛深入的研究工作，编好和出好他们的著作是一件大事。

对郭老著作的编辑出版，是这次会议中大家所关心的事。我们曾就人民文学出版社范围，就建国以来郭老文学著作的出版情况，对会议作了简单的书面汇报。这个急就的汇报十分粗糙，只表示我们作为文学出版者，对郭老这样重要的文学著作，工作做得十分不够，与广大读者的要求距离很大，说不上什么成绩，如果算多少做了一些，那就是在郭老生前亲自指导下所编印的十七卷《沫若文集》。现在郭老已离开我们，编辑出版《全集》的事，再也得不到郭老亲自的指导，我们所能依靠的就只有大家了。

建国以来，现代作家的著作，用"全集"名称编辑出版的，还只有一部《鲁迅全集》。和鲁迅先生一样，郭老的每一著作，都是中华民族宝贵的文化财富。郭沫若著作编辑出版委员会根据这样的认识与广大读者的愿望，决定以"全集"名义，综合地系统地出版郭老全部著作。①

接着便从七个方面将《郭沫若全集》的编辑出版所涉及的问题作了简明扼要的说明，让与会代表一清二楚地了解了《郭沫若全集》的出版情况和问题。

---

① 楼适夷：《关于编辑出版〈郭沫若全集〉的一些情况和问题》，《郭沫若研究专刊》第一辑，四川大学学报编辑部，1979年6月。

会议期间，我曾向他请教了好些问题，都一一得到满意的回答。楼老给人印象特别深刻的是他在月光诗歌朗诵会上朗读自己的诗篇情景，不仅诗作最为丰富，而且铿锵有力，给代表们无比美好的印象。现将他朗诵的诗篇敬录如下：

乐　山
沫水奔腾若水潮，峨眉画里有英豪。
嘉州灵气钟华国，仰望凌云莫比高。

凌 云 寺
此是东坡载酒处，暮年难得一回游。
浑如巨佛忘机虑，面对清江万古流。

乌 尤 寺
一衣带水登乌尤，寂寂澄江望里收。
秀绝峨眉现远影，心旷神怡古嘉州。

访 沙 湾
二峨青青大渡滨，美人峰影出遥岑。
依稀六十年前事，战慄心弦读女神。
崇山清影入平波，为感诗人思念多。
识得乡亲无限意，万人空巷看英娥。

龚 嘴 口
危岩对峙龚嘴口，大渡到此断不流。
怒涛翻雪如虎吼，飞瀑竟出人间手。
纵教猛势敌千钧，万众之前亦低头。
命尔发电发热力，与刘家峡舟江口。
共将电波输万里，永为四化作远游。

这些充满激情的诗篇，既赞颂了郭沫若的成就和贡献，更赞颂了孕育郭沫若成长的秀丽山川河流、人文地理以及社会主义建设成就。

乐山会议结束，回到四川大学，他和吴伯箫等人在招待所召集中文系部分教师开了一个小型座谈会，听取对郭研的意见，并落实《郭沫若全集》的注释任务。我们愉快地接受了《少年时代》《学生时代》《断断集》《羽书集》《今昔蒲剑》《天地玄黄》等书稿的注释任务。整个会议期间，我跟楼老接触不少，但由于会务工作繁忙杂乱，都未能与之深谈。尽管如此，他仍然给我留下了终生难忘的印象：一位值得敬佩，敢于发表意见，敢于坚持真理，诚实、忠厚的长者。通过半个月的接触，对他老人家的动向，我从此特别关注。最让我佩服的是他为冯雪峰的辩护。众所周知：早在 30 年代，冯雪峰就结怨于周扬、夏衍等人，乃至50 年代被打成了"右派"。日后夏衍等仍一直不放过冯雪峰，70 年代末、80 年代初，不但无理阻挠冯雪峰追悼会的顺利召开，而且又以 50 年代制造冤案的材料再一次栽诬冯雪峰。楼老和李何林先生等深知内情的人不得不站出来仗义执言。楼老针对夏衍的不实之词，挥笔写了《为了忘却，为了团结——读夏衍同志〈一些早该忘却而未能忘却的往事〉》，以无可辩驳的事实驳斥了夏衍的不实之词，对根深蒂固、盘根错节的宗派主义给予了强有力的回击。

后来才知道：早在撰写驳斥夏文之前，楼老就在为重新举行冯雪峰的追悼会而努力奋斗。1979 年 4 月 18 日，他给周扬写了信，并附去冯雪峰的绝笔之作。信中说：

> 冯雪峰同志改正问题，中央已批示，现在在筹备重新举行追悼会，大家希望你写篇纪念文章，这是有历史意义的。①

此时，周扬正在住院，得到楼老的信后，在医院中回复了一封长信，除表明自己在冯雪峰打成"右派"后"对他还是抱着一种尊敬的感情"，并在冯雪峰病重时就曾上书毛主席，希望解决冯雪峰的问题，以及复出后去看望冯雪峰的情景，但也不免流露出对冯雪峰"文革"期间所写关于 30 年代的有关材料的不满，认为冯在材料中"也说了一些所谓'揭发'我的话，其中也有传闻不实之词，但并不是有心诬陷我。我觉得还是比较公道的。"对于周扬的这种说法，楼老立即

---

① 《楼适夷与周扬关于冯雪峰的通信》，《文汇读书报》2000 年 1 月 29 日。

复信，旗帜鲜明地表示了不同意思，说：

> 雪峰的材料是在"文化大革命"中奉革命群众勒令书写的，但并不是"逼供信"。当时被人传抄，到 1972 年雪峰发现，又在文字上做过一些修改，我以为他未下井投石，也并无传闻不实之言。您信中又说对两个口号错误，雪峰做过检讨，材料中所写，只言提此材料①时未请示党，及未付之大家讨论。本来两个口号均非经中央批准提出的党的口号，都未经过群众广泛讨论（当时情况都不可能做到），故正如主席所说的均为抗日的口号，不是党的口号，故不能说为单方面的错误。1957 年批判中据雪峰在牛棚中对我私下所言，当年批判有与事实完全出入之处，但他以为事已过去，不必在这样的时候提出申辩，其所写材料中也未提出。②

楼老的复信是"考虑"到"今后文艺发展的前途"，而对周扬的"进言"，都是对历史的一种负责任的态度。也许冯雪峰只是"比较公道"，周扬至死也没有写一篇关于自己和冯雪峰交往的文章，给后人留下一团迷雾，实在是遗憾的事。

楼老驳斥夏衍的文章，在内部传抄时，我听说了，很想一睹为快，但却不能如愿。直到内部发行的《鲁迅研究动态》删削刊载时，才得以阅读。后来，楼老在一次作家座谈会上，比较详细地谈了自己这篇文章的遭遇。他说：

> 发表了之后，至少有五个刊物来找我说，他们想公开转载我的文章。当时，我没有表示意见，我说请你们自己决定。最后有一个刊物叫做《现代文学研究丛刊》把稿子拿去一字不改地照发了。在还没有发之前，马上就有人到编辑部说，你们不能发表这篇文章。编辑问他："为什么？"他说不出理由，只是说不要发表。于是编辑说："既然没有理由，我们不能把已经排好的文章收回去。"所以坚持还是发表。就在这个坚持的过程当中，接到了上级机关的命令——行政命令，严令北京出版社将已经排好的稿子立刻抽去，不讲什么理由。命令是上级机关来的，这个时候就是周扬同志刚回到中宣部

---

① 此处应是"口号"——引者。
② 《楼适夷与周扬关于冯雪峰的通信》，《文汇读书报》2000 年 1 月 29 日。

任副部长原职的时候。当时，出了一个中央宣传部八号文件，文件里说，凡是有关胡风的问题，中央正在研究，调查，解决过程当中，不拟公开谈论。我研究了一下这个文件，它的理由，它的语气是同《文学评论》编辑部的退稿信差不多，几乎是一样的。为什么退稿信变成了中宣部文件？

那个时候，5月初我到青岛去了。突然收到一份电报，——是西安《延河》打来的，说想公开转载我的文章，征求我的同意。我说，我无所谓同意不同意，请你们自己考虑吧，但是中央已经有了文件，说是关于胡风的问题不能够公开谈论，请你们把关于胡风的一段删去。最后，这篇文章在《延河》上登出来了，发表的时候，编辑部把我的文章大大地修改了一番，而且还以编者的名义说，这是得到了作者的同意做了必要的修改。但是，我只不过是要把胡风的一段删去，别的修改，事先都不知道。不过总算把文章公开出来了，我感谢《延河》，后来我才知道，从北京通过长途电话向《延河》编辑部查问，据说查问是从中央来的，问："你们为什么要发表这篇稿子？"于是他们做了一些解释，电话又问："印好了没有？"他们回答印好了，并一再说明已经做了很大的修改。最后终于没有扣掉，但是差一点。七月份，我从青岛回来，中宣部文艺局副局长李英敏同志特地跑到我家里来对我说："中宣部、书记处都关心革命文学运动若干历史问题的一些情况，希望在党的统一领导下，经过调查研究，各方面提供材料，用于座谈会、办内部刊物的方式来解决这些问题，而不要现在以公开的方式相互辩论。我完全拥护这个精神。本来，我也不主张公开。这对安定团结有什么好处呢？我拥护这一点，只是先有了夏衍同志公开发表的那篇文章，才不能不公开表示不同意见。我问他，为什么夏衍同志的文章发表据说是得到中宣部同意的。他说，我们不知道。我说，为什么我的文章还没有发表就到处受阻？他说，我不知道。①

由此可见，问题是多么复杂。总有人，不时利用手中的权力，阻挠或掩盖事情的真相。毕竟时代不同了，一手遮天的时代过去了。楼老终于恢复了文章中被删削的内容，收入《话雨录》，交由生活·读书·新知三联书店出版。书出版后，楼老亲自签名赠送我一册。得书后，我很快读完了全书，给人极大的震撼。这让

---

① 楼适夷：《在一次作家座谈会的发言》，《新文学史料》2002 年第 3 期。

我对中国现代文坛的是是非非有了更多的了解，宗派主义给文坛造成的灾难真是触目惊心。楼老能以大无畏的精神与宗派主义作无情的斗争，这使我对楼老的为人更加佩服，可谓得益多多。

1988年5月在北京开完郭沫若学术讨论会后，我和劳季芳大姐专程去楼老寓所拜谒。我的日记中是这样记载的：

> 1988年5月23日　星期一　雨
>
> 先到劳大姐住处，然后一同前往楼老家。冒雨前往。廖永祥夫妇已占先。相谈甚欢：（1）赠墨迹一张；（2）允为写序文；（3）赠半身近照一张。十一时归。

日记，需解释几句。楼老赠我的黑迹，内容如下：

> 粉堕百花洲，香残燕子楼。
> 一团团，逐队成毯。
> 飘泊亦如人命薄：
> 空缱绻，说风流！
> 草木也知愁，韶华竟白头。
> 叹今生，谁拾谁收？
> 嫁与东风春不管，
> 凭尔去，任淹留。
>
> 曹雪芹柳絮词唐多令
>
> 锦厚同志　　　正书
>
> 　　　　适夷

黑迹开头处，签名处，都盖上了楼老的印章。朴实、淳厚的笔墨真让我欢喜不已。我至今还好好珍藏着。这首词出自《红楼梦》第七十回："林黛玉重建桃花社　史湘云偶填柳絮词"，为林黛玉所作。词寄托了林黛玉的命运，充分表现了林黛玉的性格。其中"谁拾""任淹流",系"脂本"文字,见人民文学版《红楼梦》,"拾"作"舍","任"作"忍",由此可见楼老对《红楼梦》的熟悉,对《红楼梦》的爱好。我想,楼老为什么将这首词写给我呢?是不是也寄托了他自己的命运?我不敢揣猜……允写序是这么回事,其时,我正在编辑修订拙著《郭沫若学术论辩》书稿,求他赐序,他满口答应。我回成都后,即将书稿目录及详细内容写成,向他报告,谁知他得到材料后,即复我如下内容的一封信:

锦厚同志:

　　来信收到,那天您要我为您的文集作序,当时我轻率允为考虑,现读来信知文集内容,是批评与反批评的争论文章,我对郭老素缺研究,学术界关于他的某些学术问题的争议,向来游夏不敢置一词,今更无力量阅读双方不同意见的文章,这序言实在无法可写,我只好辞谢了,很对不起,恕罪恕罪!

　　敬礼!

楼适夷
6.10.88

　　读了来信,当然使人感到失望,但仔细一想,从另一方面看,足可以见到楼老做学问的谨严,写作的慎重,不是很值得效法么?!不久之后,河南教育出版社要出版一套作家作品辞典。其中就有《郭沫若作品辞典》,编委会研究拟聘请楼老作顾问,遂由我去信与楼老相商,得到的回答是:

锦厚同志:

　　示悉。

　　我的空头顾问担任太多了,实际工作全没做,也不能做了。《专刊》收到,谢谢,《辞典》顾问乞辞为感。正在一一请辞。

　　敬礼!

楼适夷　二月三日

　　真抓实干,不说空话,不图空名,是楼老的一贯作风,加之健康一日不如一日，——辞请顾问，我们很能理解了。日后，他还给我来信过，那是介绍前来成都办事的朋友，要我予以协助，我都尽力照办了。

每次出差北京，从劳大姐那里总会知道一些楼老的情况，因种种原因，未能登门看望，只好托劳大姐代为问候。他住院后，我乞望这位 20 世纪中国文坛的见证人能够长寿，以便为多灾多难的中国现代文坛留下更多的史料。如今，楼老虽然离开了我们，但他那追求真理的精神却永存于世，让我们后来者发扬光大吧！

《郭沫若全集》 注释中凝聚了他的智慧
——赞戈宝权对郭研的贡献

戈宝权同志逝世一年多了。

他的音容笑貌还时时出现在我的脑海中……

早在学生时代，我已知道他的大名，读过他的译著。但直接与他接触，聆听他的教诲却是 70 年代末、80 年代初的事。

1984 年 11 月，戈宝权访问法国，再次拜会了罗曼·罗兰夫人

1979 年 6 月 12 日至 19 日，四川大学和乐山地区、乐山市联合举办郭沫若逝世周年纪念暨郭沫若研究学术讨论会，我奉命前往机场迎接他。6 月 10 日，去到双流机场。我按照熟悉戈宝权同志早先给我描绘的形象，很快从人群中找到了

他。坐上小车，从谈话中知道他没吃午饭，我还得安排他就餐。那时吃饭要粮票，我和司机同志都没带，真急死人了。没法，只好在一家不要粮票的凉粉店里吃了两碗凉粉。闹了一个大笑话。

会议期间，我和戈宝权同志多有接触，但都很匆忙，没能多多地向他请教，至今还感到非常遗憾。不过，他在大会上所做的《谈郭沫若与外国文学问题》的学术报告以及由他主持的庆祝会议成功的月光诗歌朗诵晚会，都给与会者留下了难以忘怀的印象。学术报告，从他与郭沫若交往的经历谈起，由郭沫若与外国文学的修养谈到郭沫若翻译介绍外国文学的成就及影响，进而谈到世界各国对郭沫若著作的翻译、出版和研究的情况，亲切、生动、具体，可谓第一次全面、系统、科学地阐述了郭沫若与外国文学的关系，像这样的报告决无他人可以代替。报告精彩，由他主持的月光诗歌朗诵会也同样出色。著名作家、教授吴伯箫、楼适夷、高兰、艾芜等都在会上朗诵了自己的即兴之作，抒发了各自对郭沫若的崇敬与热爱之情，中青年学者也不示弱，纷纷登台，朗诵自己的作品或郭沫若的作品，把晚会由一个高潮推向另一个高潮。会上，戈宝权同志也吟诵了自己的诗作：

> 一轮红日照峨眉，三江流水汇平羌。
> 凌云山寺喜相聚，郭老研究开新章。

会后，他又以葆全的笔名在《文艺报》上发表了《郭老研究开新章》，详细报道了会议的情况及收获。

是啊！这次会议确确实实把郭沫若研究推向了一个新阶段：四川大学郭沫若研究室成立了，《郭沫若研究专刊》出版了，四川郭沫若研究学会、中国郭沫若研究学会相继成立了，一部又一部郭沫若研究专著相继出版……

会议结束时，我将刊有我和伍加伦同志合写的两篇文章的刊物《文教资料简报》一册赠送给戈宝权同志，希望得到他的指正。真没想到，他竟然在回北京的火车上"一口气看完了"。而且在回京后，很快寄来如下一封长信：

王锦厚同志：

你好！

上月承你校邀请，到乐山参加郭沫若研究学术讨论会。初抵成都时，承你到机场迎接；在开会期间，多承你亲切关怀；临离成都时，又承你到车站送行，深情厚意，至今念念难忘！

你送给我的那本《文教资料简报》，我在火车上一口气看完了。我细读了你和伍加伦同志合写的《郭沫若是怎样走上文学道路的?》和《郭沫若早年所受的文学影响》两篇文章，我觉得写得很好，读了之后也很受教益。我发现你们从《三叶集》中抄了一段引文，在外文上稍有小错，现用红笔改正如下：

"至于我的母亲她简直是我的 Augustine's Mother 一样了！说到她一生底 Career 尤为可怜。"（《三叶集》第109页）

Augustine's Mother 意为奥古斯汀母亲，如写成 Augustione,s mother，那就无法理解了。又 Career 意为"经历"。郭老写的文章中喜欢用外国字，这也是二三十年代的通习。奥古斯汀又名圣奥古斯汀（Saint Augustine），是位基督教的圣者，生于公元354年，死于430年。他诞生在阿尔及利亚，母亲是个基督教徒，父亲是个异教徒，母亲对他的影响很深。386年，他在罗马皈依了基督教，395年任主教。397年著《忏悔录》，413年著有《上帝之都》。他在基督教方面的地位很高，因此被尊称为"圣者"。

还有你问起 Lamb 的 "Tales from shakespeare" 也没有机会和你谈。这本书过去我国通称为《莎氏乐府本事》，林琴南译成《英国诗人吟边燕语》，后来萧乾把这本书译为《莎士比亚戏剧故事集》，现有中国青年出版社新印的版本。这本书原先是英国作家查尔斯·兰姆（Charles Lamb，1775—1834）和他的妹妹玛丽·兰姆（Mary Lamb）在1807年合写的，先把莎士比亚的著名戏剧作品用散文故事的形式改写出来，供青少年读者阅读用的。林琴南和魏易合译的译本，由商务印书馆印成"说部丛书"本，书前有林琴南在光绪三十年五月写的序，译文共有二十篇，均用两字为题，如第一篇《肉春》，就是《威尼斯商人》；如最后一篇《飓引》就是《暴风雨》；《罗米欧与朱丽叶》是译为《铸情》的。

以上拉杂写来，供你参考。

外带上我编写的《马克思恩格斯选集中的希腊罗马神话典故》一书，请你教正!

　　此致

敬礼

戈宝权

1979 年 7 月 26 日

　　信并亲笔签名的赠书都寄托了戈宝权同志对后辈的关爱和扶植。日后,我们在阅读和研究郭沫若著作时遇到不能解决的困难,总是首先写信向他求教。大约正是这个时候,我们研究室与上海图书馆文献资料室合作编注一本《郭沫若集外序跋集》,其中《序〈威廉迈斯达〉》一文,原系郭沫若写给 YT 君的一封信,最初以"应该学习的地方——给 YT 君的一封信"为题发表于 1935 年 12 月 1 日上海版《知识》半月刊 1 卷 1 期《作家通讯》栏,后删去台头并祝词,以"序《威谦迈斯达》"为题载 1940 年 10 月 15 日上海版《说文月刊》第 2 卷 6、7 期合刊上。YT 君是谁? 费了好多功夫也没查清,我便写信向他求教。他复信说:

王锦厚同志:

　　你好!

　　接到 10 月 27 日来信时,我正准备出差去上海,参加托尔斯泰研究学术讨论会,未能即时复你的信,请原谅!

　　这次在上海,见到上海图书馆的肖斌如同志,我告诉她你们正在编辑《郭沫若研究专刊》第二辑和《郭沫若集外序跋集》等书。她说你询问 YT 是谁? 他们已查到,你可再去信问她。有关《高尔基传》的几个人容后再写给你。

　　我在托氏研究讨论会结束之后,昨天从上海飞抵成都,现住金牛宾馆201 室,从明天起参加在此召开的外国文学年会。

　　今天打了多次电话到你校,但打不进去,只好写封信给你。请你代向华忱之、李昌陟、谭洛非、陆文璧等诸位同志问好! 容改日来看望你们。

　　此致

敬礼!

戈宝权

1980 年 10 月 29 日

接到他的信，年会早已散会。我们未能去看望他，他也未能来我校，失掉了一次见面请教的大好机会，令人感到遗憾！

1982年，成都和乐山两地拟分别举办郭沫若诞辰90周年纪念并第二次学术研讨会，我们特别邀请他参加。他回信说：

王锦厚同志：

你好！并请你代问你校许琦之校长，中文系华忱之教授等诸位老师和郭沫若研究室诸位同志问好！

八九月间，我应邀到山东访问并讲学，先后到了烟台、青岛、潍坊、淄博、聊城、泰安、曲阜和济南等地，昨日返回北京时，方见到你八月十日的来信，迟复为歉，请多谅！

从来信中，知道你校为纪念郭老诞辰九十周年，将于十月下旬在成都和乐山两地举行郭沫若研究第二次学术讨论会，感到很高兴！作为第一次学术研讨会的参加者，本应参加这次讨论会，但我因已应福建师范大学之请，在十月中旬前往福州，参加该校的学术讨论活动和外语系研究生的论文答辩会，会后再去泉州、厦门等地访问和讲学，因此不能前来成都参加你们的盛会，至感抱歉！

谨请你转华忱之教授，代向第二次郭沫若研究讨论会的参加者特致我的敬意，并预祝学术讨论会的胜利召开，把郭沫若研究的工作更向前推进一步！

承赠《郭沫若研究专刊》第三辑一册，非常感激！此次学术讨论会如印有会议专刊或文件资料等仍盼能寄我为感！

匆函，并顺致

敬礼！

戈宝权
1982年国庆日

这次复信，在他的大名处还特别盖上了他的印章，足见其慎重。

1983年5月，宝权先生随阳翰老率领中国文联代表团访川，了解并指导郭沫若研究及抗战文学研究。每次座谈会上，他都做了精彩的发言。他提出两点希望：

　　希望在沙湾或乐山搞一个郭老生平和他的著作的陈列馆。郭沫若是一个伟大的作家、伟大的诗人、伟大的剧作家、伟大的革命家。要把他一生很好地体现出来。现在日本市川市同乐山建立了友好城市，郭老不仅在我国，在国际上的地位都很是很高的，世界各国都出版郭老的书籍，日本出版了他的十几卷文集。所以将来要搞一个陈列馆，把郭老在中国、在世界上、在历史上的影响和地位都反映出来。

　　希望乐山经常举办学术讨论会，举行年会，经常出版会刊文集，我看这是一个很有意思的工作。我作为郭老生前有交往的人，又作为一个研究郭老的工作者，当然有义不容辞的责任来支持。同志们约我写稿子，我想这也是义不容辞的，应该支持郭沫若研究学会把会刊办得更好，尽自己所知道的来宣传介绍郭老。

　　1983 年 7 月，我率队去北京参加郭沫若杂文注释稿的讨论，又一次有机会向戈宝权同志求教。查日记，有这么一些记载：

　　1983 年 7 月 23 日　星期一　高温
　　赠戈宝权《郭沫若研究专刊》。托人送去。

　　1983 年 7 月 25 日　星期三　阴小雨
　　寄戈宝权信。

　　1983 年 7 月 29 日　星期日　阴
　　戈宝权夫人电话，约三十一日去府上一谈。

　　1983 年 7 月 31 日　星期二　晴
　　晚，去戈宝权家。除谈郭沫若杂文注释中的若干难题，还讨论了《阿 Q 正传》法文译者敬隐渔的种种疑问。临别时，他当场提笔在其近著《"阿 Q 正传"在国外》签名赠我。

这次拜会收获真不小。回招待所后，我连夜读了他赠我的《"阿Q正传"在国外》，那渊博的知识，不能不叫人赞佩称颂；那严密的考据，不能不叫人拍案称绝。难怪乐山会议期间，他特别托付我协助他了解敬隐渔的情况。原来他从鲁迅博物馆见到一封敬隐渔写给鲁迅先生的亲笔信。这封信提供了一个重要史料和物证，可以解开鲁迅研究中半个世纪未解开的疑团。

1984年7月，我又去北京参加郭沫若自传部分的注释的审稿会，地点在地安门大街7号中纪委招待所，再一次有机会见到并求教戈宝权同志。查日记，有如下记载：

> 1984年7月9日　星期一　阴晴
> 注释审稿会开始。石西民、戈宝权、蒋锡金、高洁、马良春等人分别讲了话，谈注释中应注意的问题，主要精神是：注释要简明、准确。

> 1984年8月6日　星期一　热、雨
> 讨论《苏联纪行》，戈宝权、高洁参加。下午五时结束。

晚上，我在宿舍特别翻阅了戈先生的《悼念郭老》一文。文中叙述了托尔斯泰和张庆桐通信的事。他写道：

> 记得有一次去看郭老，同他谈起俄国大作家托尔斯泰曾和中国人张某通信的事。郭老在《苏联纪行》中曾怀疑这个张某即张之洞。后来，我从莫斯科的托尔斯泰博物馆要到影印的张某原信，经研究当时有关的史料和档案，才知道这位通信者是一八九九年我国同文馆派往俄国的留学生，名张庆桐，在彼得堡法政大学学习。他在一九〇五年十二月一日写了一封信给托尔斯泰，并把他用俄文翻译的梁启超著的《李鸿章》——一名《中国四十年来大事记》一书送请托氏教正。托尔斯泰就在十二月四日复了信。
> 我记得在国外时，就曾经把这个情况告诉过郭老。一九五六年春节，铁弦同志偶在北京厂甸发现了张庆桐著的《俄游述感》一书，立即送给了我，其中载有著者写给托尔斯泰的信和托尔斯泰复信的照片与译文。

作者在民国元年十月写的增注中还说："托氏手书，余珍藏之，异日当置之国家博物馆中"，但不知这封珍贵的信现在何处。我当即带着张庆桐的这本书去拜望郭老，郭老翻阅了全书之后感慨地说道："张庆桐在一八九九年去俄国留学，我那时不过才七岁。他一九〇五年和托尔斯泰通信时，我才十三岁，这个人真是了不起，可惜过去没有见过他写的这本书。当在此后《沫若文集》出版新版时，对此加以改正。"一九五九年《沫若文集》第九卷出版了，郭老在《苏联纪行》八月六日的日记中加了一条注："此人经戈宝权同志查明，系张庆桐，乃一八九九年由同文馆派往彼得堡的留学生。——沫若注。"即从这一点，也可见郭老治学的认真态度和实事求是的精神了。

根据戈先生提供的线索，在我撰写《五四新文学与外国文学》一书时，很想找到张庆桐的《俄游述感》，经过多方努力，各路友人的帮助，总算如愿以偿，找到了托翁和张氏的通讯件，复印后印入了书中。

    1984 年 8 月 7 日　星期二　晴
    寄戈宝权信。

    1984 年 8 月 8 日　星期三　晴
    得戈宝权信。

这是对我七日的信的复函，全文如下：

王锦厚同志：

　　你好！

　　你查询郭老引用的高尔基致孙中山先生信的话，有我的译文，发表在 1946 年 6 月 15 日上海时代出版社出版的《纪念高尔基逝世十周年特刊》上。郭老在 6 月 19 日写成《追慕高尔基》一文，采用了上述译文，只是改动了个别的字。

　　以上供参考。

此致

敬礼！

戈宝权

1984 年 8 月 7 日

　　看，多么及时啊！完全可以说：在我们完成所承担的《郭沫若全集》杂文、自传的任务中得到戈宝权同志的指导和帮助最多，也最及时。不，应该说，整个《郭沫若全集》的注释中都凝聚了他无数的智慧和心血，我们应该深深地感谢戈宝权同志。如今，他虽然离开了我们，但他那尊敬郭老、热爱郭老、宣传郭老的言行，他那平易近人、诲人不倦、奖掖后辈的精神，都将永存于世。

珍惜和保卫文化史上一份宝贵财富

——记孙席珍的郭研工作

我第一次见到孙席珍先生是在 1979 年 6 月
乐山大佛寺纪念郭沫若逝世一周年暨学术讨论
会期间。然而，我知道孙席珍却是从读鲁迅作
品开始的。60 年代在武汉大学读研究生时，学
习鲁迅《诗歌之敌》一文，开头就读到这样
的话：

> 大前天第一次会见"诗孩"，谈话之
> 间，说到我可以对于《文学周刊》投一点
> 什么稿子……

因"诗孩"而联想到诗，鲁迅写出了《诗歌
之敌》这篇划时代的关于诗的文献，这"诗孩"
到底是怎样一个人呢？现在在何处？在做什么
呢？这引起我的兴趣。不久又从一本刊物上得知：

孙夫人赠作者的孙先生逝世后
出版之选集封面

他"年少时即嗜好文学，既对于创作小说颇着努力，尤其对于战争文
学，描写战争之痛苦与罪恶，更身历战场，人称其为'战争文学家'，确可

受之无愧。"①

这更引起我对"诗孩""战争文学家"的兴趣！可惜，不久就爆发了那场可怕而又可悲的"文化大革命"，想找"诗孩""战争文学家"的作品不可能了！

后来又从美国人埃德加·斯诺著的《活的中国》看到他所写的《孙席珍小传》：

孙席珍是中国最有才华的年轻作家之一，写了一批关于中国农村的出色的小说。他出生在酿好酒闻名的浙江绍兴，那也是鲁迅的家乡。幼年，听说书的讲中国古代的故事，从而对文学发生兴趣。孩提时就开始写作，青年时期出版了几部作品。他最早的回忆都是关于内战的，他的家乡一带不断发生拉锯战，也就难怪他的很多作品都是反映这战事的。他最著名的是他的三部曲：《战场上》《战争中》和《战后》。

此外，孙席珍还有六部颇受中国青年欢迎的小说。它们是《金鞭》、《到大连去》、《花环》、《凤仙姑娘》、《女人的心》以及《夜姣姣》。此外，这位出色的作家不满三十岁就完成了《高尔基评传》《辛克莱评传》《雪莱生活》、一部《英国文学研究》，还翻译了一部《西印度故事》，他还写过一部西方文学教材，编选过一部反战文学。

孙席珍的作品大多以辛辣的讽刺、尖刻的挖苦著称，有时显示出中国小说中罕见的感情的内涵。他十分熟悉乡村生活，他以这方面的题材写出的作品尤其受到称赞。在后期的作品中，他对社会的意识深化了，他的戏剧性的现实主义感日益变得显著，他的作品感人，推动人，给人以力量，——这是中国文学作品大多缺少的一种素质。

1935 年 1 月，孙席珍以过激罪名被北平国民党当局逮捕了。他曾在北平住过一个时期。当时他正在北平几家大学讲授中国和西方文学。在 11 月、12 月和 1 月间国民党蓝衣社的"思想清洗"中，平津两地有二百多位作家、艺术家、学生、教授被捕，他是其中之一。②

---

① 凌梅：《孙席珍传略》上海版，《读书月报》第 2 卷第 5 期。
② 原载 "Living China：Modern Chinese Short Stories" Compiled and edited By Edgar Snow, 伦敦，George G. Harrap & Co. Ltd 出版。中文本《活的中国》P180−181，长沙：湖南人民出版社，小传译者是文洁若。

这更增加我对孙先生的兴趣。

乐山会议，我作为工作人员兼会议代表，很早就知道孙先生将光临会议，心里格外高兴，暗暗地想道：这次得好好向"诗孩""战争文学家"请教一些问题啊！

6月10日，我们在乐山大佛寺见面了。他身体瘦弱，瓜子脸，戴着一副老花眼镜，长发，腰背也有些驼了。说话声音不大，显得非常谦和，简直不像一个参加过战争的斗士，倒像一个道地的书生。然而，从会议期间孙先生的多次发言中，我们知道他确实参加过战争，而且是在郭沫若的领导下战斗的。原来在北伐期间，他作为政治部的一位少校军衔的军人，跟随郭沫若到过长沙、武汉……难怪他对郭沫若的感情是那么真挚！郭老逝世的当天就挥泪写了《悼念郭沫若同志》一文，极其沉痛地写道：

> 一九七八年六月十五日早晨，电波突传郭沫若同志在京逝世的噩耗。"呵，郭老死了！"我悲痛得再也说不出第二句话。
>
> 文学史上有这么一个故事：当拜伦在希腊密梭龙琪病逝的消息传到他的祖国后，全英人民都惊呆了，那时还很年轻，后来成为桂冠诗人的丁尼生闻讯，立刻发狂地大声呼号，四处奔跑，最后跑到一块大石旁，刻上"拜伦死了"几个字，才凝眸朝东南，涕泪交流。我不想自比丁尼生，但垂垂老去的我，听到郭老的噩耗，与青年丁尼生当时的悲痛心情，确是相似的。①

不管这比喻恰当不恰当，孙先生对郭老感情的真挚可见一斑。会议期间，除了大会发言，他还多次小组发言，缅怀郭老对革命的功绩，对文学事业的巨大贡献！

大会上，他作了《郭沫若永远不灭的光辉》的长篇发言，对王廷芳同志的《光辉的一生　深切的怀念》关于郭沫若的生平作了补充和说明，并谈了自己读郭沫若作品的深切感受和体会，还谈了鲁迅和郭沫若的分歧和友谊。由于发言内容都是以自己的亲身经历为依据，丰富、生动，受到与会者的好评，给代表们留下了深刻印象。

---

① 孙席珍：《悼念郭沫若同志》，《文史哲》1978 年第 5 期。

然而给我印象最深的却是他在小组会上率先倡议成立郭沫若研究学会，他振振有词地说道：

过去有一个比喻，说鲁迅是奥林匹克竞技会上的第一个选手，郭老是第二，在郭老生前，我们这样说还有阿谀之嫌，不好讲。郭老离开我们了，今天我们完全可以畅所欲言。对于郭老的研究，过去不能说没有，但与鲁迅相比，实在太少。对于鲁迅的研究已有半个世纪，而对郭老的研究，可以说才开始，为了开展研究鲁迅的活动，过去我曾建议成立鲁迅研究学会；今天在这次会上我要建议成立郭沫若研究学会。

孙先生的倡议得到与会代表的热烈响应，一致赞同，很快草拟了《关于成立郭沫若研究学会的倡议书》（草稿），呈报有关部门审批。

会后，孙先生更是热情饱满地宣传郭老，号召青年研究郭老，学习郭老。几乎在每一次有关郭老的研究会上我们都能相会。1980年秋，在杭州大学讨论郭沫若全集诗歌的注释。我和他第二次相会，谈了一些研究郭老的情况和意见。为我们解答了不少疑问，并对《女神》注释稿提出了几十条中肯的意见，纠正了好些错误。1982年11月，为纪念郭沫若诞辰90周年，我们学校单独举办了一次郭沫若研究学术讨论会，地址在成都市磨子桥空军招待所。孙先生无例外地前来参加了。遗憾的是，一到成都，就病了。整个会议期间，几乎都是躺在病床上。我每天除问候他吃药打针，还告诉他会议的一些情况。他虽然疾病缠身，仍时刻关心会议，带病坚持作了《怎样深入进行郭沫若研究》的发言。分别就诗歌、戏剧如何深入研究提出了自己的看法，见解独到。发言脱离讲稿，得作整理。

会后，我负责编辑《郭沫若研究专刊》，给他去信，去电，盼他早日将发言稿整理交我。12月4日他写信给我：

锦厚同志：

你们好！

月前赴蓉参加盛会，承你们热情接待，我和我的爱人吕苹非常心感。回杭以后，头几天处理一些俗务，情况尚好；后因感冒转成炎症，卧病颇久，前几天又扭伤足部，起坐维艰，大伤脑筋，发言稿因此迟迟不克寄上，殊觉不安，昨接你校郭研室信，今又得来电，知"专辑"发排在即，不便再事稽延，我于惶愧之余，深知我尽量加紧赶办不了。现在决定克服困难，即日动手，但目前思路比较迟钝，文章写不快，估计无论怎样努力，至少也要一星期左右才能完稿，未知赶得上发排否？倘若等不及，能否特予通融，给留下六七千字版面，因我也希望此拙稿能在这一期"专辑"上刊出，心里非常着急也。实出无奈，统祈见谅。我们未去北京，记录稿一定加速赶写，决不敢故违雅命。专此奉达，诸希鉴原为幸。顺颂

教绥！

华忱之先生统此候候

弟　孙席珍

82.12.4

可见，孙先生对宣传郭老是多么热情，又多么积极。为了照顾他的身体，我们根据他发言的录音整理了一个初稿寄去，请他审阅、修改，并拍电告知"专辑"发排时间，很快收到他的回复：

锦厚同志：

你们好！

函电，谅已收到。我在成都的发言记录稿，本来可在半月前校毕，只因敝校进行评定职称，我受校系两级委托，参加预审和复审，每天上、下午都要集中讨论，整整化去了将近两周时间，以致稽延，深感焦灼不安。现在总算匆促赶写完毕，随函寄上，请惠予指正。我当然希望挤入专刊第四集以附骥尾，倘已逾期，只好留待下辑，或烦介绍先在贵省报刊上登载，统希卓裁。余容再陈，瑞颂

教安！并祝新年好！

华忱之先生统此致候

弟　孙席珍

82.12.27

我当即写了复信。很快又收到孙先生的信：

锦厚同志：

　　接读 82 年 12 月 28 日来信，得知您因工作辛劳，以致贵体违和，近想业已康复，为念。并悉我发出的函电都已蒙察阅，记录修订稿谅必已收到，如来得及列入专辑，得附骥尾，不胜荣幸。此文发表，相信对外界可能有些影响，所憾者，因执笔匆忙，文字草率冗长，还有许多话未曾写进去，觉得意有未竟，尚希您和研究室的同志大力斧正。关于你校交给评阅的四篇论文，我曾仔细拜读，认为很有见解，甚为佩服。后来又在讨论会期间读了您的其它文章，尤为钦佩。……余容再陈，希常联系。祝

　　新年好！

孙席珍

83 年 1 月 5 日

　　孙先生以极大的勇敢精神捍卫郭沫若这面继鲁迅之后在文化战线上又一面光辉旗帜。

　　1983 年 5 月 23 日至 27 日在北京召开了"郭沫若研究学术座谈会。"5 月 22 日，我在北京站下车，恰好碰上孙先生夫妇，便同乘会议安排的车辆去西苑饭店。车上，我们非常高兴地交谈了郭沫若研究的情况和问题，特别是对那股否定郭沫若，歪曲郭沫若的歪风表示了愤慨。会议期间，他作了《纪念郭老的几点感想》，首先，对鲁、郭，从三个方面进行了比较，"就他们的作品来看"，"鲁迅是旧社会的镜子，郭沫若是新时代的喇叭"；从文艺理论方面看，"鲁迅一贯走着现实主义道路"，"郭沫若是从重视理想的积极的浪漫主义出发的"；从思想发展道路看，"郭沫若从诗人出身，跨出一步就走上了革命道路，鲁迅始终坚守着岗位，毫不动摇，向人们指引前进的方向和道路"，"鲁迅活了一个时代，经历了民主主义革命阶段；郭沫若生活了两个时代，他走完了民主革命和社会主义建设"，"遇到了更多复杂的问题和矛盾"。

　　其次，对鲁郭的矛盾做了分析，郭沫若骂鲁迅，那不过是一时策略上的错误，很快就"化敌为友"，对准"真正的敌人"，我们不能"独独抓住喋喋不休"。

　　最后谈了"今后怎样深入进行郭沫若研究"，他说李一氓对郭沫若研究所作的"肯定和赞许，令人鼓舞"。"而郭沫若所涉及的方面，比鲁迅还要更广泛些"，"各方面都还有很大差距，应支付偌大的努力"，"去稽沉、整理，比较，评衡"，

才能"有所发现，有所突破。"会议中我们还交谈过几次，到底谈了什么，已记不很清楚了。我邀请他再次来四川参加我们的郭沫若研讨会，他满口答应。谁知，这竟是我们最后一次相聚。

1985年1月，得到先生逝世的噩耗，心里感到无限悲痛。我们失去了一位郭沫若研究的前辈。

在编写《郭沫若作品辞典》时，《水与结晶的溶合》一文涉及孙席珍及其《盍旦》刊物，便写信给孙夫人吕蘋女士，向她请教，很快得到的回复：

王锦厚同志：

2月20日来函收到。

世上被埋没的人多着，何在一个孙先生！本来我不想多说，不过，你既提起此刊。我不妨谈谈，其时，孙先生为中国大学教授，与系主任吴承仕关系十分密切，当时他是左翼作家，在北方文坛已略负盛名，材料中提到的若干人，其时还是讲师、助教，如张致祥同志，就是当时留校的毕业生。齐燕铭同志，也是讲师，但是他们都很积极，都是当时的活动份子。和孙先生站在同一条战线上。记得1984年纪念吴承仕诞生百周年集稿时，曾有人云：齐公去世，知吴老先生者，莫过于孙先生了。席珍也自见义不容辞，尤其见到个别纪念文章，不是纪念逝者，而是借此拔高自己，或与事实不符，也深表遗憾，总想把一些与吴先生的交往，忠诚无误的写出来，道人所不道的，供后世参考。惜疾病缠绵，虽写了一些原始资料，竟不能于逝世前完成。人心不古，世所难免。所谓踏在别人的头上走过去。显得自己何等伟大！我不清楚撰《郭沫若词典》与《盍旦》有什么关系？郭老生前似乎与《盍旦》无关，望便中赐教。

遵嘱寄上材料一份，请查收。

匆复祝

好！

吕蘋

86.2.25

根据吕蘋寄来的材料，我们编写成了《盍旦》条目。1986年，我到杭出席现代文学理事会期间，专程去看望了孙先生夫人吕蘋女士。她说：明知孙先生已去世，还专程看我……不忘旧情……她非常感动。她告诉我，她正在整理孙先生的遗作。我向她索要关于郭沫若方面的东西，她将《关于〈三叶集〉注释稿审读意见》交给了我，并写了后记，说：

　　孙席珍同志生前参加《郭沫若全集》编注的审阅工作。一九七九年他接受委托，先承担文学编五卷十多个诗集。一九八一年以来，他一直认真仔细地对待这项工作，先后校阅了一至四卷的诗集十多种。后来他接到文学编顾问聘书，又校阅了《三叶集》一卷。他为这项工作支付了大量的时间和精力，有时为了查找一条注释，往往要花大半天工夫。每卷阅毕。都撰写一篇"校阅意见"，先后共得五篇，都陆续寄交郭集编委会。原先负责此项工作的吴伯箫同志生前曾给予高度评价："未读全文，即深感佩。治学严肃精神，不减鲁郭当年。"

　　孙席珍同志对郭老是有深厚感情的。早年他曾是郭老的部下。解放后，他长期从事郭沫若研究，著有《郭沫若研究》等书，可惜在十年动乱中毁去。后来又撰有《怎样进行郭沫若研究》等文章。一九八三年，郭沫若全集文学编开始与读者见面。他浏览一过，认为郭编为使各卷注释平衡，其取舍之间，有不少地方是还可再行商酌的。

　　孙席珍同志参加这次工作，主要目的有三：（1）对郭沫若表示崇敬和纪念；（2）珍视和保卫中国现代文化史上这一份宝贵财富；（3）给学习和钻研郭老的广大读者提供一点参考资料，所以自从接受任务以来，总是孜孜矻矻，认真严肃地对待的。

　　今孙席珍同志已逝，谨将这些"校阅意见"公之于世，既是肯定他的辛勤劳动，更重要的是提供郭沫若研究者们参考、指教。

吕　蘋

我将审读意见稿安排在《郭沫若研究专刊》（第六辑）发表，由此可见，孙先生对郭沫若研究所做出的贡献。

偿三十年前郭老劝游青城宿愿

——追忆唐弢参加郭沫若学术研讨会

按：去年，乐山收藏家廖全福先生向《郭沫若学刊》编辑部提供了唐弢《游青城怀郭老及蜀中诸友》的手稿，经研究认为，发表有补充、完善的必要，因此，撰写这篇短文。

我和唐弢直接交往始于 1975 年冬天。当时，因公差去北京，诗人方敬介绍我去拜访何其芳。到了北京，我持方诗人的亲笔信到何其芳家，请教关于《红楼梦》和鲁迅研究的一些问题。何其芳又写信介绍我去找唐弢。我又持信前往唐弢寓所，承他热情接待，临别时还赠送我由他注释，刚刚出版的鲁迅著作《门外交谈》。从此，我和他建立了通讯关系，并互赠书刊等。①

1982 年 10 月 31 日郭沫若九十诞辰暨学术讨论会期间，唐弢和部分代表参观郭沫若沙湾故居留影

---

① 详见：《我和唐弢》，《唐弢纪念集》，北京：中国社会科学文献出版社，1993 年。

我和唐弢交往过程中，他多次盛赞四川文化底蕴深厚，是一个出人才的地方，自己没到过四川，很想去看看。1978年，我由重庆西南师范大学调成都四川大学工作。他在1978年8月21日给我的信中写道：

> 听说成都（巴金告诉我的）多旧书店，不知现在如何了？你到川大后，如书业恢复，将来少不得要拜托你代我找些书刊。我年老多病，别无所求，只想多读些书，从实际（材料）出发，为党为人民留下些东西，哪怕不成熟也好。

从信中可以看出，这位大收藏家时刻都在注意书报刊的收藏。1979年，学校筹办"郭沫若逝世一周年暨学术讨论会"。我认为这是一个邀请他来川的大好机会，便致信邀请他出席。他4月14日回信说：

> 川大和乐山地、市委纪念郭老的会，实在是赴川一行的好机会。可惜我不能参加，因为社科院有个学术代表团，将于6月5日赴日，27日回来，我将参加。这样，6月12日大概还在日本。

1982年，四川大学举办纪念郭沫若诞辰九十周年暨学术讨论会，邀请他出席。他6月30日写信给我，说：

> 我确实很想到四川一行（我没到过四川），巴金几次劝我，没有成行，何其芳在世时，又约定同行，还是没实现。
>
> 今年，原来听说郭老纪念会在十一月，颇以为可以酬宿愿了。现在避免与北京同时，改在九月，无论论文无法赶写，时间怕也运转不过来的，太意外了。

郭老九十诞辰纪念会最终确定仍在11月初召开。我们又向他发去邀请。他9月20日给我来信，说：

> 四川是我久已仰慕的地方，一直想来看看（我从未来过），郭老诞辰，

原是极好机会，现在看来，只好放弃，等以后再有机会，从容前来了。承你多次关注，感激得很，特此致函。

先生既然如此渴慕四川，增强了我们促使他成行的决心，经过多方协调，几番努力，终于让他能够前来出席纪念郭老诞辰九十周年暨学术研讨会。10月26日，先生携夫人沈絜云非常高兴地来到他久已向往的成都。

开幕会上，先生作了《向郭老学习》的精彩发言，说：

郭老和我熟识。特别是抗日战争胜利以后，在上海从事民主革命运动，我经常去郭老家里向他请教，更为熟识。郭老一生值得我们学习的地方很多，我想，至少有三点，我们应该认真地向郭老学习。

第一，郭老一生在政治上始终同党中央保持一致；在文艺上、学术上则采取百花齐放、百家争鸣的态度。所以他敢于提出许多问题，敢于对已有的定论提出自己不同的见解；即使这些见解并不妥当，也足以启发大家思考，引起大家的注意，有利于促进学术和文艺的繁荣……比如他的《李白与杜甫》，一九七九年我随代表团出国，日本有个杜甫研究专家——吉川幸次郎，他在郭老生前，第一个发表文章，表示反对。我见到他时他还提出意见，我告诉他，我自己也是喜欢李白的，但不应贬低杜甫。春兰秋菊，各有千秋。不过我们允许不同意见互相讨论，百花齐放，百家争鸣。

第二，郭老在许多方面都取得了成就……读了许多书……不仅读文学书，也读科学书。我多次强调文化这个东西和别的东西不同，第一要有积累，积累越多越好。没有积累，就没有基础，起步点不高。中国的文化、外国的文化都要学习，都要积累。正如列宁所说，无产阶级文化决不是从天上掉下来的，只有继承人类全部的优秀文化，才能产生无产阶级文化。所以我们必须要有积累。第二是要创新，创造新的东西。有的文章写来写去，尽是人家讲过的东西，没有一点创见，那还不如不写。现在真正能够从积累基础上创新，比较有质量、能吸引人的论文还比较少。这是一个问题的两面，只有积累得多，才能在这个基础上创新，也只有真正地创新了，才能在已有的积累基础上继续发展，使历史绵延不断。没有创新谈不到积累，没有积累也谈不到创新。只有不断地积累和创新，我们才能为文化宝库增添一砖一瓦。

今年七月在英国剑桥开第二十八届欧洲汉学会议，以西欧为主，东欧、苏联一些国家也都有人参加，美国也派了代表，一共将近两百人……这次开会的中心议题是国家机器与道教。我原来以为讲道教大概是讲老庄哲学，结果并不尽然。他们认为中国古代科学发达，和道教有关。道士要成仙，提倡炼丹，用鼎炉修炼，就使冶炼学发达起来，很早就用铜器、铁器。看来这并非完全没有道理。知识越多，越容易想得深，发现新的道理，新的见解。

过去汉学家大都研究中国古代的东西，现在一些年青汉学家，较多地研究现代中国的问题。文学上也如此。许多人研究鲁迅、郭沫若、茅盾，最近除研究艾青、萧红外，还有许多人研究戴望舒、沈从文、徐志摩。他们对沈从文、戴望舒、徐志摩的评价比我们高，我认为是太高了些。但无论是古代文学也好，现代文学也好，他们的确考虑了一些我们过去注意得不够或者没有注意到的问题。

比较文学在国外很发达。比较是重要的。中国现代文学深受俄国文学的影响，鲁迅、茅盾都说过，他们是受了外国文学的影响才开始创作的……郭老的诗歌深受歌德、惠特曼的影响，这是大家知道的事情。所以，如果我们不了解这些外国作家，就很难研究中国现代文学；不了解歌德、惠特曼，很难研究郭老的诗歌。读书不多，知识不广，也就不容易开拓新的研究领域。

郭老这样的老一辈，中外古今，读书很多，积累了许多文化知识，给我们作了很好的榜样。

第三，郭老等老前辈，一开始搞新文学……主要是向西方文艺创作、西方文艺思潮吸收东西。郭老也是这样，最初他接收歌德、泰戈尔、惠特曼的影响是很大的，后来民族的气息就慢慢地占了主要地位，真正建立了自己的风格，也就是我们中华民族的风格。……我们这一辈也应该这样。

我认为吸收外国的东西，第一，必须从生活出发，从我们自己的生活出发，不管是现代主义也好，象征主义也好，都要表现中国人、中国的社会，那就必须从生活出发，从中国的生活出发。第二，要分析和研究现代派的历史。他们的产生和发展是有深刻的社会条件和历史原因的。不了解它的背景，不了解它发生的前因后果，拦腰截来，生搬硬套，那有什么意思？我是赞成鲁迅的"拿来主义"的，不过要有选择。对我们有好处，就拿来使用；不好，就不要。我们吸收国外的东西，一定要从自己的民族出发，从我们的民族前途出发。现在国家正在搞四个现代化，所以在这方面我们应多作些工作。如果说，我们能够很好地总结一下五四新文学运动，从接触西方文艺思潮，到形成自己民族风格的过程，尽管这是文艺上的问题，如果这种经验研究总结得很好，我觉得，对于我们的四个现代化建设，就是一个很好的贡献。前一辈人，包括郭老在内，在这方面很值得我们学习。

（引注：这个讲话根据在纪念郭沫若九十诞辰学术讨论会开幕式上的讲话整理，未收入《唐弢文集》，所以引录较多。）

第二天，又向我校师生做报告，讲述了他和郭沫若交往的故事及体会。他说：

早在1932年，二十岁左右当店员学徒的时候就和七八个志同道合的人，组织了一个读书会。小说，最喜欢高尔基、鲁迅的作品，诗，喜欢的是歌德、海涅，特别是郭老的《女神》，而见到郭老，则是1937年10月18日、19日，上海鲁迅逝世纪念会上。个人和郭老直接交往却始于1945年，当时和柯灵办《周报》，盼郭老支持，便贸然写信约稿，很快得到他的回信，并寄来《天地玄黄》一文。这时，我们才知道，原来他还在重庆。回上海后，他主持《文汇报·新文艺》副刊，一周一期，编者为杨晦、陈白尘、郭老。轮流负责。第三期发表了耿庸的《略说不安》、日木的《从文艺界的恶劣风气想起》，攻击巴金和我。郭老发现，立即予以纠正，写信给我，表达歉意。不久，又专门写了《想起了斫樱桃树的故事》，不但表达了歉意，而且承担了责任，还提出了希望，看了信后，感动不已。

当天晚上我又将郭老的文章和唐弢先生所写的《永恒的怀念——悼郭沫若同志》的文章及《回忆·书简·散记》找来读了。郭老给唐弢先生的信中写道：

唐弢先生：

　　真是万分难过，《新文艺》接连两期登载青年来稿，不仅唐突吾兄，并牵涉到多方面的人事关系。疏忽之罪，真觉无地自容。兹谨肃芜函、先行请罪，拟于下期撰稿一篇表明弟个人意见。文章难写，但想勉力写出。尚乞宽宥是幸。专此顺颂

刻安

弟　郭沫若再拜
（一九四七年）三月十七日

　　不但写了抱歉信，还在《新文艺》第四期发表《想起了斫樱桃树的故事》的文章，说明事情的缘由，赞扬了巴金、唐弢的为人，批评了耿庸、曰木的错误，在业界引起很大的反响。四月八日又致信唐弢，说：

　　文笔上的一些小纠纷，不必看重它。你的处境，我是很清楚了解的。青年朋友们的性趣，照例总是要过火些的，我们也得原谅他们。只要他们肯骂我，我倒反而觉得高兴。一个人总要有些拂逆的遭遇才好，不然是会不知不觉地消沉下去的。人，只怕自己倒，别人骂不倒。

　　唐弢得信后，激动得流下泪水，说："我已多年没有从别人嘴里听到这样推心置腹的话了！那一晚，我把来信反复地读了好几遍，尤其是后面那段诗一般的语言。从那以后，又是三十年过去了，在投笔生涯中，每遇一点拂逆，只要想起郭老这段话，心情便开朗起来，豁达起来。真的，世上有多少人是在不知不觉中消沉下去的啊！骂杀的没有，捧杀的多得很。郭老说出了一个真理，一条生活的客观规律。"郭老与唐弢的来往的经历，堪称编者与作者的范例，值得我们很好的学习。会议期间，《成都晚报》社派员陪同先生游览了都江堰、青城山等处，留下了先生的《游青城怀郭老及蜀中诸友》。诗作似乎没有公开发表，后收入《唐弢文集》（中国社科文献出版社出版）。全文如下：

游青城怀郭老暨蜀中诸友　　并序

一九四六年，郭老离渝去沪之前，驰书海上，有"弟虽蜀人，川中名胜，多未亲历，拟稍滞十日，作青城峨眉之游，然后东返"（大意）云云。其后在上海从事民主运动，追随杖履，多所请益。郭老以余生长海隅，向未远行，劝至蜀中一游。巴金兄亦多次劝游成都，终未成行。今年郭老九十诞辰，承四川大学"纪念郭沫若诞辰学术讨论会"盛情，邀余参加，又蒙《成都晚报》厚意，导游都江堰及青城山，得览二千余年的伟大历史奇迹，一偿三十年前郭老劝游青城宿愿。巴山蜀水，大开眼界。成都多雨，十月二十八日居然放晴，作此小诗，聊志纪念。

好是成都放晚晴，

卅年一梦到青城；

幽篁犹滴秋来翠，

山鸟如从涧底鸣。

难得离堆传六字①，

居然化骨作先行②。

我来天府登高望，

碧树江村无限情。

一九八二年十月二十八日

手稿不知怎么流落民间，被廖全福先生所收藏。与原稿对比，略有改动。原稿题目"及"，入文集时改为"暨"，第四句作"山鸟长如溪底鸣"，后收入文集改为"山鸟如从溪底鸣"。第六句"几人卖卜学君平"改为"居然化骨作先行"。

《成都晚报》社同人导游先生游览后，我们也专门陪同先生参观了市内的武侯祠、杜甫草堂等名胜古迹及乐山沙湾郭沫若故居，先生都留下自己的文字。

---

① 作者原注：都江堰水利工程，相传为秦时太守李冰父子开凿，玉垒山劈成离堆，将岷山一分为二，水流缓急，自然调节，堪称天下奇观。离堆山上有治水六字诀、李冰像，均系石刻。

② 民间传说，有犀牛作怪，翻腾江底，李冰投身水中，化身为牛，与之搏斗，遂免洪水之患。

乐山访郭沫若旧居

绥馆接江流，

先生少小游。

金沙淘玉粒，

铁索锁乌尤。

大佛千年老，

憩园一眼秋。

乐山更乐水，

诗魄此悠悠。

一九八二年十一月

杜甫草堂

翠竹古楠绕碧塘，

杜陵曾此隐行藏。

记营茅屋书千卷，

难庇苍生诗一章！

射虎有心随李广，

缩身无术学长房。

久闻诗是君家事，

惭愧吟哦到草堂。

一九八二年十一月三日

　　会议空隙时，我几次到宿舍和先生交谈，给我印象特别深刻的是关于《李白与杜甫》的谈话。我告诉先生，手头有一本《李白与杜甫》的手稿影印本。先生知道后很惊喜，要我给他一阅。我当天晚上便送去。他大概连夜翻阅了一遍，第三天晚上我们交谈时，他盛赞郭老在学术上，敢于立异，提出新见解、新看法的精神。他告诉我，1979 年随代表团访问日本，有个叫吉川幸次郎的杜甫研究专家，表示反对。郭老生前，第一个发表反对文章的就是这位专家。先生说："我见到他时他还提出反对意见。我告诉他，我自己也是喜欢李白的，但不应贬低杜

甫。春兰秋菊，各有千秋。不过，我们允许不同意见互相讨论：百花齐放，百家
争鸣。""郭老是在政治上与党中央保持一致，学术上坚持'百家争鸣'方针，敢
于提出新的见解的典范！"因为会务没能更深入地听取他的见解，便匆匆离开了。

会议结束，我们安排唐弢夫妇由重庆、武汉回北京，借此更可以观赏山城的
名胜古迹，长江三峡的自然风光……在重庆，他们夫妇受到市文联等单位的热情
接待。先生留下了这样的文字：

山城抒怀 并序

一九八二年十一月四日，自成都至重庆，六日晚，承市文联邀至枇杷山
观夜景，又与絜云同至朝天门。竹林深处，络纬声声，儿时情景，宛在眼
前。一时颇动乡思，感而赋此。

络纬声声唱竹枝，

山城风物动乡思。

错传巫峡行云意，

愁绝巴山夜雨诗；

灯光万家星闪烁，

江流百转月栖迟。

朝天门上中宵立，

一样悲欢我自知。

九月山城秀碧枝，

词人老去展秋思。

晴川历历景如画，

灯火荧荧我有诗；

三峡雄图千载远，

百家论证卅年迟。

苍生得失今谁识，

留与子孙万代知。

一九八二年十一月七日作于重庆旅邸

这些诗文后来收入社会科学文献出版社，1995 年 3 月版《唐弢文集》卷 3。

唐弢夫妇回京后，立即给我来信，对于此次四川之行，能够"一偿三十年前郭老劝游青城宿愿"，亲眼见证"天府之国"的壮丽山川，众多历史奇迹，表示满意和谢意！

遗憾的是这封信被会务人员给丢失了。

二〇〇一年五月追记

郭老的精神不断鼓舞着我

——艾老和我两次会见的回忆

真诚、善良、朴素……这是艾老留给我的最深刻的印象，恐怕也是文艺界许多人的共同印象。胡风夫人梅志就曾这样告诉过我。

我和艾老直面接触、交谈的次数并不多，然而，就在这不多的交谈中，每次都让我获益良多。

一九七九年六月十二日至十九日，郭沫若研究学术讨论会在乐山

艾老在四川省人民医院与作者会见

举行。这可以说是郭研史上空前无后的会议。全国二十三个省、市、自治区的九十七个单位学术研究者、高等院校教师，文化、新闻、出版工作者一百三十余人出席会议。其中有不少知名人士，他们包括：中国社会科学院文学研究所副所长、郭沫若著作编辑委员会办公室负责人吴伯箫，人民文学出版社顾问、郭沫若著作编辑委员会办公室负责人楼适夷，老作家和老教授戈宝权、艾芜、段可情、高兰、陈瘦竹、孙席珍、谢文炳、华忱之、石璞等，郭沫若秘书、郭沫若著作编辑委员会办公室负责人王庭芳以及郭沫若的女儿郭庶英、郭平英等。

我作为会议工作人员，曾有更多的机会与到会的老作家、老教授接触、请教。记得是十七号晚间，趁着无人，我溜进了艾老的住处，与他做了一次较长时

间的直面交谈。一开始，他就说："我们这些七十多岁的人，都是吃五四运动的奶长大的，而全心全意投入爱好文艺的潮流，一生从事文艺创作，则是郭沫若领导的创造社的指引起来的！""指引我们从事文艺的道路上走上革命的道路。"

他回顾了自己在成都省立第一师范学校读书时，读《女神》的兴奋，阅读《创造季刊》《创造周刊》《文化批判》《洪水》时的喜悦，受到的启发，特别提到郭沫若在《痛》一文中对《南行记》的肯定。二十世纪三十年代，艾芜曾将自己刚刚出版的《南行记》托去日本的任白戈赠送给流亡日本的郭沫若。郭沫若就在日本出版的华文杂志《质文》上发表的《痛》一文说到《南行记》。我后来查了发表在一九三六年六月二十五日《光明》一卷二期上的《痛》，文章中这样写道：

> 我读过艾芜的《南行记》，这是一部满有将来的书。我最喜欢《松岭上》那篇中的一句名言"同情和助力是应该放在年青的一代人身上的"。这句话深切地打动了我，使我始终不能忘记。这和"历史小"这个理论恰恰相为表里。

这儿虽然只是短短几句，然而却包含了极其丰富的内容和深厚的情感，对年青的艾芜的鼓舞是可以想见的。

一会儿，又谈到鲁迅对自己的影响。一九三一年从缅甸归国，写作中遇到不少问题，特别是关于题材的问题，便和沙汀商量写信向鲁迅请教。信交出不久就得到鲁迅先生的回信。回信告诉我们：

> 可以各就自己现在能写的题材，动手来写的。不过选材要严，开掘要深，不可将一点琐屑的没有意思的事故，便填成一篇，以创作丰富自乐。

鲁迅的答案，不但解答了我们的疑难，也拨开了我们心中的迷雾。正如他后来在《艾芜文集》序中所说：

> 使我们感到文艺工作的天地广阔了，文学工作的方向明朗了，可以走下去。

鲁迅的回答，至今还很有意义，而且极其重要。发表在一九八一年《四川大学学报丛刊》第十一辑中的《我是怎样认识鲁迅先生的》一文中，艾芜还写道：

> 如果是战斗的无产者，只要所写的是可以成为艺术品的东西，那就无论他们描写的是什么事情，所使用的是什么材料，对于现在以及将来一定是有贡献的意义。为什么呢？因为作者本身便是一个战斗者。

这次面谈，让我更加清楚地看到艾芜是如何向中国新文学两位主将学习的。

他还语重心长地告诫我："搞创作，做研究，一定要耐得住寂寞！一定要甘心坐冷板凳！"

是啊！艾老一生留下的五百多万字的著作不就是他在"寂寞"中"坐冷板凳"写成的么！这是艾老的切身经验，我一直把它作为座右铭。

艾老是吃五四运动的奶长大的，鲁迅、郭沫若一直鼓舞着他，特别是当遇到困难或挫折时更是如此。在郭沫若学术研讨会一次小组会的发言，他讲了这样一个故事。他说：

> 在遭受林彪、"四人帮"迫害时，我被关押达四年之久。期间，每天有半小时的"放风"，当走出牢房时，自然而然想起郭老的《晨安》，便轻轻地诵读：
> 晨安！常动不息的大海呀！
> 晨安！明迷恍惚的旭光呀！
> 晨安！诗一样涌着的白云呀！
> 晨安！平匀明直的丝雨呀！丝语呀！
> 晨安！情热一样燃着的海山呀！
> 晨安！梳人灵魂的晨风呀！
> 晨风呀！你请把我的声音传到四方去吧！
> ……
> 我从诗中得到了力量！

会议期间，在大佛寺的前殿天井场地举办过一次月光诗朗读会，代表们兴致特别高，或者朗读郭沫若的诗篇，或者朗读自己的即兴之作，热烈、愉快……会上，艾老也朗诵了自己的即兴之作：

> 郭老，你就是岷江，
>
> 你就是大渡河，
>
> 你就是峨眉山，
>
> 你奔流不息，
>
> 你常常在云里出现，
>
> 鼓舞了成千上万的青年！

诗虽简短，却形象地表达了艾老的深情厚谊。会后，他又特别写了一篇题为《一点感想》的短文，阐述了他对如何研究郭沫若著作的卓见。他说：

> 研究郭沫若的爱国主义是重要的，爱国主义现在必须提倡，有很大的现实意义。我觉得郭沫若的爱国主义，是通过现实主义和浪漫主义表现的，而且其中更多的是浪漫主义。因此对于郭沫若的浪漫主义要有充分的认识，也就是要详细研究。
>
> 我们要研究郭沫若的作品，找出他的浪漫主义以及浪漫主义和现实主义相结合的特点，给人民怎样的影响，又在中国文学史上有什么样的成就……这都是应该作的事情。①

是的，"这都是应该作的事情"。过去虽然做了一些，但确实做得既少，又不深入，可以说不够，很不够。为了更好地贯彻艾老的指示，深入研究郭沫若的作品，我们研究室应河南教育出版社之约，组织力量，编了一部大型工具书《郭沫若作品辞典》。阳翰笙作了序，艾老题了辞：

> 郭沫若文学艺术各方面的成就，有如汪洋大海，我们研究它，了解它，

---

① 艾芜：《一点感想》，《纪念郭沫若诞辰一百周年专刊》。

都需要有一本导航的书，这就是词典。现在《郭沫若教学词典》快要出版，我表示热烈的欢迎。

艾芜

一九八九年八月二十日

于成都

《郭沫若教学辞典》后易名为《郭沫若作品辞典》于一九九一年七月正式出版，一百万余字，发行四千多册，受到读者欢迎和好评。

一九九〇年九月，我调四川大学出版社工作。当时，根据上级有关加强对青少年国情教育、爱国主义教育的指示精神，策划、组织编辑一套"可爱的家乡"丛书，以县、区为单位，时任省委书记的杨汝岱为丛书题了书名。著名作家巴金、阳翰笙、沙汀、艾芜、马识途五位担任了顾问。

这套丛书，得到各方面的大力支持。出版《可爱的高县》时，拟请阳翰老写点东西。他抱病题了辞：

一山一水多厚谊，

一草一木带深情。

巴金还特地赠送了我们一套《巴金译文集》。由于这些支持和鼓励，丛书出版得很顺利，不到两年的时间就出了几十种，发行八百多万册，深受好评，人们把它视为"微缩的县志""县的百科全书"……有的用它作中小学学生甚至干部知识竞赛、作文竞赛的主要读物；邛崃制作了录像，在县里放映；新都广播电台连续进行了广播；射洪县举办"陈子昂国际学术研讨会"时，赠予到会者人手一册；重庆江北县（今渝北区）举办菊花节，万人参加，也是人手一册；阆中、云阳籍的台胞、侨胞知道后，主动写信索取，看后表示，一定要回家乡看看……

后来，我们将这些情况，采取各种形式，分别向五位顾问做了汇报。艾老住院疗养，我和伍加伦带着丛书、《现代汉语大辞典》到四川省人民医院去探望他，并向他做了汇报。艾老听了，非常非常高兴，不时询问我们出书的细节，连连不断地说："对青少年进行国情教育、爱国主义教育很重要。'可爱的家乡'丛书是一套很好的教材！爱国就要从爱家乡开始。你们这一套丛书出得好，是一项伟大的工程，一定要把这一工程好好进行下去"，一边将出版的新繁县一册，翻了又翻，看了又看，似乎沉醉在儿时对故乡的回忆中……

　　1992年，郭沫若百岁诞辰，艾老在省人民医院住院，健康每况愈下，写日记就力不从心了。当四川郭沫若学会常务副会长廖永祥向他约稿，他还是答应了，带病写了这样一篇题为《怀念郭沫若》的短文，文章写道：

　　　　早上好，街道两旁的绿色树木！
　　　　早上好，云彩变幻的美丽天空！
　　　　这是我早上醒来爱发生的愉快的心情或者说了出来，或者只是起在心头。
　　　　这是郭沫若自二十年代的诗歌教育我的，或者应说是深深影响我的直至今天还在鼓舞我，乐观、奋发有为。
　　　　郭沫若是个英勇前进的人，对世间的事物都有极大的兴趣。他说世间有两种人，一是研究一种事物，作直线形的研究，不断地深入进去。另一种则是圆球形的发展，对任何事物都有研究的兴趣，也发现了宝贵的知识。郭沫若在给友人的信上，说他赞美孔子和歌德，因为他们是作圆球形的发展，对各方面的事物都有极大的兴趣。另外，他在历史的长河中，寻找英勇杰出的人物，再用话剧的艺术表现出来，以便鼓舞大家前进。
　　　　今天是郭沫若百岁的诞辰。他离开我们远了，但他的奋斗精神，却是不断地鼓舞着我们前进。

　　　　　　　　　　　　　　　　　　　　　　一九九二年于成都住院时

　　就在这篇《怀念郭沫若》写成不久，11月16日，艾老因大叶肺炎，抢救19天无效，不幸逝世。这篇短文，成了艾老的绝笔。从后来出版的《艾芜全集·日记》部分，我们看到了这样的记载：

　　5月5日
　　　　下午林平兰和她的爱人廖永祥来医院，林平兰是我的文集的编辑。廖永祥来约稿。今年是郭沫若诞辰一百周年，廖永祥约我写一篇文章。我答应了。

9 月 11 日

林平兰来取纪念郭沫若的文章，我还没有写完。请她过段时间再来取。

9 月 25 日

纪念郭沫若的短稿子，林翠芬要去，要在《明报》发表。

10 月 16 日

林平兰来取郭沫若纪念稿子。告诉她香港林翠芬要求在《明报》发表，已给她一份带走。

林平兰取回的稿件刊发在 1993 年出版的《郭沫若诞辰一百周年专刊》。后来收入《艾芜全集》第十三卷时，略有改动。

从艾芜力不从心留下的备忘录式的日记看，《怀念郭沫若》是艾老用生命写成的。文章虽短，却充分表达了他对郭沫若的尊敬与热爱，包含了极其丰富的内容，是他老人家学习郭沫若的深刻体会，更是他对如何学习、研究、宣传郭沫若的宝贵指示！

艾老离开我们二十多年了，他真诚、善良、朴素的形象时时浮现在我脑海，他的话语时时回响在我的耳边。

还没有最后完成的论文

——怀念王瑶先生

王瑶先生离开我们快一年了。早就想写点纪念文字。然而，一种说不清的思绪迫使我竟不知道如何下笔。

王先生是我敬佩的前辈学者之一。早在五十年代末，我读大学的时候，一次偶然的机会，从旧书店买得了他的《中国新文学史稿》，如饥似渴地读完了，那丰富的史料，大量的信息，让我更加迷上了中国现代文学。六十年代初，我到武汉大学读研究生，从导师刘绶松先生那儿更多地知道了一些王瑶先生的情况，多想找机会见见这位学者啊！直到一九七五年冬，我终于在北京大学他的寓所拜访了他，向他请教了一些鲁迅研究中的问题。当时，正是"四人帮"横行到了极点的时候，王先生所受的折磨，我不很清楚，只知道他受的冲击不小，从他与我的

王瑶夫人寄赠给作者的书

谈话中，却一点也未触及。他是那样的乐观，那样的诙谐！似乎根本没有那么一回事！粉碎"四人帮"以后，我和王瑶先生见面的机会多了：郭沫若研究学术讨论会，中国现代文学学术研讨会，闻一多研究学术讨论会……几乎都是在会议

上……在大会上，或者在小组会上，多次听到他妙趣横生的谈话。每次，都给我留下美好而深刻的印象！

我和王瑶先生直接研讨学术问题，那是在一九八四年接受上海文艺出版社编辑《新文学大系·理论（1937—1949）》的任务以后，大系编委会约请王先生为该卷撰写序言。一九八六年十月，我到清华大学参加第三届全国闻一多研究学术讨论会，闭幕式的那天，王先生找人把我叫了去，询问了关于新文学大系理论卷的编辑情况，我向他做了详细汇报，并征询了他的意见。最后，先生还要我协助筹办中国现代文学学会一九八七年在成都召开的年会。我答应尽力而为。

一九八七年五月，先生指派中国现代文学研究学会秘书长卓如大姐携带他给马识途的亲笔信，希望马老鼎力相助，玉成学会在成都召开。卓如大姐来成都后，经与各方协商，最终促成了中国现代文学年会及换届选举十月在成都顺利召开，并圆满完成任务。会议结束，应四川郭沫若学会邀请，先生与夫人杜琇及部分同志前往乐山沙湾参观了郭沫若故居，又前往峨眉参加"郭沫若与中国文化"座谈会。会上，先生作了精彩发言。他说：

回顾历史可以昭示未来。郭老在日本，是处在他的两个文学高峰之间。当时他研究中国古代历史，是为了解决现实中的问题，即回答马克思主义是否适合中国这个问题。郭老是恩格斯在《自然辩证法》中所提到的"巨人"式的人物。他常常是宏观地看问题。小毛病是可以挑出来的。他的学术研究是不断发展的，几十年中取得了丰硕的成果。他研究的都是能发人思考的大问题，大事。郭老后来居上，在方法论上，在理论与实践结合上，都高于前人。比如郭老的甲骨文研究，就有很大突破。郭老还开创了中国马克思主义史学。

中西文化在五四时期的撞击，其结果不是传统断裂了，而是形成了新的高峰。文化撞击之后的情况很复杂，有的垮了，有的改造了，有的坚实了。郭老所处时代所面临的问题，与今天我们所面临的问题不同。文化问题的内容也很不一样，譬如从冰糖葫芦到原子弹都是文化。其中有些问题是属于现代化去解决的问题，没有文化撞击的问题。文化的物质层面部分，这类问题的解决一般说来比较简单。自然科学部分，那是人类共同劳动创造和智慧的结晶，接受它们是没有人会反对的。文化的制度层面部分，中国究竟选取什么样的社会制度，从近代以来便争论起，毛泽东的《论人民民主专政》算是解决了此问题。文化中最难解决的深层次问题，是人的意识形态，人的不同的心态等问题。

五四时期人们对待中西文化概括起来有两种情况，一些人把中西文化对立起来，另一些人则是认同的态度。这两种情况两种态度，实际上从鸦片战争便开始了。

无条件反传统论，是不能接受的。拿中国人的心态来讲，是关心人的命运问题，看文学作品也是这样，而不大关心作品中那些静态的描写。这就是传统的文艺欣赏习惯。各个人对文学艺术的爱好，更是多种多样。对于中西文化论争的态度和原则，是既要现代化，又要中国化。

五四时代的青年，没有不受鲁迅、郭沫若影响的。这就是历史发展的因素，是历史的事实。从那以后，我们已经经过了一个中西文化交流、融汇的过程。每个先进人物，都经过这一过程。他们对中西文化，都经过认真的思考，总结。

郭沫若研究中的泛神论思想，应该从中西文化交融的角度去看。郭老的泛神论思想与个性解放的思想是结合的，并以此作为反封建的思想武器，与外国的泛神论思想不同了。郭老是"大人物"，只有同时代联系起来，方能理解郭老的精神。郭沫若研究起步虽晚，但那是健康的起步，科学的起步，因而也自有它的好处。

1987 年 10 月 24 日秦川记录

这个讲话虽然很短，然而却很精辟。华忱之先生曾告诉我，王瑶先生的《中国新文学史稿》（上下）是中国现代文学的奠基之作，筚路蓝缕之功不可磨灭。他一生的治学道路、文化素养、学术风格和研究方法都值得我们倍加珍视和学习，从中可以获得许多有益的启示与鞭策。

华先生和王瑶是清华同学、好友。会议期间，特别挤出时间，陪同先生夫妇去峨眉山游玩，观赏美丽诱人的风光。去时，把我也叫了去。一路上天南地北交谈，愉快极了。在报国寺休息时，先生把我喊到身边，询问川大毕业生报考博士的情况，希望川大为他多输送一些优秀考生。期间，我还多次就新文学大系编辑中的问题向他请教，他非常坦率地发表了自己的意见。一九八七年冬，大系初选目录确定后，上海文艺出版社大系编委，理论卷负责人周天同志特来信嘱咐我：

王瑶先生是专家，又是理论卷序言的撰写人，一定要多多听取他的意见。恰好这时，王先生寄来了一封航空信。如下：

锦厚同志：

　　您好！请将定稿《大系·理论卷》目录检寄一份，以便写序时参考。如果"目录"有一些必须查看原文而我这里又不好找的文章，恐尚须烦您复印一些材料，此事俟看到目录后再说，既然要求明年第一季度发稿，我答应的事已不能再拖了，望协助。此问
近好

王　瑶

十一月廿八日

从信中，我们可以清楚地看到先生对工作认真负责，一丝不苟的精神！遗憾的是我没能及时作复，因为目录还须进一步商议。很快，先生的航空信又来了。说：

锦厚同志：

　　您好！前此曾致一函，谅已收阅，惟迄今未见复音，颇以为念。我希望早日收到您所商定的《大系·理论集》目录，因为从三月起，活动频仍，我的日程安排得很满，欲乘一二月份较闲之机，思考一下如何写法，故望予以协助，及早将所选目录寄下，有些必须涉及而我尚未见到的篇章，可能还要麻烦您复印一份，望能协助，以促其成，崴此候复！

　　即祝
年禧

王　瑶

一九八九年一月五日

得到先生这封信后，我又着急又惭愧，赶紧将我们商定的"目录"打印了出来，连同我主观估计先生一时不好找的若干文章的复印件，挂号寄去，以供参考。谁知道，先生这时已外出，直到九月，才得到先生委托钱理群同志代笔的复信：

王锦厚、周健、毛迅三位先生：

您们好！

您们寄给王瑶先生的《文艺理论集》目录，早已收到，因王瑶先生暑假中外出，未能及时函复，昨天王瑶先生又作为全国政协委员到外地视察，特嘱我代为复信，将他的意见转告，并向您们表示歉意，望能鉴谅。

总的说来，王瑶先生对您们的选目是比较满意的，认为比较全面，也有些过去忽略了的新材料。但也有几点具体意见——

1. 在"回顾与探索"栏题下，建议加上冯雪峰同志《论民主革命的文艺运动》中的有关部分。

2. 在"关于现实主义及主观论"栏题下，建议加上胡风《论现实主义的路》一书中的几个主要章节。

3. 在"研究与评论"栏题下，诗歌理论部分的选目似不够全面，如七月派诗人与九叶诗人的理论主张，闻一多对艾青、田间的诗的评论，冯雪峰对艾青、柯仲平诗的评论，冯文炳的《论新诗》……均未收入，建议作一些补充；徐迟的《诗的放逐》在抗战时期诗歌观中有一定代表性，也请考虑是否选入。

4. 在"作家作品评论"方面，是否可以考虑增加茅盾的一些评论（如对萧红的评论）、胡风、刘西渭的评论，以及当时引起过争论或有不同的评论，如胡风对于沙汀、姚雪垠的批评，发表在《大众文艺丛刊》（香港版）上的一些批评。陈涌对解放区文艺作品的一些评论，如写于1949年10月前也可以考虑收入。总之，在这一栏中，建议要突出重要的理论家的批评活动。

5. 沦陷区的理论、批评文章似太少——如果本来就没有什么，当然只好这样。不知是否可以再作一些挖掘。

以上意见，仅供参考。

即颂

教安

钱理群
9.2

我们根据王瑶先生，还有其他许多前辈和同行的宝贵意见，对《大系理论》卷选目作了增删、添补、复制、校订，于一九八九年二月送交《大系》编委会。并报告先生。

　　一九八九年十一月，中国现代文学研究会五届二次理事会在苏州大学召开。这次会议到的人特别整齐，开得也不错。王瑶先生还是那样乐观，那样风趣。大会，小会，几乎都听到了他的生动而又活泼的发言。我们也谈了《新文学大系·理论》卷序言的事。他告诉我："还没有最后完成！"会议结束的那天，他问我去不去上海青浦参加巴金研究学术讨论会，我说："要去的！"他高兴地说："那我们又可以见面了！"

　　会议一结束，我就赶到上海。第二天，周天、赵南荣同志到旅馆来看我，并带来大系书稿，向我提出书稿中的若干问题，为了及时解决书稿中的问题，我不得不放弃去青浦学习机会，滞留上海，全力以赴地核校《大系·理论》卷中的一些选文，找原始刊物，核引文……整整奔波了十来天，总算较为顺利地解决了一些难题！我返程的那天晚上，在火车站遇到苏州大学的一位同志。他告诉我王瑶先生住院的情况……火车已快开动了，无法前去看望王瑶先生啊！从那以后，我一直惦念着先生的病！暗暗祝愿先生早日恢复健康，写好大系序言，为中国现代文学的研究做出新贡献！

　　十一月中旬，我从秦川同志那里听到王瑶先生在上海逝世的不幸消息，当时，我真不敢相信，半个月前，还是那样精神抖擞的一位乐观主义者，竟如此匆忙地离开我们而去了！然而，我又不能不信，讣告来了！苏州会议期间的情景一幕幕地呈现在我的脑海！我为我们失去了德高望重的会长而悲痛！！

　　《大系》发稿在即，周天同志来信要我向先生的家属询问序言事。我立即写信给现代文学馆馆长杨犁同志，托他问问在馆里工作的王瑶先生的女儿超冰同志，怎么办？！超冰同志很快回信说：由她和先生的几位高足根据先生生前的见解将遗稿最后勉力写成！我请她将完成稿直接寄周天同志。不久，收到周天同志的信，说序言写得很精彩！我相信，如果先生不突然逝去，一定会把序言写得更加精彩，更加出色！这是一篇"还没有最后完成"的巨论。应该承认：它是王瑶先生血和泪的结晶，是王瑶先生生命的象征！

　　王瑶先生，安息吧！您还没有最后完成的论文，我们一定努力去完成它！

　　一九九一年得到《王瑶先生纪念集》，一九九四年五月又得到王夫人杜琇亲自签名赠我的先生著作《润华集》，我都一一认真地读了，先生的音容笑貌时时浮现在脑中，我为过早失去了一位中国现代文学史的开拓者、郭沫若研究的指导者而悲伤啊！

为 《郭沫若全集》 献出生命的人

——怀念马良春同志

马良春同志逝世快一年了。

我没有看见悼念他的文字。也许是他死得太年轻了吧!

我却要在纪念郭沫若诞辰一百周年的时候,纪念纪念这位为研究郭沫若、宣传郭沫若做出了可贵贡献的战友。或许是适宜的啊!

我和马良春同志的认识、接触、来往,几乎都是为了研究、宣传郭沫若。我们承担《郭沫若全集·文学编》诗歌《蜩螗集》《战声集》,杂文《盲肠炎》《断断集》《羽书集》《沸羹集》《天地玄黄》,自传《少年时代》《我的学生时代》等书稿的注释工作。马良春同志正是这些书稿注释工作的组织者、领导者。1983年春,我奉命将注释工作的进展情况,特别是所遇到的困难以及存在的问题写信给他。收到我的信,他回复说:

锦厚同志:

您好!

来信早收到。近来忙忙碌碌,没有及时写信给您,请谅解为感。杂文注释的讨论,当根据您们的意见,定于暑假期间进行。来信所谈的一切都深深理解,您们的难处实在不少。您们是突破了好多困难完成这项工作的,见面时要好好谢谢的,那时在一起好好交谈一番,将是十分愉快的事。您我过去少有交往,但我对您可以说很熟悉了,在我的思想中,我们已是相知的朋友了，愿今后密切联系，相互促进教学和科研工作。好吗？

最近故居正在筹备召开郭沫若研究座谈会，您收到通知没有？会议期间要成立学会，这件大家一直很关心的事，这次终要解决，对于会议和学会，您都有什么想法和意见，请及时提出，以利于会议的准备和会议的进行。

今后您在北京有何要我代办之事，请不要客气，随时来示，我当尽全力而为！

敬礼

马良春
四月七日

得到这封陌生而又熟悉的信，我高兴极了！信中充满友情的话，工整而又流利的毛笔字，都给我留下了美好而深刻的印象。对这位熟悉的未见过面的友人，心里充满了敬意。盼望着早日和他见面，以便畅叙。1983年5月22日，我和马良春同志终于相见了。我到北京西苑饭店刚报到，一位瘦而高，瓜子脸的同志就前来和我握手，像老朋友一样，连声说："辛苦了！"旁边的同志告诉我："这是马良春同志"。啊！这就是马良春同志！我们寒暄了几句，他就叫人安排我休息。

这是一次郭沫若研究学术座谈会，会议由中国社科院郭沫若编辑出版委员会、文学所、历史所、考古所、全国文联联合举办。周扬、李一氓、夏衍、王惠德、林默涵、梅益、夏鼐、石西民、林林、刘大年、白寿彝、曹禺、沙汀、陈荒煤、赵寻、冯牧、孔罗荪、马识途、石凌鹤、黄药眠、钟敬文、唐弢、王瑶等负责同志和知名学者出席了开幕式或闭幕式。会上，马良春同志作了《由编注〈郭沫若全集〉想到郭沫若研究工作》的发言。发言分两个部分，第一部分，谈《郭沫若全集》编辑出版的进展情况，特别呼吁有关部门尽快解决全集编注者工作中的困难，改善其工作条件；第二部分，则谈了他关于郭沫若研究的几点想法。他讲了"面的扩展和点的深入"及"综合研究"，即"郭老与外部之间的综合研究"，"郭老自身内部的综合研究"。"郭老是现代文学史的奠基者之一，对于他的研究，应该放在社会发展的背景、现代文学史的广阔的背景上。而现代文学发展的历史并不是孤立的，它和社会的政治、经济、哲学、宗教、伦理道德、民俗、文学上的种种传统思潮与外来思潮，乃至自然科学等等，都有程度不同的关系。

因此在进行史的研究时，不可忽略这诸多方面，只有这样才能总结出规律性的问题。作为文学史上的作家研究，也必须注意这诸多方面，才能阐述清楚作家的思想和创作发展的来龙去脉。"

听了他和许多同志的发言，特别是许多领导的讲话，受到极大的启发外，特别令人高兴的是中国郭沫若研究学会正式成立了。大家公推马良春同志担任学会副会长。会后，鲁歌和我还登门拜访了他一次，大家愉快地交换了一些关于郭沫若研究的意见。暑假，我们参加郭沫若杂文注释的七人前往北京讨论注释稿，地址在北京动物园旁国务院第一招待所。会议由石西民同志领导，马良春同志主持，历时半月有余。我们几乎天天都有接触。马良春同志主持会议是那样的谨慎，同时又是那样的民主！总是虚心听取不同意见，自己决不轻率表态。他除了忙于注释讨论外，还要照顾文学所的工作。很多时候是早上来，晚上回去，忙得够呛。可还要时时关心我们的生活，可以说，照顾得极为周到。大家同心协力，按时完成了注释初稿的审订工作。1985年暑假，我们又一次在天安门东大街中纪委招待所聚会，共同讨论郭沫若自传的注释稿。这次会议完全由马良春同志主持，历时二十余天。大家冒着酷暑，紧张而愉快地完成了任务。其间，我和他有过几次个别交谈，他总是虚心地听着，决不轻率发表意见。他那老成持重，虚心谨慎的态度给我留下了永不磨灭的印象。

我深知他工作繁忙，不敢随便打扰他。1986年，我们郭沫若研究室的同志得到河南教育出版社的支持，决心编纂一部《郭沫若作品辞典》。年底，制订了工作计划及实施步骤。1987年1月，我将计划，编写体例寄给他，征求他的宝贵意见，争取他的大力支持和帮助。得到我的信，他立即慎重作了回答。

锦厚同志：

　　您好。一月八日大函拜悉。好久未见，亦少有通信，颇思念，接到来信，非常高兴。得知您又在郭沫若研究中从事一项极有意义、极有价值的工作，它对促进郭沫若研究是一项基础性的工作。读过工作计划和实施方案，我觉得准备是充分的，一定能顺利实现的。"编写体例"我没有细致推敲，不能提出具体意见，但初步印象是很好的。以后在编写过程中，只要我能力所及，您需要我做点什么，我会尽力的，因为您我是同行好友嘛！

　　《郭沫若研究专刊》收到，以后出什么书，也望不要忘记我。近来颇忙，此不详叙，留待下次。

敬礼！

马良春

一月廿一日

信，还是那么热情，那么诚挚，给人以鼓舞。从各个渠道传来的消息，使我知道他很忙，不便相扰。只是刊物出来了，按期给他寄去。1987 年 9 月 15 日忽然接到他 6 日的来信，说：

锦厚同志：

您好。许久许久没有见面也未通信，时时想念，最近想到不久会有相见的机会，便十分高兴。我将于 9 月 17 日来成都，参加古代文学及鲁迅讨论会，古代文学讨论会由四川师大古代文学研究所出面主持，在四川省农业科学院静园宾馆召开。这是我第一次来四川，趁机会会友人。在一起畅谈一番学术研究方面的问题，该是十分愉快的事。不知您这时在成都否？我届时当然要拜访您。不久将会见面，此信不赘言，一切留当面叙。顺颂

研安！

良春

1987.9.6

得到这封信，我也感到特别高兴。18 日，便到"静园"去看望他，叙谈了一番，给我印象特别深刻的是，他告诉我 1986 年底率中国社会科学院郭沫若研究者代表团访问日本的情况及收获。代表团成员在东京停留期间，除翻阅日本亚非语言学院"沫若文库"收藏的书籍，还特别拜访了文求堂老板田中庆太郎的女婿增井经夫，亲眼看到数量可观、保存完好的一批与郭沫若来往的书信，有中文写的，也有日文写的，实在是研究郭沫若在日本生活、工作，特别是研究中国古文字、古代史难得的材料。经过交涉，最后商定：拟花五年时间，由两国学者按中日两种文字分工整理这批书简，整理完后由中国出版。听过介绍，非常兴奋，希望它能早日面世。为了尽地主之谊，21 日，我们特别邀他和李福田等同志到学校一游，吃便餐一顿，大家感到特别亲切，也特别愉快。

这一年，我们又一次相会。10月16日至22日，在这里举办中国现代文学第四届年会暨抗战文学讨论会。马良春同志也前来参加了。22日，新当选的理事，在王瑶先生主持下召开了第一次会议，选举会长、副会长、秘书长、常务理事。到会理事几乎一致公推马良春同志担任副会长，可他怎么也不干。马良春到底是马良春啊！23日，我们按计划邀请王瑶等同志前往峨眉山参加"郭沫若与中外文化研讨会"。会议组织他和其他同志游了金顶，逛了大佛……后来听人说：他很满意（因为我没法陪同他）。

以后，我们虽然没通信，但彼此的情况，还是知道些。1990年新年到了，为了给他拜年，我将不久前出版的拙著《五四新文学与外国文学》的小册子赠他，并约请他为《郭沫若学刊》赐稿。得到拙著约稿信，他很高兴地给我回了信：

锦厚兄：您好！

收到尊著和大函十分激动。久未通消息，我还以为兄已将我忘了。我一向繁忙和疏懒，竟未及时写信给兄，深感抱歉。兄之大作，我现在虽未细细拜读，但初步读到之处，实在深受启发，可见兄之功底是很深的，稍后一定仔细拜读，那时再写感想和收获来。《辞典》不久问世，还望赐我为幸。

去春访日两月，收获不小，意外地访问了安娜的母校和故里，又发现了一封书信，还参观了郭老到佐贺短住的地方及在那里建立的纪念碑，我近来正抽空整理访日材料，随手写些感想，关于安娜母校和故里的情况已成一篇，被《郭沫若研究》拿去，有关一封书信及佐贺情况正准备写，您这里的"学刊"如可刊用，我当送上审阅。我和日本伊藤虎丸教授合作的《郭沫若致田中庆太郎信》一书，已将发稿，我将写一序，如您觉得可用，以后也可给您。因"学刊"现在情况一无所知，自过年便不见了，故借此信问之。北京有要我办的事，随时来示。顺祝

文安！

马良春敬上

一九九○年一月十五日

得此信后，我立即将《郭沫若学刊》的情况告诉了他：一切正常，盼他多多

赐稿！然而，总未见他的大作。原来他病了。什么病，其说不一。有的说是癌症，有的说不是。……我一直为他的健康担心。每当听到他健康有好转时，总为他庆幸。1991 年 7 月，我随学校的一个代表团去京、津地区学习，住中国人民大学外专招待所。其间有一天休息，我决定去看望他。打电话联系的结果，真不巧，他已去东北吉林老家。不久，从朋友的来信中，知道马良春不幸逝世的噩耗。我为失掉一位好友而痛哭！如今，《郭沫若全集》已问世了。《郭沫若作品辞典》也问世了。而为此操心，出过大力的马良春同志却离去了。这怎能不叫人更加悲痛啊！我永远不会忘却这位为《郭沫若全集》贡献了生命的战友！

　　写到这里，我的心情是非常复杂的，我不能再写下去了！我们可以毫不夸张地说，《郭沫若全集》的出版凝结着吴伯箫、孙席珍、马良春这些前辈和战友生命的一部分！我们应该记住他们的劳绩！

一九九二年六月于四川大学

一个极认真的郭沫若著作编辑家

——怀念萧远强同志

1993 年 10 月 12 日下午收到了一封印着人民出版社黑体字样的信，那陌生的字迹，使我莫名惊诧，一种不祥之兆涌上心头，拆开一看，是一张加了黑框的"萧远强同志生平"介绍。啊！远强啊！你英年早逝……这是我连做梦也没有想到的。这突如其来的消息，使我惊呆了！我不敢相信，我不忍阅读，立即将它放置一边，好一阵子，我才勉力拿起它来阅读，上面明明白白写着：

人民出版社编审萧远强同志因患肝癌，医治无效，于 1993 年 3 月 30 日下午 6 时在北京医院逝世，享年 55 岁。

萧远强同志是四川彭县人，1938 年 7 月 6 日生。1955 年 12 月 5 日在重庆市第六中学读书时加入中国新民主主义青年团。1958 年 9 月被免试保送北京大学历史系学习（中途因病休学两年）。1965 年 9 月大学毕业，分配至人民出版社编辑部做史学编辑工作至今。他先后担任助理编辑、编辑、副编审、编审等专业技术职务。

萧远强同志学识广博、根底厚实，他熟悉中国古代历史，尤其是先秦两汉的历史。在二十余年的编辑生涯中，他先后担任过《中国史稿》（郭沫若主编）、《中国通史》（范文澜、蔡美彪等著）、《郭沫若全集·历史编》8 卷本、《中国古代思想史》（杨荣国著）、《尹达史学论著选集》、《中国古代民族史研究》（黄烈著）、《宋代盐业经济史》（郭正忠著）、《龙与中国文化》（刘志雄著)、《王安石》(邓广铭著)、《雍正传》(冯尔康著)、《闻一多传》(闻黎明著)等一批有影响的学术著作的责任编辑,受到出版界、学术界的好评。

萧远强同志对待编辑工作一丝不苟。1973年初,为了完成中央交办的《十批判书》线装大字本任务,他放弃了原定的休假探亲,经常工作到深夜。著名史学家邓广铭先生称赞他是一个"极认真的人"。1978年10月至1985年6月,他被人民出版社派到郭沫若著作编委会,专职从事郭老全集历史编的编辑、整理工作。此间,他受编委会之托,起草了《〈郭沫若全集〉编辑体例》《〈郭沫若全集·历史编〉纲目及出版情况》《〈郭沫若全集·历史编〉整理工作的几点意见》等。尔后,又兢兢业业地对8卷本历史编进行了逐字逐句的校勘、注释,直至发稿、看样、成书。郭著编委会对萧远强同志的出色工作给予了很高的评价。1982年被选任为中国郭沫若研究会理事。萧本人也对自己参加编辑、整理、出版郭沫若全集历史编一事"颇感欣慰"。

在工作之余,萧远强同志还潜心研究学问,先后撰写发表了《郭沫若历史著作年表》《泛论郭沫若对屈原的历史研究》《郭沫若与闻一多》等多篇论文,引起了学术界的关注。

萧远强同志热爱党、拥护社会主义、拥护党的改革开放政策。几十年来在编辑工作中辛勤耕耘,为党的出版事业做出了不可磨灭的贡献。

我强忍着泪水读完了远强同志生平,这使我更加悲痛……一位多么优秀的编辑家,一位多么出色的郭沫若研究专家,一位多么有前途的历史学家,就这样过早地离开了我们,真是我们这一代人"不幸"的象征啊!

我和远强同志相识是1982年10月郭沫若研究学术座谈会时,他告诉我:"我们是老乡!"……我们便无拘无束地,天南海北地交谈了起来,到底谈了些什么,我已记不清楚了,反正谈起来感到特别亲切!以后,每次郭沫若研究学会开会:在北京,在乐山,我们都要相会,畅谈郭沫若研究的状况,畅谈各自的见闻,不但倍感亲切,而且十分畅快!每次交谈都给我不少收获!总之,他给我的印象都是那样朴实、谦逊、可信、可敬。

从此,我很注意萧远强同志的郭沫若研究成果,他的《郭沫若历史著作年表》《泛论郭沫若对屈原的历史研究》《中国马克思主义史学的宝贵财富》《郭沫若与闻一多》等文，我都认真阅读过，给人不少启发。尤其是 1989 年 6 月在《郭沫若研究》七期刊发的《郭沫若与闻一多》一文，更使我喜悦之情油然而生。这是我读到的谈郭沫若与闻一多关系中很少见到的文章。作者一开始就指出：

> 在郭沫若的友人中，闻一多的友情是值得书写的。

是的，不但值得书写，而且应该大写特写。郭沫若与闻一多的友情给人们树立了一个标杆，提供了一个范例。

作者以翔实的材料、犀利的眼光、令人信服地论述了两人在写诗与译诗，古代学术文化研究，民主运动等方面所取得的成就是两人相互启发、相互支持、互相影响的结果。

闻一多最能理解郭沫若，郭沫若也最能理解闻一多，两人由神交而心灵相通。确实如郭沫若所说："他所走的路不期然地和我有些相似！"[①]

因为道路"相似"。无论是诗人，还是学者、战士，特别是学者、战士时期，相互影响，相互支持更为明显。萧远强同志说：

> 郭沫若在闻一多不幸遇难后第三天，即 1946 年 7 月 17 日写出的《悼闻一多》一文，第一个站出来极高地推崇闻一多"在先秦文献的研究上""成绩是惊人的"……

闻一多做学问的态度，当年只有郭沫若才最能体察，他曾敏锐地告诉人们，闻一多"虽然在古代文献里游泳，但他不是作为鱼而游泳，而是作为鱼雷而游泳的。他是为了要批判历史而研究历史，为了要扬弃古代而钻进古代里去刳它的肠肚的。他有目的地钻了进去，没有忘失目的地又钻了出来。这是那些古籍中的鱼们所根本不能想望的"。这是郭沫若对闻一多"是杀蠹的云香"最知音的解释，在这里，闻一多既不同于那些"当代考据家"，也与那些"根本连字都不认识"，便在那儿仲尼复活、墨翟再生自命的人迥然相异。闻一多是"始终不失为一个斗士"的学者，"用血来完成了"他对中国

---

① 郭沫若：《悼闻一多》，《郭沫若全集》20 卷。

古代学术文化批判的使命。①

　　这一见解是多么深刻啊！只有对郭沫若、闻一多有深刻理解才可能得出。这使我想起闻一多曾说过：

　　　　有些拘谨的学者，很不以郭先生的见解为然，而且说他大胆与轻率。好！这些学者先生们一次都没有错，因为一句离开前人见解的话也不曾说过，这种过分的"谨慎"，如果是怕说错了影响自己已成为学者之名，那末必私心太重，这样拘谨了一辈子，对于古代文化的整理上最后是没有添加什么，而郭沫若，如果他说了十句，只有三句说对了，那七句错的可以刺激起大家的研究辩证，那说对了的三句，就为同时代和以后的人省了很多冤枉路。②

　　由此可见，郭沫若与闻一多的友情是多么值得研究啊！抗日战争中，大后方曾展开了一场保卫屈原的大战。以孙次舟为代表的一些人以"弄臣"邪说诬蔑、攻击屈原，并借此诬蔑攻击民主运动……郭沫若与之作了长期的斗争，在这场战斗中，郭沫若与闻一多又一次并肩战斗。对此萧远强同志作了详细论述，不妨引用其论述：

　　　　郭沫若在批驳了"弄臣"邪说之后，于 1947 年 6 月写出的《今昔蒲剑·总序》中，更大声指斥了"想用政治力量"来"毁灭"屈原精神的反动势力。他说：
　　　　中国有人民存在一天，人民诗人的屈原永远不会被任何反动势力抹杀。二千年前的上官大夫和令尹子兰，他们的威风到哪儿去了？二千年后的上官大夫和令尹子兰请问又能威福得好久呢？
　　　　实际上，随着民主运动的逐步深入，闻一多也更加看清了在当时纪念屈原的政治意义。1945 年，在纪念"诗人节"的时候，闻一多进一步地颂扬

---

①　郭沫若：《闻一多做学问的态度》，《郭沫若全集》12 卷。
②　寄思：《论闻一多教授》，《文萃》第 40 期，1946 年 7 月 25 日。

屈原为"人民的诗人",并且发表了他的著名文章《人民的诗人——屈原》。文章一开头就说:"古今没有第二个诗人像屈原那样曾经被人民热爱的。"他指出,屈原之所以为人民所爱,是因为屈原的"行义",而不是他的"文采"。他说,屈原的"《离骚》无情的暴露了统治阶层的罪行",它"用人民的形式,喊出了人民的愤怒";"屈原的死,更把那反抗情绪提高到爆炸的边沿"。他特别强调说,"历史决定了暴风雨的时代必然要来到",而"屈原一再的给这时代执行了'催生'的任务"。闻一多在这里似乎看到了个人在历史上的作用这一历史辩证观点。闻一多在文章结束时,满怀深情地说:"陶渊明歌颂过农村,农民不要他,李太白歌颂过酒肆,小市民不要他,因为他们既不属于人民,也不是为着人民的。杜甫是真心为着人民的,然而人民听不懂他的话。屈原虽没有写人民的生活,诉人民的痛苦,然而实质的等于领导了一次人民革命,替人民报了一次仇。屈原是中国历史上唯一有充分条件称为人民的诗人的人。"这里,需要指出的是,闻一多称颂屈原为"人民的诗人",特别强调他热爱人民,为人民着想,为人民献身的情操,不仅仅是对屈原的评价,实质上在当时是蕴藏着他自己在思想和抱负上的转变,认定了他自己应该走的人生的道路。这点,仍然是郭沫若最了解他。郭沫若在闻一多为民主抗战事业不幸殉难后的纪念文章中,特别指出了这层思想转变的意义。郭沫若认为,闻一多在《人民诗人屈原》里面颂扬屈原,和以前他的看法完全不同,这是他"确切地获得了人民意识"的结果。郭沫若高度肯定这点,说:

假使屈原果真是"中国历史上唯一有充分条件称为人民诗人的人",那么有了闻一多,有了闻一多的死,那"唯一"两个字可以取消了,屈原由于他的死,把楚国人民反抗的情绪提高到了爆炸的边沿了。替人民报仇者,人民亦必为之报仇;为革命催生者,革命亦必为之催生——催向永生的路上行进。①

这一见解告知我们,学术上的斗争总是和政治斗争分不开的。在研究近现代人物时,一定要把他们的学术放置在当时的历史环境去理解、去分析,才可能得

---

① 闻一多:《人民的诗人——屈原》,《闻一多全集》第1卷。

出正确的结论!

　　1992 年 11 月 13 日在北京中日友谊宾馆举行郭沫若诞辰一百周年学术讨论,我们又相见了!欣喜之情,自不待言!我们谈了郭沫若研究的许多情况,他对我的《郭沫若学术论辩》一书说了许多好话,给了极高的评价!我受之有愧,赶忙说:"我还没入门哩!以后还希望你多多帮助!""希望你多为《郭沫若学刊》撰写几篇高质量的文章!"他点头答应了!开幕式当天,他因事要回人民出版社,临走时,专门邀请我会议开完后去他那里玩玩,非常诚恳地说:"那里你的朋友不少,应该去看看!"我高兴地回答:"好!好!"他还说要送我几本他编辑的"像样的书",很遗憾,我后来也因事要赶着回四川,会议结束的第二天,也就匆匆忙忙地离京了!没想到,万万没想到,这竟是我们的最后一次相见、相叙!

　　回四川后,我因为修订《五四新文学与外国文学》,急需找点资料,于是写信向远强兄求援,很快得到他的回答:

　　锦厚兄:

　　　　大札奉悉,请释念。

　　　　此次北京会后,我因身体不适,拟赠之书,一直未曾办理,待过几日,将交邮寄您,望鉴谅。

　　　　十七日奉读大札,即为您查寻《读书》杂志 1989 年 12 月期刊载有关张庆桐一事。经过近几日多方了解,现将情况特述如下:

　　　　《读书》杂志 1989 年 12 期的文章题名只有"张庆桐"三字,您信中所写文章题名"我国与托尔斯泰通过信的人",是该文叙述中的文字。该文作者张中行,现年八十多岁,单位在人民教育出版社,尚经常去社里。您想通过作者复印一下张著《俄游述感》封面和自序,放在您明年出版的《五四新文学与外国文学》一书里,可直接去信与张中行先生商量。写信地址:北京市东城区沙滩后街 55 号,人民教育出版社　张中行先生启。邮政编码:100009。

　　　　祝您新年快乐!

萧远强
1992.12.19

信中所说"身体不适"，原来就是他肝癌在作怪。当时，我还以为是一般病症，也没有写信去问问，尽一点朋友的责任，现在想起来，真是悔之莫及，实在感到内疚。根据他的指点，我立即给张中行老先生去了一封信，很快又得到张先生如下复信：

锦厚先生：

　　本月九日手教拜悉。《俄游述感》乃假于天津韩文佑兄者，用完即送还，而不幸，韩先生于91年秋去世，书籍存储情况如何，已不可问矣。甚歉。匆匆作复，顺祝

　　文祺。

张中行　拜

93.2.16

从这件带病帮助朋友的事中，我深深地感到：远强同志确实是一个"极认真的人"，重友情的人。不久，就收到他寄赠给我的《唐太宗传》《雍正传》《翦伯赞史学论文选集》一、二两辑，这些书都是我喜爱的读物啊！我还没有来得及一一拜读，仅翻了部分章节和部分论文，可以看出：远强同志编得多么认真！难怪冯尔康先生在《雍正传》后记中写道："在本书定稿过程中，张作耀和萧远强同志给予的帮助，私心非常感激。"我相信这不是作者的一般客套话，而是出自内心的肺腑之言。因为远强就是这样一位乐于替人作嫁衣裳，甘于自我牺牲，具有奉献精神的好编辑！

啊！为同辈或晚辈写悼文，本来是一件极其痛苦的事，是一件我非常非常不愿干的事，可偏偏不能不写。……这是我为同辈人写的第二篇悼念文章，真有痛定思痛之感！我为失去了一位战友而悲痛！远强夫人及子女，我没见过，她们的悲痛是可以想见的，我殷切地希望她们节哀，努力完成远强同志的未竟事业！

远强同志，安息吧！

郭研文存

郭沫若"诗的修养时代"

幼小时的家庭教育和初级的学校教育是有最大的关系。一个文学家的家庭，尤其他的母亲，大抵是有文学上的教养。幼时所接触的人物或师长也是有极大关系。未成年以前所接近的人或读过的书籍，其影响往往足以支配人的一生。

——郭沫若

郭沫若曾在一篇题为《我的著作生活的回顾》的未完稿里劈头就写道：

一、诗的修养时代

唐诗——王维、孟浩然、柳宗元、李白、杜甫、韩退之（不喜欢）、白居易。[①]

这是研究郭沫若的文学活动，特别是早年的文学活动的一个难得的提示。从这个未完稿里我们可以清楚地看出，郭沫若把他去日本留学前的文艺生活叫作"诗的修养时代"，唐宋诗词则是他"修养"的中心内容。他到底是如何"修养"的呢？下面我们分三个时期谈点粗浅的意见。

[①] 郭沫若：《〈我的著作生活的回顾〉提纲》，《郭沫若论创作》，上海：上海文艺出版社，1983年版。

沙湾时期（1892—1905）

在这一时期，郭沫若上了"诗教的第一课"，似乎有几分把自己"定型化了"。这诗教的第一课既是美的一课，又是反抗的一课。给郭沫若上"诗教的第一课"是谁呢？是在许多方面影响他终生的母亲。郭沫若在谈到自己的文学活动时总是称他的母亲为"真正的蒙师"。"假使我可以算是个诗人，那这个遗传分子确也是从我母亲来的了。"①"她长于刺绣，对于诗歌有偏爱。在摇篮时代一定给我们唱过催眠歌，当然不记忆了。但在我自己有记忆的二三岁时她已经把唐人绝句教我暗诵，能诵得琅琅上口。这，我相信是我所受的诗教的第一课。"②"我到后来走入了文艺生活，这层家庭教育我认为是极其重要的因素。"③

从郭沫若的自传和有关回忆录，以及我们对他亲友的访问调查所得的材料看，上述说法是完全符合事实的。郭沫若的母亲姓杜，名邀贞，是一位有特殊遭遇、特殊性格、特殊爱好的"零落的官家的女儿"。杜氏的遭遇可以说是"一部受难的历史"，"一部苦斗的历史"：一岁失怙，亲人逝尽，依附保姆，流浪他乡，十五岁嫁到郭家。杜氏自负心很强，具有游侠之气，且虔诚地信奉佛教。她虽没进过专门学堂，凭着资质聪明，却能"读弹词，说佛偈"，如杨升庵著的《廿一史弹词》等，还能背得一点唐宋诗词，特别是唐宋绝句。据同时代的了解杜氏生平爱好的老人告诉我们，杜邀贞特别"偏爱"：（1）唐宋人所写的歌颂大自然的诗词，如王维的《鹿柴》，李白的《朝发白帝城》，柳宗元的《江雪》；（2）唐宋人所写的"通禅悟"、带哲理的诗词，如王维的《相思》《辛夷坞》，李白的《静夜思》，孟浩然的《春晓》等。

在郭沫若的摇篮时代，杜氏就将自己喜爱的唐宋诗词教郭沫若默默地暗诵或朗朗上口地诵读，并结合着讲述自己的特殊遭遇，从而在郭沫若幼小纯洁的心田里播下了诗的种子，反抗的种子，初步养成了郭沫若的爱好和兴趣。郭沫若1936年4月4日在日本回答蒲风访问时曾说过："至于旧诗，我喜欢陶渊明、王维，他俩的诗有深度的透明，其感触如玉。李白写的诗，可以说只有平面的透明，而

---

① 郭沫若：《致宗白华》，《三叶集》，上海：亚东图书馆，1920年版，第111页。

② 郭沫若：《如何研究诗歌与文艺》，《郭沫若论创作》，上海：上海文艺出版社，1983年版。

③ 郭沫若：《我怎样开始了文学生活》，《郭沫若论创作》，上海：上海文艺出版社，1983年版。

陶王却有立体的透明。"① 郭沫若后来"追寻"苏东坡与此也很有一致的地方。1962 年 2 月 11 日郭沫若在《儋耳行》一诗中，这样概括了苏东坡的思想："宇宙万汇胞与同，我身四大实皆空。我崇释氏亦崇孔，亦儒亦释吾所宗。"这与他们兄弟对杜氏思想的概括几乎完全一致："综计吾母一生，有释子之苦行，而非趋于寂灭；似墨家之兼爱，而匪藉以要名；备孔氏之庸言庸行庸德，又能舍旧而谋新。畴昔所以勉励不孝等者，要不离乎自它两利，与救济群生。盖吾母之人生观，一本佛家之仁义，而兼抱佛子之大悲与菩提心也。"②

如果说郭沫若到日本以后倾向于泛神论，那么，我们可以说，母教的第一课所养成的爱好与兴趣应该是他日后接近泛神论的起点。如他自己所说："歌颂自然，也许是中国教育有以使然，像陶、王便是大自然的良好的歌手。"③ "雄丽的巨制我国古典文学中罕见，因为我尤为喜欢的是赞颂自然的诗。"④

除了母亲的影响，就是塾师沈先生了。沈先生名焕章，犍为人，廪生，是一位以儿童为本位，能够离开我见的卓识过人的有学之士。他于 1988 年，郭沫若未出世时就应聘来到郭家，直到郭沫若上了高等小学才离开，先后达 20 年，师生相洽如家人。这位沈先生对于当时当地盛行的乾嘉朴学不算高明，但长于诗歌，熟悉历史，更奇妙的是沈先生对于诗歌的爱好、兴趣和杜邀贞的"偏爱"大有近似之处。这就使真正的蒙师对郭沫若进行的"诗教的第一课"得以很好地延续。特别可贵的是这位沈先生对当时的维新变法深为同情，曾在郭沫若长兄橙坞先生的带动下很早就对家塾进行了锐意改革，改革了教学方法，增加了新学内容，允许学生读"禁书"。从郭沫若进"绥山馆"发蒙的时候起，沈先生就打破常规，除四书五经外，还特设诗歌，而且开首就把被人称为诗的哲学论的司空图的《诗品》作为教材，一步一步结合着《千家诗》《诗三百篇》《唐诗正文》《唐诗三百篇》等进行教学，既讲诗论，又教诗词，互相对照，互相印证，使少年郭沫若不但知其然，而且还知其所以然，进而教做对子、试帖诗，在课外又让少年郭沫若阅读袁牧的《随园诗话》等，这样就自然而然地把理论和实践结合了起来。郭沫若后来多次回顾沈先生所教《诗品》对自己的深刻影响。1921 年，他

---

① 郭沫若：《郭沫若诗作谈》，1936 年 8 月《现世界》创刊号。
② 郭开文：《祭母文》，《德音录》。
③ 郭沫若：《郭沫若诗作谈》，1936 年 8 月《现世界》创刊号。
④ 田寿昌、宗白华、郭沫若：《三叶集》，上海：亚东图书馆，1920 年版，第 144 页。

曾在写给郁达夫的信中非常有趣地说过：

> 今天在旧书中翻出几张司空图的《诗品》来。这本书我从五岁发蒙时读
> 起，要算是我平生爱读书之一。我尝以为诗的性质绝类禅机，总要自己参
> 透。参透了的人可以不立言诠，参不透的人纵费尽千言万语，也只在门外化
> 缘。国内近来论诗的人颇多，可怜都是一些化缘和尚。不怕木鱼连天，究竟
> 不曾知道佛子在那里。诗品这部书要算是禅宗的"无门关"呢。他二十四
> 品，各品是一个世界，否，几乎各句是一个世界。刚才读他"沈著"一品，
> 起首两句"缘杉野屋，落日气清"，这是何等平和净洁的世界哟！①

确实，《诗品》可以算是诗的禅宗的"无门关"。苏东城曾深有感慨地说过：
"唐末司空图崎兵乱之间，而诗文高雅，犹有承平之遗风。其论诗曰，梅止于酸，
盐止于咸，饮食不可无盐梅，而其美党在咸酸之外。盖自列诗之有得于文字之表
者二十四韵，恨当时不识其妙。予三复其言而悲之。"②《诗品》其妙，大概就妙
在它不但于诗人之人生观、宇宙观，以及诗人与自然的关系，诗之作法，诗之品
题等等，都一一谈到了，而且所谈的每一篇赞词本身就是很好的诗，可谓深通诗
的哲理。沈先生一开手就把这个诗的"无门关"交给了少年郭沫若。少年郭沫若
也就凭着这个"无门关"游进了唐宋诗词这个宽广的诗的海洋。

李白、王维、苏轼、黄庭坚这些唐宋诗人的诗篇使少年郭沫若进一步领悟着
诗的"禅机"，参透着诗的"禅机"，几十年后，他还回忆了又回忆。他说："这
是我从前最喜欢的一首诗（指王维《竹里馆》——引者），喜欢它全不矜持，全
不费力地写出了一种极幽邃的世界。我很喜欢把这首诗来暗诵。"③"我们上得山
顶，四下眺望了一回，同在松林丛中草席上休息着。我想到李太白诗'脱巾挂石
壁，露顶洒松风'句来，颇通禅悟。"④

由此可见，少年郭沫若当时确实爱上了所谓诗仙、诗佛及其言诠。这种爱好
初步形成了他的浪漫主义的见解。如他自己所说："家塾的教育，所读的也多半

---

① 郭沫若：《致郁达夫》，《沫若书信》，上海：泰东图书局，1933 年版。
② 郭绍虞辑注：《诗品集解·诗品注》，北京：人民文学出版社，1963 年版。
③ 郭沫若：《少年时代》，北京：人民文学出版社，1979 年版。
④ 田寿昌、宗白华、郭沫若：《三叶集》，上海：亚东图书馆，1920 年版，第 158 页。

是诗。《诗三百首》《唐诗三百首》《千家诗》等，在我六七岁已经念得透熟。唐人司空表圣的《诗品》读得最早，在五六岁发蒙的时候，我顶喜欢它。我要承认，一直到现在，我的关于诗的见解大体上还是受着它的影响的。"① 这话是1944年讲的。早一点，他在《题画记》里也说过："一般的美学家把美感主要的分为悲壮美与优美的两种。这如运用到诗歌上来，似乎诗里面至少也应该有表现这两种美感的风格。唐时司空表圣把诗分为了二十四品，每品一篇四言的赞词，那赞词本身也就是很好的诗。但那种分法似乎就可以归纳成为那开首的'雄浑'与'冲淡'的两品。"②

　　稍微仔细研究一下郭沫若关于诗的见解："诗是表情的文字，真情流露的文字自然成诗。"③ "我想我们的诗只要是我们心中的诗意诗境底纯真的表现，命泉中流露出来的 Strain，心琴上弹出来的 Melody，生底颤动，灵的叫喊，那便是真诗、好诗，便是我们人类欢乐的源泉，陶醉的美酿，慰安的天国。"④ "我的信念：觉得诗总当由灵感迸出。"⑤ "诗是情绪的摄影"⑥ "我愿打破一切诗的形式来写我自己能够味的东西。"⑦ "我自己本来是喜欢冲淡的人，譬如陶诗颇合我的口味，而在唐诗中我喜欢王维的绝诗，这些都应该是属于冲淡的一类。"⑧ 所引证的这些话，它足以说明郭沫若关于诗的见解确实是受《诗品》的巨大影响而逐步形成的。但那种认为郭沫若"接受《诗品》的影响"，"庄子的思想恐怕是媒介之一"⑨的说法，却与事实不符。应该说恰恰相反，郭沫若接受庄子的影响，《诗品》才是媒介之一。其一，郭沫若读《诗品》是在他五岁发蒙时，而读庄子则是在他十一二岁时，其顺序应该说是很清楚的；其二，《诗品》所阐述的诗的哲理又完全是以老庄思想为根据的；其三，四十年代、六十年代，郭沫若都还念念不忘幼时读过司空图的《诗品》哩。如若不信，有书为证：

---

① 郭沫若：《序我的诗》，《郭沫若论创作》，上海：上海文艺出版社，1983年版。
② 郭沫若：《题画记》，《沫若文集》，北京：人民文学出版社，1983年版，第12卷第236页。
③ 郭沫若：《致父母》，《樱花书简》，成都：四川人民出版社，1981年版。
④ 田寿昌译：《歌德诗中所表现的思想·沫若附白》。1920年3月《少年中国》第1卷第9期。
⑤ 郭沫若：《三叶集》，上海：亚东图书馆，1920年版。
⑥ 郭沫若：《写在〈三个叛逆的女性〉后面》，《郭沫若论创作》1983年6月。
⑦ 郭沫若：《今日的创作道路》，《郭沫若论创作》，上海：上海文艺出版社，1983年版。
⑧ 郭沫若：《我的作诗的经过》，《郭沫若论创作》，上海：上海文艺出版社，1983年版。
⑨ 陈永志：《郭沫若前期的文艺思想》，见《文艺论丛》第11期。

翊昌弟：

　　去岁十二月二十五日信接到。《诗品》注，我过录了一遍，确有讹夺。如纤秾第五，"即陆平原谢胡华而启秀之意"，乃"谢朝华而夕启秀"。陆机《文赋》有语云"谢朝花于已披，启夕秀于未振"。缜密第十四，"此是诗人动以词语淡泊为缜密，大非"，定有夺字。悲慨第十九，"诗三百篇，要风要雅，□□生至居原而极"，居原乃屈原之误，其上二字不明。

　　书名为"评注"，而所注并不详，与幼时所读有注本，似亦不大相同。我记得幼时所读本，正文是大字，注在正文后，是小字，注文比正文多得多。这种刻本，恐无法找到了。

　　小时所读书，有一种叫《唐诗正文》是上下两卷，好像都是五言诗，有五绝和五律两种。又有《增广贤文》，此书我们都没读过，但在家乡流传颇广。这些书如能找得到，很想看看。

　　珩英所借残书，所有者不愿卖。如果愿卖，我想买下来。钱当寄去。

　　以上这封信是郭沫若的幺弟郭开运和侄女郭琦把家存的《诗品》等书寄给他后所写的复信。信中所说"残书"，据郭琦（珩英）女士告诉我们是《史记》《国粹学报》等。从信中不是让我们进一步地看到了杜邀贞和沈焕章所教唐诗和《诗品》对郭沫若的深远影响么。如他自己所总结的："幼时我自己所受的教育，完全是旧式的。读的是四书、五经，虽然并不能全懂，然而也并不是全不懂。像《诗经》那种韵语，在五经中是最容易上口的。四书也并不怎么深奥。这些古书的熟读，它的唯一的好处，便是教人能接近一些古代的文艺。而我们当时，除四书、五经之外还要读些副次的东西，便是唐诗、《千家诗》、《诗品》和古文之类。结果下来，在十岁以前我所受的教育只是关于诗歌和文艺上的准备教育。这种初步的教育似乎就有几分把我定型化了。"①

　　在沙湾，郭沫若就这样，在母亲的有特点的启蒙和塾师有特点的栽培下"定型化"了，为日后从事文学活动做了最坚实的准备，进行了诗的最初的修养。

---

　　① 郭沫若：《如何研究诗歌与文艺》，《郭沫若论创作》，上海：上海文艺出版社，1983 年版。

嘉州时期（1905—1909）

在这一时期，郭沫若涌进新的潮流里，不仅得到了诗格的培养，而且得到了人格的锻炼。

嘉州，今日的乐山素有"海棠香国"之称，山川风物特异，不但是"天府之国"的胜景，而且也是我国的游览胜地。古人曾赞不绝口地说："人人都道江南好，我道江南似乐山。"为什么历代的文人学士如此称道嘉州呢？原来这里有诗的环境，有诗的传统，孕育了一代又一代的诗人。少年郭沫若于 1905 年秋，由沙湾"绥山馆"来到嘉州城的高等小学堂，得以在诗的环境和诗的传统里，更好地陶冶自己的性格和诗的才能。

嘉州的奇山异水是很有诗味的，不言而喻，会给少年郭沫若以潜移默化的影响。名诗《凤凰涅槃》就受到这种奇山异水的启示。1936 年在日本，有留学生向郭沫若请教"凤凰鸣"：

"郭先生，你见过凤凰吗？"

"没有，我只听见过凤凰的声音。"

"什么地方听见的？"

"乐山城外的肖公嘴。"

郭沫若在乐山读书的时候，常到肖公嘴去玩耍，只要天发白的时候，就可以听凤凰鸣——雄鸣曰即即，雌鸣曰足足。凤凰本是传说中的一种神鸟。他讲的是一种启示，一种比喻，一种象征的意义。因为嘉州奇山异水，城市形状，山峦起伏，站在山巅看去，像一只正展翅飞翔的凤凰。天刚亮时，朝霞满天，沫水、若水和岷江，水声浩浩，金光闪闪，船工们呼着悲壮的号子……红日东升，由肖公嘴向凌云、乌龙方向看去，景致极为壮观，由此而产生一种"涨潮""新生"的意境。

郭沫若在谈到他自己为什么走上文学道路时，不是多次说过富有特殊的自然风光对他的巨大影响么？他说过：

我本来学的是医科……但终竟跑到文学的道路上来了。所以致此的原因，我的听觉不敏固然是一个，但博多的风光富有诗味，怕是更重要的一个吧。

在学生时代对着博多湾时常发些诗思，我的《女神》和《星空》两个集子，都是在博多湾上写的。在用白话写诗之外，也写过一些文言诗，录一首以志慨。

> 博多湾水碧琉璃，
> 银帆片片随风飞。
> 愿作舟中人，
> 载酒醉明晖。①

读着这"志慨"诗不能不叫人想起郭沫若当年在嘉州追步苏东坡的情景。博多和嘉州的富有诗味的风光对郭沫若诗人气质的形成有重大的影响。后来他谈到《武则天》时说过一段耐人寻味的话："我要再说一遍：武后是生于四川广元县的人，广元县在唐初为利州。武后的父亲曾两次做利州都督。武后既生在利州，又在那儿度过了她的一段幼年时代，广元附近的奇山异水对于武后性格的形成上，可能有些影响。当然，我并不相信什么'钟灵毓秀'之说，但山川风物等客观世界的优美，对少年儿童的精神不能说是没有潜移默化的作用的。"②

这段话不仅是说武后，也是作者自己的切身体验。嘉州的富有诗味的自然风光对少年郭沫若的精神所起的潜移默化的作用是很大的。难道能说郭沫若喜欢歌颂自然的能手王维等人，倾向泛神论与此无关吗？何况历代文人学士对嘉州奇山异水的诗化，把自然美和人性美融合，确实能打动人们的心灵。且不说汉代前的杨雄、郭景纯，单就唐宋诗人李白、岑参、陆游、苏轼、范成大、黄庭坚等人，就在这里写下了数以百计的脍炙人口的诗篇，热情地歌颂了大自然的美，风土人情的美，浓重地抒发了感时愤俗的情感，深切地寄托了对美好理想的向往。这一切，对少年郭沫若的精神所起的潜移默化的作用更是无法估量啊！

---

① 郭沫若《追怀博多》，《沫若全集》第 19 卷，北京：人民文学出版社，1992 年版。
② 郭沫若：《〈武则天〉附录》，《郭沫若论创作》，上海：上海文艺出版社，1983 年版。

环境是美的，传统是美的，然而，现实却是丑恶的，学校却是腐败的。少年郭沫若就在美和丑的矛盾中陶冶着自己的人格和诗格。撕榜、压名次平息风潮的事件使他性格愈向反抗的方向发展，耽读古代诗文和小说传奇，扩大了眼界，开阔了心胸……郭沫若的诗格得到了新的修养，使母亲和塾师播下的诗的种子得以生根、发芽。这，不能不提到被学生称为"老虎"的易曙辉先生，是他教了一门别开生面的"乡土志"课：

> 他教了我们一些乡土志。这是一门比较有趣味的功课。他把嘉定城附近的名胜沿革很详细地教授了我们，同时还征引了历代文人的吟咏作为教材。这虽然是一种变格的教法，但于我们，特别是我自己，却有很大的影响。①

这位给少年郭沫若诗教上以很大影响的易曙辉是一位副榜，"字晴窗，五岁失怙，六岁就外傅，好学过于成年，年十九补博士弟子负课，徒奉母，循循善诱，性刚直，到与必严，丁酉对车怡如也。周孝怀者，与曙辉同年，相友善，参大府岑春煊幕，要与往，以老母辞，先后任校长，生徒惮之，平生服膺阳明学说，于说文尔雅音韵诸书靡不毕完，民国九年任修志局长，著采访表及说明书，采访事甫毕而卒，年六十有六。"② 这个记载说明易"先生清明在躬，志气如神"，不但很有学问，而且善于教学，以嘉定城附近的名胜沿革为线索，征引历代文人学士的吟咏作教材就别开生面了，加之易先生以王阳明的哲学为据，说文、尔雅、音韵的丰富知识进行解释，可以想象其风趣，其价值，更加之易先生酷爱诗歌，常和朋友煮酒论诗，撞诗钟，和韵等，这种言传身教给学生的影响是想象得到的。

嘉州附近的名胜可谓多矣。郭舍人所注尔雅的亭台，李冰所凿离堆，韦皋镇蜀时海通和尚所修世界闻名的大佛，李白三峡题字，岑参刻画像，孟浩然凌云寺《春晓》刻诗，陆游任内兴建的浮桥，苏东坡载酒泛游处、读书楼、洗砚池、黄庭坚的涪翁亭、石刻方响洞……可以说这些名胜就是诗，更何况历代文人学士的吟咏——或则赋予感世愤俗的激情，或则渗透济世救民的志慨，或则饱和爱国爱

---

① 郭沫若：《少年时代》，北京：人民文学出版社，1979 年版。

② 《乐山县志》。

民的思想，真是诗中有诗啊！用这样的吟咏作教材，不但可以使学生受到传统的诗教，还可以使学生受到远大理想和宏伟抱负的熏陶。郭沫若追步诗人们，特别是苏东坡、陆游的遗迹，观赏山河之壮丽，思念先人这勤苦，写下了不少抒发自己情感的诗篇：

> 此地存苏迹，可曾载酒来。①
> 借此扁舟宜载酒，明朝当作凌云游。②

郭沫若在高等小学期间所写下而又留存下来的这些诗，确实很有"追步苏东坡之感"。他为什么如此热烈地"追步"苏东坡呢？四十年代郭沫若这样回答道：

> 吾乡苏长公，俊逸才无敌。
> 脍炙在人口，前后游赤壁。
> 悠悠一千年，仿佛闻声息。
> 风清月仍白，江景浑如昔。
> 微嗟同弱丧，乡梓转空寂。
> 嘉州和眉州，虽有读书迹。
> 乃无奇文章，留与后人惜。
> 竟使陆剑南，借作他山石。③

这是对国民党的控诉，也是对自己的鞭策，对同时代文艺工作者的呼喊：要写出"奇文章，留与后人惜"。到了五十年代郭沫若还多次写道："平生多负气，志学藐苏韩"④、"东坡固可慕，后来居上莫踌躇"⑤。

从这些诗句里，我们可以看到郭沫若的成长过程。这个过程恐怕就是由"追步"到"藐学"到"后来居上"的过程，也就是学习、批判、继承和创造的过程

---

① 郭沫若：《苏溪弄筏口占》，《郭沫若少年诗稿》，成都：四川人民出版社，1979 年版。
② 郭沫若：《夜泊嘉州作》，《郭沫若少年诗稿》，成都：四川人民出版社，1979 年版。
③ 郭沫若：《潮汐集·汐集东坡游赤壁图》，北京：作家出版社，1959 年版。
④ 郭沫若：《潮汐集·平生多负气二首》，北京：人民文学出版社，1959 年版。
⑤ 郭沫若：《郭沫若全集·汐集》第二卷，《东风集·题湛江市西湖苏公亭》，北京：作家出版社，1963 年版。

吧。当然，他"追步""藐学""后来居上"的远远不止苏东坡一人罢了。被称为"小李白"的陆游在嘉州写下的诗篇，留下的遗迹，也会引起少年郭沫若的共鸣的。从某种意义上讲，婚姻的失意等，与陆游官场的一再周折、爱国为民的理想不能实现，才能无法施展，婚姻的悲剧等，确有某种相似之处。难怪六十年代郭沫若访问陆游绍兴故居和沈园时十分感慨地说："陆游和唐琬是和封建社会搏斗过的人。他的一生是悲剧，但他们是胜利者，封建社会在今天已经被连根推翻了，而他们的优美形象，却永远活在人民心里。"[①]

是的，陆游的形象早已活在郭沫若的心里了。1965 年他应乐山文化馆题书就专门写了陆游在嘉州的诗文。他写道：

> 南宋陆游在嘉州所作感事诗有句云，江山壮丽诗无敌，对乐山风物可谓倾倒备至。又云，嘉阴绝无木犀，蜀中唯嘉州有蟹，与今日景物大异，蜀中四处均有蟹而乐山亦处处均有木犀，相隔仅千年植物与动物之差异不至如此。

可见郭沫若对陆游是熟悉的，热爱的。这恐怕与少年时代易先生所教乡土志给郭沫若的影响有关吧！易先生的教育，不仅使他获得了诗的修养，从中受到爱家乡、爱祖国的教育，而且接触了后来导引他到泛神论的王阳明哲学，"有些泛神论的倾向"[②] 了，应该承认，这是郭沫若成长的一个新起点。

嘉州附近的吟咏通过易先生的讲授，就这样陶冶着少年郭沫若的人格和诗格。在这领受诗教的同时，他还"耽读"了许多课外的书籍：《启蒙画报》《浙江潮》《史记》《西厢记》、林译小说和梁启超译著等。这些书既帮助了他诗格的形成，也帮助了他人格的成长。《史记》的"富有生命"的游侠之士引起过他的"同情"；读《西厢记》时使他"颇以风流自命，大做其诗"[③]。据在嘉州与他同班学习过的杜俊卿等人证实，郭开贞当时的确做了很多诗。遗憾的是留存下来的太少了。从已搜集到并出版的《郭沫若少年诗稿》看，仅《九月九日赏菊咏怀》《晨发嘉州返乡舟中赋此》《夜泊嘉州作》《咏佛手柑》《咏蜡梅》《泛舟谣》为数

---

① 朱忞：《忆郭老访沈园、西湖》，《悼郭老》。
② 郭沫若：《学生时代》，北京：人民文学出版社，1979 年版。
③ 郭沫若：《学生时代》，北京：人民文学出版社，1979 年版。

不多的几首诗，就是这为数不多的几首诗也很可以看出他的成长，他要"长风鼓波澜，助之万里游"。他景仰欧美、景仰日本、景仰京沪、景仰成都，他要离开那"眼界如井蛙"的嘉州和"堕落的路径"，"跑欧美，其次是日本，其次是京沪，更其次——这是最低的限度——便是跑成都了"。去实现自己的理想，去为"实业救国"，"富国强兵"而"奋飞"。

成都时期（1910—1913）

这一时期，郭沫若的民主主义革命观点初步形成了，文学倾向固定了。

由于反抗学校封建压迫，被无理斥退而使少年郭沫若得以实现了"奋飞"的最低限度的理想，他 1910 年 2 月到了成都。成都，天府之国的政治文化中心，旧势力与新势力影响的集中地。辛亥革命前夜的成都，新与旧的斗争是非常尖锐的、复杂的。就在这尖锐、复杂的斗争中，郭沫若度过了一生极其重要的一个时期。对于这一重要时期的生活、学习和斗争，他曾这样概括过："回想起来在成都的几年中，实在甚么收获、甚么长进也没有。差可自慰的或者可以说是使我可以看见了保路同志会的经过，乃至反正前后的一些大小事变、大小人物的真相罢。"①"在国内中学校肄业的几年间，科学方面的教员们通是些青黄不接的资料，不能够唤起科学上的兴趣，我自己也就只好在古诗、古学里面消磨。这不幸的几年间，构成了我日后的一个怎么也难克服的文学倾向。"②

可以说，这个概括是十分准确的。它告诉我们：郭沫若在成都时期的生活、学习和斗争中，革命民主主义思想初步形成了，反抗的叛逆精神发展了，怎么也难以克服的文学倾向构成了，而这三者又是密切相关、互为影响的。郭沫若在成都进的是高等学堂分设中学，这所学校本来是高等学堂的附属中学，因校长刘士志先生不甘受"附属"的名义，改为"分设"，再加上刘士志先生的声望，分设中学在当时的成都是很有名的，也可以说是革命党人宣传新学、反清排满的重要基地，新与旧两种势力争夺青年的一重要战场。刘士志是汉学家，长于诗文，以大力提倡新学而闻名川中。在刘士志等"人师""业师"的熏陶教育下，分设中

---

① 郭沫若：《少年时代》，北京：人民文学出版社，1979 年版。
② 郭沫若：《创造十年》，北京：人民文学出版社，1979 年版。

学陆续成长了很大一批拥护孙黄排满兴汉、具有激进民主主义革命思想的学生。郭沫若就是这批学生中有代表性的一员。他说:

> 凡是主张这种思想的人,凡是这种思想的实行家,都是我们青年人崇拜的对象。我们崇拜十九岁在上海入西牢而瘐死了的邹容,我们崇拜徐锡麟、秋瑾,我们崇拜温生村;我们崇拜黄花岗的七十二烈士。[①]

应该说,这是他们的民主主义革命思想的具体表现。郭沫若虽然没能直接领受刘士志的教诲,但却在刘士志等的影响下,从嘉定到成都的时候起,就站在反清爱国的立场,直接投身到了在成都正兴起的资产阶级民主主义革命的洪流。他筹备刘士志先生的追悼会,组织学生国会请愿,领导学生罢课,参加保路同志会的种种活动……在这些频繁的革命活动中,郭沫若亲眼看到了赵尔丰诱捕革命者而造成的流血惨案、龙泉驿的起义、成都市内的兵变等大小事变,郭沫若还亲眼看到了小袁世凯胡景升,屠夫赵尔丰,清廷高官端方、岑春煊、周善培,以及蒲殿俊、罗纶、朱山等各色人物的登台。他怎么也忘不了革命者朱山临刑时的别友诗:

> 去年谈笑曾分手,地狱天堂两自由。
> 惟有人间留不得,一分釐笑见恩仇。

保路同志运动的大小事变和辛亥革命的群众斗争,使少年郭沫若受到了极为生动而又深刻的革命民主主义教育。在推翻满清政府后的第一个春节里,他应乡亲们的要求写下了许多对联,其中这样两副最充分地表达了他当时的思想感情:

其一
桃花春水遍天涯,寄语武陵人,于今可改秦衣服;
铁马金戈回地轴,吟诗锦城客,此后休嗟蜀道难。

---

① 郭沫若:《少年时代》,北京:人民文学出版社,1979 年版。

其二

故国同春色归来，直欲砚池溟渤笔昆仑，裁天样大旗横书汉字；

民权如海潮暴发，何难郡县欧非城美澳，把地球员幅竟入版图。

这两副对联确实表现了郭沫若"极浓重的民族感情，极葱茏富国强兵的祈愿，而又极幼稚的自我陶醉"①的革命民主主义思想。在革命民主主义思想形成的同时，难以克服的文学倾向也构成了。可以说民主主义思想是郭沫若难以克服的文学倾向构成的强大的推动力。这是时代的因素、历史的因素。因为成都和嘉州一样，都是"鲁卫之政"，辛亥革命的失败又给郭沫若带来了巨大失望和痛苦，不得不促使郭沫若在追求"实业救国""富国强兵"和难以克服的文学倾向的矛盾中进行着诗的修养。成都和嘉州一样也是一个有诗的环境和诗的传统的地方。唐宋的许多著名诗人，李白、杜甫、薛涛、范成大、陆游等都在这里留下了不少脍炙人口的光辉诗篇，使郭沫若同样受到潜移默化的影响。在分设中学，很多同学志趣相投，经常漫游唐宋诗人出没过的地方和遗迹，如清旷的望江楼，优雅的薛涛井，肃穆的武侯祠，潇洒的浣花溪，幽邃的工部草堂，还有那神奇的石牛、抚琴台下的古墓等许多富有诗味的地方作诗和韵，接受诗的陶冶。甚至"连学校在停课试验期中，都把课本丢在一边，和一些兴趣相投的人在自修室内撞诗钟，和韵，联句，讲小说。"②"和精公（即作家李劼人——引者）呢？也没有怎样的深交，不过在他说小说的时候，我总是在场的。还有，在同学间如闹什么文学上的玩意的时候，或者撞诗钟，或者对神仙对子，或者次韵杜甫秋兴八首，大抵总是在一道。"③"我拼命地……学做歪诗，不是用杜工部《秋兴》八首的原韵拟出一些感时愤俗的律诗，或更是学学吾家景纯做几首游仙或者拟古。"④

郭沫若在读了李劼人的《死水微澜》《暴风雨前》《大波》后所写的《中国左拉之待望》的文章中，除赞扬了李劼人的著作，还特别回忆了他们中学时一件非常有趣的事情：

---

① 郭沫若：《少年时代》，北京：人民文学出版社，1979 年版。
② 郭沫若：《学生时代》，北京：人民文学出版社，1979 年版。
③ 郭沫若：《中国左拉之待望》，《中国文艺》1937 年第 1 卷第 2 期。
④ 郭沫若：《少年时代》，北京：人民文学出版社，1979 年版。

这"一种宝贝"是无法找到了，不能不说是一件非常遗憾的事。

所谓"一种宝贝"，就是"撞诗钟，和韵，联句"。这是他们"诗的修养"的重要方式。据黎本初先生回忆，劼人先生曾兴致勃勃地告诉他说：

"上次给你信中，说生平不作韵语不大准确。我在青年时代，还是写过一点旧诗。只是写得不好，也没有存稿，现在也记不起了。只有一首我还记得。就是民国二年，有郭沫若，那时叫郭开贞，还有周太玄和我，一共七、八个同学，在武侯祠吃茶。大家确定以尹昌衡西征为题，以轻重为韵，意存讽刺，各作七言律诗一首。郭沫若的诗最先写好，我是最后写好的。大家都交了卷，才互相传阅，最后共同来评定名次。我的诗被评为第一。"他很有风趣地又说："这是过去的事情了。郭沫若已经成为大诗人。我是写写小说。"接着，他爽朗地笑了，并背诵了这首律诗：

> 锦官城外柏森森，
> 将军走马去西征。
> 非关陈琳传神檄，
> 真是终军请长缨。
> 藏鸟康花情重重，
> 宝刀名马意轻轻。
> 筹边方略何须问，
> 几时归来酒一樽。

这确实是一难得的好诗。不妨将幸存下来的郭诗《吟尹昌衡西征》诗抄录如后：

> 藏卫喧腾独立声，
> 斯人决计徂西征。
> 豪华定远居投笔，
> 俊逸终军直请缨。
> 羽檄飞驰千万急，
> 蛮腰纤细十分轻。

寨中欢乐知何似，

留滞安阳楚将营。①

试将李、郭的诗作一比较，我们不难发现：李诗凝炼含蓄，对仗工整，语多双关，叶韵自然，婉约而讽，讥尹昌衡轻浮好色，忽略军事，入木三分，比郭老一首，确是略胜一筹，当时评为第一，实为公允。正是这些活动，不仅锻炼了他们文学方面的才能，而且增进了同学之间的友谊。

除诗的修养外，还在小说方面接近了外国的新形式、新内容。据郭沫若分设中学同班同学魏时珍教授告诉我们，当时他们所讲的小说多是林译世界名著，如《块肉余生述》《旅行述异》等等。

所写的"歪诗"很多，内容相当广泛，从《郭沫若少年诗稿》这些幸存下来的"歪诗"看，有对官场黑暗和社会丑恶的揭露和讽刺，如《商业场竹枝词》《寄吴君尚之》；有对辛亥革命胜利的欢呼和辛亥革命失败的苦闷，如《咏绣球》《咏牡丹》；有对青年"奋飞"的狂喜和抱负的鼓励，如《代友人答舅氏劝阻留学之作》；有对帝国主义侵略的谴责，救国救民的呼喊，如《无题》《感时八首》等等，这就无可辩驳地表明了少年郭沫若认识社会、认识人生能力的显著提高，诗的艺术的发展，诗的修养达到了一个新的高度。他步杜甫《秋兴八首》原韵所写的感时愤俗诗篇表达了他对祖国对人民深沉的爱："频来感触兴衰事，极目中原泪似麻""伤心国势漂摇甚，中流砥柱仗阿谁"，表现了对祖国的前途和命运忧心忡忡；"耽耽群虎犹环视，炎炎醒狮尚倒悬""极望疮痍千井满，不闻号泣一家无"，表现了对军阀内战的痛恨；"敢是瓜分非惨祸，波兰遗事不堪意""不见朔方今日事，俄人竟乃着先鞭"，表现了对帝国主义侵略的愤慨和政治敏感性。

只要我们联系到1907年8月俄英所谓《西藏协定》的签订，1910年7月第二次《俄日密约》的签订，1911年辛亥革命刚胜利后的一系列不平等条约和历史事件，可以看出少年郭沫若在诗中所表达的感情是何等的深沉，他愤怒地谴斥了帝国主义，特别是沙俄帝国主义对我国无耻侵略，向国人发出"波兰遗事不堪意"的严重警告，表达了要继承先辈的爱国主义精神，做救国救民的"中流砥柱"的愿望，毫无疑义地应该承认：这种政治倾向和新因素是郭沫若积极投身辛

① 郭沫若：《郭沫若少年诗稿》，成都：四川人民出版社，1979年版。

亥革命全过程，并在斗争中努力学习的结果。在当时是十分可贵的。那种认为"一九一三年九月，郭沫若二十一岁，走出夔门"才是"郭沫若走上社会，认识社会的起点"①的说法不符合郭沫若思想发展的实际。

郭沫若不喜欢杜甫，这是事实，且是他的一贯态度。他的这种看法是否对，可以研究讨论，但因他对杜甫评价不高，就说他是"冤案制造者"，这仍然值得研究。这个问题这里不谈。我们要指出的是事实的另一面，即，杜甫的许多现实主义的诗，像一面镜子一样照出了"世上疮痍""民间疾苦"，不能不影响开始"走上社会、认识社会、关心民间疾苦、向世上疮痍"开战的郭沫若。在郭沫若的诗文中引用杜甫的诗句或典故是屡见不鲜的，仅辛亥革命后他所写的春联中的"共和三脱帽，光复一戎衣"；抗日战争爆发后写的《归国杂吟》中的"同心同德一戎衣"；为刘湘写的对联中的"长使英雄泪满襟"等等，不都是杜甫的诗句吗？我们可以清楚地看到，郭沫若"诗的修养"时代受杜甫现实主义的影响是不小的，在研究郭沫若文学活动时绝对不应该忽视这点。在成都学诗时期，更为显著，他步杜甫《秋兴八首》原韵使他的诗的修养由读诗到大量写诗的新阶段，并且把写诗和现实斗争联系了起来。这时期的写诗，已经不是一般的练习写作，而是他"走上社会、认识社会"的搏斗，和封建专制王朝搏斗，和黑暗、丑恶的社会现实搏斗！所以我们这说是郭沫若诗的修养的一个重要时期。从此，文艺思想上有了民主主义的新因素，文艺不仅成了无法克服的倾向，而且文艺开始变成了他斗争的工具了，为他在日本时期进一步的诗的觉醒和爆发，为他在五四时期以"苍头突起的异军"跨进文坛做了最充分的准备。

郭沫若的卓越的文学成就的取得，其原因是多方面的，但我们可以毫不夸张地说，唐宋诗词、《诗品》是起了基础的作用，开路的作用的。无疑地，郭沫若诗歌能继承中国古典文学的优秀传统，具有中国作风、民族风格，是和他少年时代就喜爱唐宋诗词，一直认真学习唐宋诗词，努力吸收民主性的精华分不开的。

---

① 黄侯兴：《关于郭沫若思想发展的几个问题》，《文艺论丛》第 11 期。

漫谈郭沫若的诗艺探索

他的诗——当年在《学灯》上发表的许多诗——篇篇都是创造一个有力的新形式以表现出这有力的新时代，新的生活意识。编者当年也秉着这意识，每接到他的诗，视同珍宝一样地立刻刊布于《学灯》，而获着当时一般青年的共鸣。在这个意义上我说他的诗在新诗运动里有无比的重要，他具有新诗国的开国气象。

——宗白华

郭沫若是一位敢于探索、不断追求、不断创新的文化战士。对于诗艺，他探索了一生，成仿吾说：

沫若在诗的创作方面是经历了极其曲折而艰险的道路的。从青年时代的奔放不拘的自由体转到严格的各种律诗以至各种词曲，真是丰富多采。[①]

事实正是这样。如果我们再仔细地追索一下郭沫若的诗歌创作道路，明显地可以看出分为三大阶段。即：

一、旧体诗修养期（1904—1915）

人们现在所能见到的《郭沫若少年诗稿》，收集了他从 1904 年到 1914 年的

———————————

① 成仿吾：《英诗译稿·序》，上海：上海译文出版社，1918 年版。

诗词，纯然是旧体。这些诗词，虽然不是他旧体诗修养时期的全部作品，但其特色是很显著的：

1. 视野广阔，题材丰富：自然风光，日常生活，国家大事都有反映，关心祖国，关心民众，痛恨专制，追求自由，爱国主义与反抗精神初显锋芒。

2. 真情流露而有雕琢：全部诗稿以七律为主，兼以绝句、歌谣、竹枝词等，如他自己所说，是"随情绪之流露而加以雕琢，打个譬比如象画画"。①

3. 典故与诗句的应用：每首诗稿几乎都应用了典故或化用了诗句，其中以庄子、屈原、陶渊明、李白、柳宗元、苏东坡等人的居多。

它，不但显示了郭沫若作为诗人的才华，而且表明了他诗歌创作的渊源及其发展趋势。

二、自由体新诗创作（1916—1925）

这是郭沫若诗歌的高潮期，也是他大胆吸收外来文化，接受影响，彻底打破一切枷锁，努力创造新体诗的时期，留下了极为丰富的成果。如被公认为开了一代诗风的《女神》《星空》及《瓶》等。如果认真加以研究，是不难发现作者探索的苦心的。这种探索的苦心明显地表现在以下几个方面：

1. 极力排斥功利主义，执着追求所谓"醇化""净化"的诗歌。他一再说：

> 我想我们的诗只要是我们心中的诗意诗境底纯真的表现，命泉中流出来的 Strain，心琴上弹出来的 Melody，生底颤动，灵底叫喊；那便是真诗，好诗，便是我们人类底欢乐底源泉，陶醉底美酿，慰安底天国。②

> 我于诗学排斥功利主义，创作家创始时功利思想不准丝毫夹杂入心坎。创作家所当讲究事，只在修养自己的精神人格，艺术虽是最高精神底表现物。纯真的艺术品莫有不可以利世济人的，总要行其所事才能有艺术价值。所以我于文学上甚么-sim，甚么主义，我都不取。我不是以主义去做诗，我

---

① 郭沫若：《致父母》，成都：四川人民出版社，1981 年版。
② 郭沫若：《"文艺论集"汇校本》，长沙：湖南人民出版社，1984 年版。

的诗成自会有主义在，一首诗可以有一种的主义。我这个人非常孤僻，我的诗多半是种反性格的诗，同德国的尼采 Nietzsche 相似。①

这样的追求与新月派徐志摩等人的追求是有区别的，但某些诗篇也不可避免表现了唯美派的色彩。

2. 厌恶形式，彻底打破了旧诗词的一切枷锁，引进、移植、改造了外来的俳句等形式，创造了有中国特色的自由诗，强烈地表现了一个叛逆者的突破时代的束缚的必然的生活感情，突出了以情感为中心的诗的内存韵律。

3. 在情趣上，无论是人伦，还是对于自然、哲理等方面大大地突破了传统诗歌的格调，爱情、自然诗中都有几分人生哲学和宗教情味，达到了一种深广境界。朱自清先生曾指出："郭氏的诗，有两样新东西，都是我们传统里没有的；——不但诗里没有——泛神论，与二十世纪的动的反抗的精神。中国缺乏瞑想诗，诗人虽然多是人本主义者，却没有去摸索人生根本问题的。而对于自然，起初是不懂得理会；渐渐懂得了，又是观山玩水，写入诗只当背景用。看自然作神，作朋友，郭氏是第一回。至于动的和反抗的精神，在静的忍耐的文明里，不用说更是没有过的。这些也都是外国影响。"②

4. 外国神话、典故，外文人名、地名，甚至诗句的大量直接采用。据统计，外来神话，典故仅是《女神》一书就有七十五个之多，外文的直接运用就更不用说了。

5. 坚决反对蔑视诗人的个性。他在一封信中慷慨激昂地写道：

我国的批评家——或许可以说是没有——也太无聊，党同伐异的劣等精神，和卑陋的政客者流不相上下。是自家人的著作译品，或出版物，总是极力捧场，简直视文艺批评为广告用具；团体外的作品或他们偏颇的先入见不相契合的作品，便一概加以冷遇而不理。他们爱以死板的主义规范活体的人心，甚么自然主义啦，甚么人道主义啦，要拿一种主义来整齐天下的作家，简直可以说是狂妄了。我们可以各人自己表张一种主义，我们更可以批评某

---

① 郭沫若：《致陈建雷》，《郭沫若研究专刊》第 2 辑。
② 朱自清：《中国新文学大系·诗集·导言》，《朱自清文集》第 2 卷，开明书店出版。

某作家的态度是属于何种主义，但是不能以某种主义来绳人，这太蔑视作家的个性，简直是专擅君主的态度了。①

他的创作思想和创作方法都是证明。

诚然，这些都表现了郭沫若的诗歌创作受到巨大的外来影响，然而，值得注意的是：他仍然没有丢掉中国诗的传统。请读读当时人的两则评论吧：

> 我爱读的，是太玄白情和郭沫若君的……沫若君的，又别是一种了。他的诗，有伟大沉黑的神秘思想，我称他为"德国式的神秘主义"，他的《凤凰涅槃》，命意和艺术，都威严伟大极了。他的《天狗》一首，仿佛是一种不可思议的"宇宙力"！意志的 energy（引者：活力、精力、能力）的表象。他的作品，有"哲学诗"的彩色，不可以 mysticism（引者：神秘主义）轻视他了。②

> 愚庵评：郭沫若的诗笔力雄劲，不拘于艺术上的雕虫小技，实在是大方之家。而我更喜欢读他的短东西，直当读屈原的警句一样，更当是我自己作的一样。沫若的诗富于日本风，我更比之千家元麿。山宫允曾评元麿的诗，大约说他真挚质朴，恰合他自己的主张；从技巧上看是幼稚，而一面又正是他的长处；他总从欢喜和同情的真挚质朴的感情里表现出来；惟以他是散文的，不讲音节，终未免拖塌之弊云云。我想就将这个评语移评沫若的诗，不知道恰不恰当。不过沫若却多从悲哀和同情里流露出来，是与元麿不同的。③

以上两则评论未必完全准确，但总指出了一部分的真实。恐怕是我们今天能够见到的最早的公开评论郭沫若诗歌的文字了。从这些评论，我们也可以看出：郭沫若一开始新诗创作就十分注意新旧文艺的结合。后来，他自己在回忆怎样开始了文艺生活时也说过：

---

① 郭沫若：《沫若书信集》，上海：上海泰东书局，1933 年版。
② 李思纯：《致宗白华》1920 年 9 月 10 日《少年中国·会员通讯》第 2 卷第 3 期。
③ 北新社编：《一九一九年新诗年选》，上海：亚东图书馆，1922 年版。

我学德文时，主要读的就是歌德的作品。……这把我决心抛弃的文艺倾向又挑拨煽动起来，而且使旧文艺和新文艺深深地结合了。①

当然，结合的完善与否，还需要一个艰苦的过程。

三、新旧诗创作同时并举期（1926—1978）

有人说：这是郭沫若的倒退；甚至说，这是他的悲剧！……不！绝不是倒退，更不是悲剧。应该说，这是他的诗艺的新的探索时期。请读读这封信吧，是王独清1929年元旦写给郭沫若的。信中说：

> 说起了诗，便要想到中国的诗坛。过去我们两个底诗的创作，有些地方实在比较接近，这一点你也是说过的了。现在呢，我们都是到了自己清算自己过去的时候，我们回顾创造社的蹶起，在当时实在是一个"ftufnund Drang"（引注：疑有错）的时代，当时的文艺运动在中国要算是一个有力的Romanticism（浪漫主义）底运动，你底诗正是那时代开始时底产物，所以你底诗中是充满了反抗的热情而往往不愿顾到技巧方面的。在这儿我和你却有个不同的地方：要是用时代来分期时，那是到了Romanticism底后期，我底诗遂由狂热而变成伤感，以后又几乎是以"情调艺术"为中心的了。
>
> ……伯奇说到你和我的诗所代表的当时底智识阶级是这样：你底诗代表当时智识阶级对于政治的不满，所以处处露出反抗和破坏的感情，我底诗代表对于现政治几乎完全灰心的智识阶级，所以处处都是流浪者底悲哀，同时又有吊古的情怀——这种分析我觉得很对的，想来你也会首肯的吧？②

他们这种不同的诗风在新的血与火的斗争中必然要起变化。王独清是堕落的，郭沫若是更加前进了。在前进的过程中，郭沫若一方面努力于中国作风、中国气魄的新诗的建设，一方面努力于旧诗词的改造。他说："旧体诗词，我看有

---

① 郭沫若：《我怎样开始了文艺生活》《郭沫若论创作》，上海：上海文艺出版社，1983年版。
② 王独清：《独清译诗集·前置·爱牟的一封信》，1937年。

些形式是会有长远生命力的。如五绝，七绝，五律，和某些词曲，是经过多少年陶冶出来的民族形式。"① 建设新诗，改造旧诗，是这一时期郭沫若对诗艺的新探索，而且是一种更艰苦的探索。其苦心表现在：

1. 讲求功利，倡导"意识第一"，人民为本，比之前一时期的诗作，哲学色彩减弱，政治浓度加重，与现实生活，政治斗争，人民群众直接联系了起来，可以称为"诗史"。

2. 抛去纤细技巧，鼓吹雄浑粗壮诗风，1937年8月9日，上海诗人协会会员林林、杜哈、穆木天、任钧、许幸之、罗烽、冼星海、艾青、柳倩、王亚平等集会欢迎归国抗战的郭沫若。郭说：希望诗人协会同人"排斥唯美派以及为艺术一类吟风弄月之作，领导诗人们抛去纤细技巧，提倡雄浑康壮作风，以利当前民族抗战。"这是对他人的希望，也是对自己的要求。

3. 重视技巧，讲究音韵，这一时期，除继续强调诗的内在韵律外，也相当地注意诗的外在韵律，音节、节奏、韵律等，还特别重视诗的音乐性。

4. 外来神话、传说、成语、典故、人名的减少，口语、群众语言加强。

5. 创作方法日趋完善，现实主义和浪漫主义相结合的创作方法逐步成为他的最主要的创作方法。

这一时期的探索确实够艰苦了，有成功的经验，也有失败的教训。对待它，如果能够具体加以分析，科学地加以研究，一定会总结出非常有益的东西。

从郭沫若诗的修养时代写成的诗篇，到他逝世时留下的遗作，我们现在能够搜集到的各种体裁的诗词曲约两千首上下，如果以新旧体分别加以统计，其中新体诗约占总数的四分之一左右，旧体诗词则占总数的四分之三左右。旧体中，五绝、七绝、五律、七律，又占了绝大多数。这种情形在近现代诗人中找不到第二个的了。不管是写新体诗，还是写旧体诗词，郭沫若都在努力探索，不断追求一种既有强烈的时代精神，又有鲜明的个人特色的风格。这种风格是雄浑与冲淡的统一，即悲壮美与优美的结合。他很早就说过：

　　海涅底诗丽而不雄。惠特曼底诗雄而不丽。两者我都喜欢。两者都还不足令我满足。所以讲到"无所需要"一层，我还办不到。我很想多得歌德底

──────────────

① 郭沫若：《关于诗歌的民族化群众化问题》，1963年7月《诗刊》第7期。

《风光明媚的地方》一样的诗来痛读，令我口角流沫，声带震断。①

这是他《女神》创作时期追求的目标。它部分地实现在《女神》《星空》等诗集的作品里了。如《凤凰涅槃》《天狗》《日出》《日暮的婚筵》《天上的市街》……如果说，这一时期，他的诗艺探索，更多地集中在融化外国不同诗风的影响，那么，五卅以后，特别是抗日战争以后，他的诗艺探索则更多地集中在继承发扬中国古代优秀诗人所创造的传统，并与外国优秀传统的结合上。他说过：

　　　　这两位，无论在性格或诗格上，差不多都是极端对立的典型。他们的比较研究可以使人领悟到：不仅是诗应该如何作，还有是人应该如何作。
　　　　……但我不推崇屈子而轻视陶潜，我也不因喜欢陶潜而要驱逐屈子。认真说：他们两位都使我喜欢，但他们两位也都有些地方使我不喜欢。诗的风格都不免单调，人的生活都有些偏激。②

屈原、惠特曼，是悲壮美的"雄浑"一品的代表，陶潜、海涅则是优美的"冲淡"一品的代表，几乎都是诗与人浑合而为一了。郭沫若是力求二者融合，且加以创造。我们可以用这样一个图式加以表示：

```
              海  涅    惠特曼
            ┌ ⎛自 明⎞  ⎛粗 爽⎞             ┌ 动态与静态统一
            │ ⎝然 丽⎠  ⎝暴 直⎠   多样化     │ 平面与立体调协
追求   ┤         +           的统一    ┤ 单色与多色和谐
            │ ⎛悲 沉⎞  ⎛清 朴⎞             │ 形象化与音乐性融合
            └ ⎝愤 郁⎠  ⎝淡 素⎠             └
              屈  原    陶渊明
```

郭沫若说："这是在沿走着动的艺术追求静美的路，但在这儿须得有适度的

────────────

① 田寿昌、宗白华、郭沫若：《致宗白华》（1920 年 3 月 3 日），《三叶集》，泰东图书馆，1920年版。

② 郭沫若：《题画记》，《今昔集》，重庆：东方书社，1943 年版。

辩证的综合。诗歌过分的追求静美，会完全流而为散文，而宣告诗歌的寿终正寝"① 这里告诉我们："适度的辩证的综合"才能实现多样化的统一。

怎样实现"适度的辩证的综合"呢？一个行之有效的办法就是翻译。郭沫若多次说过："诗歌的翻译是很困难的，译古代的诗歌尤其困难。……译诗是一种创作，读诗也是一种创作。"② "有人说：翻译是创作。这话含有部分的真理。既是译文而不是注疏，那你就须得使你的译文也成为艺术品。不仅求其'信'，不仅求其'达'，还要求其'雅'。这就是说，原作是诗，你的译文也应该是诗。"③ "……翻译是一种创造性的工作，好的翻译等于创作，甚至可以超过创作。"④ 这都是郭沫若的深切体会。他的翻译，既包括对外国诗歌的翻译，也包括对古典诗歌的翻译，从青年时代到晚年，几乎没有间断过。外国诗，由泰戈尔到海涅，由雪莱到惠特曼，到歌德，到苏俄诸诗人，到欧美诸诗人；古典诗歌，由《诗经·国风》到屈原的《离骚》，到李白，杜甫的作品……这些翻译，使他在精神上受到熏陶、感染，在技巧上得到磨炼、借鉴。成仿吾同志说得好，他说：

> 从外国文译成中文诗，沫若可说是最有磨练的，把歌德的巨著《浮士德》译成中文，当然是惊人的努力的成就。其他如歌德、海涅的短诗，英国拜伦、雪莱等人的诗，以至《鲁拜集》等等译品，该给了他多丰富的经验啊！把中国古诗变成新诗，如果没有译诗的锻炼，恐怕也是难以做到的。⑤

在翻译的过程中，他始终紧紧抓住以下几个方面去学习，去借鉴，去独创，从而使古今中外的诗艺得到适度的辩证的综合。哪几个方面呢？

一、抓住根本，把握精神

诗是感情的记录，人格的表现。高尚的感情，伟大的人格，才能产生优美动

---

① 郭沫若：《沸羹集·序〈念词与朗诵〉》《沫若文集》第 13 卷，北京：人民文学出版社，1984 年版。

② 郭沫若《九歌·解题》，《郭沫若全集》第 5 卷，北京：人民文学出版社，1984 年版。

③ 郭沫若《九歌·解题》，《郭沫若全集》第 5 卷，北京：人民文学出版社，1984 年版。

④ 郭沫若：《谈文学翻译工作》《郭沫若论创作》，上海：文艺出版社，1983 年版。

⑤ 成仿吾：《英诗译稿·序》，上海：译文出版社，1981 年版。

人的诗篇，给人以生的力量、美的享受。郭沫若向中外诗人学习，首先是抓住诗人的为人、经过美化的诗情这个根本去把握诗人的革命精神。如他学习惠特曼，抓住的就是惠特曼为民主和自由而战斗这个根本，"把他所有高歌的美国精神'Americanism'做我们的借镜。"①

惠特曼的那种把一切旧套摆脱干净了的诗风和"五四"时代狂飙突进的精神十分合拍，郭沫若是彻底地为惠特曼那雄浑的、豪放的、宏朗的调子所撼动了，使开了闸的作诗欲又受了一阵暴雨般的煽动，个人的郁积、民族的郁积，找到了喷火方式，从而做出了《立在地球边上放号》《地球，我的母亲》《匪徒颂》《晨安》《凤凰涅槃》《天狗》《心燈》《爐中煤》《巨炮的教训》等震撼人心的诗篇。又如，郭沫若爱雪莱，"译他的诗"，像"自己在创作一样"，"译雪莱的诗，是要使我成为雪莱，是要使雪莱成为我自己。"②"五四"那年，当他翻译雪莱为反抗英政府镇压曼彻斯特工人大屠杀而写的《"虐政"底假面游行》一诗，特别是翻译到最后一节：

> 起哟，结合成为必胜的大群
> 如像是无数的睡狮醒了！
> 睡眠中落在你们头上的枷锁
> 你们摆摆头儿如像露珠一般摇掉；
> 你们人数多——他们人数少。

郭沫若确实变成了雪莱，犹如自己创作一样。他说："这一节诗我要借来向着我们困在乱世之枷锁下的中华民国同胞，在此大声疾呼一下。"原诗共九十一节，是雪莱为抗议英国政府屠杀群众的罪行而写成的。诗中喻当时的统治者为"凶犯"、为"骗子"、为"伪善者"，拱戴着同时是上帝、是国王、是法律的，名叫"乱世"的枯骸在血中行军、奏凯歌。一个名叫"希望"的狂女走来挡着他们，"乱世"消灭，乱党化为灰尘，随即共起一片惊喜的呼声，向着英国人民宣传自由的大道。正是这种革命思想使郭沫若发生共鸣，才得以写出《女神》中许

---

① 田汉：《惠特曼的百年祭》1919年7月《少年中国》第1卷第1期。
② 郭沫若：《沫若译诗集·雪莱诗选·小序》，建文书店，1947年版。

多革命的诗篇。他翻译《新俄诗选》，为的是"以历史的进展的眼光去观察事物"，准确地"看出一个时代的大潮流和这个潮流所推动着前进的方向"。①

翻译外国革命诗人的作品是为了吸取革命思想，同样，译古代进步诗人的作品也是为了吸取进步思想以利于自己成为革命者。他译屈原的作品就因为屈原是伟大的人民诗人。他说："真的，除掉自杀这一点之外，我对于屈原的一切，可以说都是喜欢的。首先我喜欢他是尊重人民的人。"②"屈原凭着他的对于人民艰苦的无限同情与对于上层丑恶的极端愤怒，而采用了民间歌谣体以极尽诅咒丑恶的能事。这是他之所以能够振动万人心灵、凌轹百代作者的地方。"③ 因为如此，他才从屈原的身上不断吸取力量，从屈原的作品里不断获得营养。

二、敢于拿来，注意扬弃

任何优秀的作品都是吸取前人成果的结晶。对于中国的遗产，要善于择取，融合新机，对外国的良规，要敢于采用，加以发挥。鲁迅曾告诫人们：

> 总之，我们要拿来。我们要或使用，或存放，或毁灭。那么，主人是新主人，宅子也就会成为新宅子。然而首先要这人沉着，勇猛，有辨别，不自私。没有拿来的，人不能自成为新人，没有拿来的，文艺不能自成为新文艺。④

郭沫若是一位沉着，勇猛，有辨别，不自私的拿来主义者。仅诗歌，除《浮士德》一类长诗外，各种不同形式的抒情短诗，先后翻译了印度、波斯、英、美、德、法、苏俄等国家70余位诗人的200余首诗歌。这些诗歌，有浪漫派的，古典派的，现实主义的，也有意象派的……他不但敢于拿来，或使用，或存放，

① 郭沫若：《沫若译诗集·新俄诗选·小序》，上海：新文艺出版社，1953年版。
② 郭沫若：《天地玄黄·从诗人节说到屈原是否是弄臣》，《沫若文集》第20卷，北京：人民文学出版社，1992年版。
③ 郭沫若：《沸羹集·文艺与民主》，《沫若文集》第19卷，北京：人民文学出版社，1992年版。
④ 鲁迅：《且介亭杂文集·拿来主义》，《鲁迅全集》第6卷，北京：人民文学出版社，1958年版。

或毁灭，而且和中国的优秀遗产适当地辩证地综合。如果我们研究一下郭沫若诗歌的渊源，可以做这样一个图示：

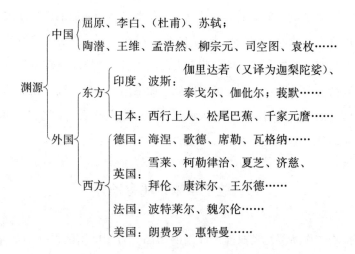

这个图表所列，仅仅是郭沫若特别喜爱，且对他有相当影响的诗人。就是这样，我们也可以十分清楚地看到：他的视野是多么广阔，从东方到西方，从远古到现代，世界上许多重要流派，独具风格的诗人，他几乎都有接触，如歌德、席勒所崇拜的印度诗人迦里达若（Kalidasa），郭沫若曾翻译了他仅有的一首诗《秋》，并作了简要介绍：

> 这是印度的一个伟大诗人，他的年代已经难于确定，大约是基督纪元第五世纪。关于他的身世有许多的传说与歌谣，有谓他的学识与诗才为女神Kali 所授，他这名字的原意，便是这位女神的侍者。他深通哲学，又能天文与法律，他的作品还留存的有戏剧三，史诗二，挽歌与诗篇各一，共七篇，最著名的是剧曲 Shakuntala。歌德极崇拜他。①

郭沫若给自己的第一部诗集取名《女神》，恐怕与此不无关系吧。而他所受的影响又是多么广泛；泰戈尔使他用散文的形式打破旧诗词的固定格律，建立清

----

① 郭沫若：《沫若译诗集伽里达若诗一首·秋》，建文书店，1947 年版。

新、纯粹的风格，宣扬对自然、儿童、人类的爱；海涅使他改变爱情诗的情趣；雪莱、惠特曼使他不拘于形式的自由，高唱个性解放，反对封建专制的民主革命精神；歌德使他永远奋发；瓦格纳使他大胆取材神话，诗句定型反复……他常常是把这些不同的影响综合在自己的作品里，从而产生一种新的东西。譬如，他在志贺岛游玩时，就写过一首吟咏夕阳的狂歌：

> 全宇宙都已赤化了哟！
> 热烈的一个炸弹哟！
> 地球的头颅打破了！
> 血液向天飞，天也赤化了！
> 血液倾海流，海也赤化了！
> 地球快要死来了！
> 跳舞哟：狄仪所司！
> 快唱着地球的葬歌罢！①

这样粗暴的咏夕阳的诗，在中外诗史上是不多见。这是写实，志贺岛落日时，每每红霞满天，海水成为葡萄酒的颜色，从青森的松林中望去，山巅海上好像 Dionysos 之群在跳舞，好像全宇宙都赤化了一样，郭沫若应着这景象写下了他的狂歌，表现出泛神思想，确实给人一种崇高美加悲壮美的享受。惠特曼和海涅的影响是显而易见的。值得特别注意的是他能根据时代的需要，不断扬弃那些有害的东西。如泰戈尔，曾经几乎使他入迷，"真好像探得了"他"生命的生命"、"生命的泉水"一样，"每天学校一下课后，便跑到一间很幽暗的阅书室去，坐在室隅面壁捧书而默诵，时而流着感谢的眼泪而暗记，一种恬静的悲调荡漾在"他的身之内外，尽情地"享受着涅槃的快乐"②，研究《女神》的人不难发现，不少的作品，特别是第三辑的诗"所表示着泰戈尔的影响是怎样深刻"。请读读《岸上》其三吧：

---

① 郭沫若：《致郁达夫》（1921 年 10 月 6 日）《沫若书信集》，上海：泰东图书局，1933 年版。

② 郭沫若：《泰戈尔来华的我见》《〈文艺论集〉汇校本》，长沙：湖南人民出版社，1984 年版。

哦，火！

铅灰色的渔家顶上，

昏昏的一团红火！

鲜红了……嫩红了……

橙黄了……金黄了……

依然还是那轮皓皓的月华！

"无穷世界的海边群儿相遇，

无际的青春静临，

世界不静的海水喧啰。

无穷的海边群儿相遇，听着，跳着。"

我又坐在这破船板上，

我和阿和

和着一些孩儿们

同在沙中游戏。

我念着泰戈尔的一首诗，

我也去和着他们游戏。

嗳！我怎能成就个纯洁的孩儿？

试将此诗和泰戈尔《吉檀迦利》第六十首作一比较，不但主题一样，而且情趣相似，还直接运用了泰戈尔的诗句。他曾经在回答青年诗人蒲风问关于自己受外国诗人影响时说道：

最先对泰戈尔接近的，在中国恐怕我是第一个。当民国四年左右即已看过他的东西，而且什么作品都有：如像 Crescent Moon（新月），Gardener（园丁集，恋歌），Gitanjali（颂歌），The Gifts of Lover（爱人的赠品），One Hundred poems of Kabir（伽彼诗一百首），The King of Black Chamber（暗王室——剧本）都已读过，但以后即隔绝了。①

---

① 郭沫若：《郭沫若诗作谈·关于〈女神〉〈星空〉》《郭沫若论创作》，上海：文艺出版社，1983 年版。

所谓"隔绝"，就是扬弃。郭沫若为什么很快就扬弃入迷过的泰戈尔呢？这是因为他投身"五四"洪流，信仰发生了变化，在实践中认识到泰戈尔企图用"恢复东洋的精神文明，以代西洋的物质文明"是行不通的。他坚定地说道："西洋的动乱病在制度之不良，我们东洋的死灰也病在私产制度的束缚，病症虽不同，而病因却是一样。唯物史观的见解，我相信是解决世局的唯一的针路，世界不到经济制度改革之后，一切甚么梵的现实，我的尊严，爱的福音，只可以作为有产有闲阶级的吗啡，椰子酒；无产阶级的人终然只好永流一身的汗血。平和的宣传是现世界的最大毒物，平和的宣传只是有产阶级的护符，无产阶级的铁锁。"① 就这样，郭沫若在批判泰戈尔中发现了雪莱、惠特曼……在批判表现主义、新表现主义中接受了现实主义。拿来时要注意扬弃，扬弃中又要有新的拿来，如此，才能永葆艺术的青春。

三、破除迷信，独立创造

人类已成的巨著，往往使人迷信，限制后人独创精神的发挥。每位有独创精神的，无不是破除迷信的勇士。郭沫若是一位富于独创精神的人。他一生都反对鹦鹉学舌，沐猴而冠，提倡破除迷信，打破枷锁，大胆创造。"五四"时代，他就大声疾呼：

> 我希望国内能够多出几个马克思、罗素、柏格森、爱因斯坦的忠实介绍家，我更希望国内能够多出个把马克思、罗素、柏格森、爱因斯坦那么有独创精神的人物。②

> 作一诗时，须要存个前无古人后无来者的心理。要使自家的诗之生命是一个新鲜的产物，具有永恒的不朽性。这么便是"创造"。③

这是他的经验，也是他的行动纲领。《女神》《瓶》等，都是独创性的作品。

---

① 郭沫若：《泰戈尔来华的我见》，《〈文艺论集〉汇校本》，长沙：湖南人民出版社，1984年版。

② 郭沫若：《致西谛》，四川大学《郭沫若研究专刊》第3辑。

③ 郭沫若：《致父母》《樱花书简》，成都：四川人民出版社，1981年版。

这种独创精神集中体现在两个方面：一方面是使作品具有强烈的时代精神，但又不是时代的传声筒，举世公认的《女神》"比谁都出色地表现了'五四'精神，那常用'暴躁凌厉之气'来概说'五四'战斗精神"①。以后，直到晚年，他的作品，无不具有强烈的时代精神；另一方面则是对前人经验的辩证的综合。如《凤凰涅槃》，就是这种辩证的综合的范例。这一首关于凤凰更生的喜剧，不仅综合了希腊、罗马、印度、埃及、中国有关凤凰的传说故事，表现了一个伟大的主题，而且综合了歌德、雪莱、瓦格纳、莪默、屈原、李白等许多中外诗人的艺术手法，既丽且雄，可谓雄浑与冲淡的统一。听：

> 宇宙呀，宇宙，
>
> 你为什么存在？
>
> 你自从哪儿来？
>
> 你坐在哪儿在？
>
> 你是个无限大的空球？
>
> 你是个有限大的整块？
>
> 你若是有限大的空球，
>
> 那拥抱着你的空间
>
> 他从哪儿来？
>
> 你的外边还有些什么存在？
>
> 你若是无限大的整块，
>
> 这被你拥抱着的空间
>
> 他从哪儿来？
>
> 你的当中为什么又有生命存在？
>
> 你到底还是个有生命的交流？
>
> 你到底还是个无生命的机械？

这是宇宙人生的探索，"问天""问地""问海""昂头""低头""伸头"，总要找出个究竟，多么顽强的奋斗精神啊！不是让人很清楚地看到了歌德、屈原的

---

① 周扬：《郭沫若和他的〈女神〉》1941 年 11 月 6 日《解放日报》。

面目吗?《浮士德》《天问》的表现手法吗？一连串的疑问为对黑暗现实进行揭露、诅咒，积累了无穷无尽的力量。可见，郭沫若是善于综合的。又如《凤凰涅槃》的"凤凰和鸣"，诗人一再以这样的诗句："一切的一""一的一切""芬芳""和谐""悠久""常在欢唱"来表现泛神论思想，象征祖国的新生。这与歌德的思想，瓦格纳的手法的综合直接相联。歌德于 1821 年 10 月写于耶拿并于 1822年发表于《一般自然科学》上，就有一首题为《一与一切》，表现了辩证思想，其中一节写道：

> 而要改造万物，
> 但对此不能凝然不动，
> 是永恒的活动在发生作用。
> 而过去不是，但现在它却要变成
> 纯粹的思想、斑驳的土地，
> 但无论如何它不能静止。①

另一首又写道：

> 一切都在欢呼，
> 一切都在歌唱！
> 大地繁花似锦，天堂布满红光！
> 枝头的每一片叶子
> 在不住地簌簌作响，
> 丛林中永不停息的
> 是那鸟儿欢乐的啼啭。
> 快把这种欢乐
> 装满你的胸怀！

---

① 转引自汉斯·尤尔根·格尔茨著：《歌德传》，伊德、赵其昌、任立译，北京：商务印书馆，1982 年版。

看吧！听吧！

呼吸吧！生活有多么美满！①

　　这是歌德新的泛神论的信仰："整个自然界——就是十分和谐的旋律"，"我欢乐，我幸福，而我的全部欢乐——就存在于我所没有的东西和我所不知道的事物的热烈向往之中。"② 这种思想在《凤凰涅槃》中不是非常非常明显吗？但又绝不是那种思想的翻版，不仅有新内容，而且也有新的表现形式。除了各种综合外，也有直接演化而成的。如：

来得如飘风，

去得如轻烟，

来如风，

去如烟，

　　这可以说是从《鲁拜集》演化而来。《鲁拜集》第 28 首写道：

我也学播了智慧之种，

亲手培植它渐渐葱茏；

而今我获得的收成——

只是"来如流水，逝如风"③

　　凤凰和鸣完全是运用瓦格纳歌剧定型反复的手法。瓦格纳的手法是加强音乐性，郭沫若运用这种手法是企图使形象化与音乐性融合。当然是一种独创精神。难怪田汉读了《凤凰涅槃》后极其佩服地写信给郭沫若说："你的凤歌真雄丽，你的诗是以哲理做骨子，所以意味浓深。不像现在有许多新诗一读过后便索然无

---

① 转引自艾米尔·路德维希著：《歌德传》，甘木、翁本泽、仝茂莱译，天津：天津人民出版社，1982 年版。

② 转引自艾米尔·路德维希著：《歌德传》，甘木、翁本泽、仝茂莱译，天津：天津人民出版社，1982 年版。

③ 郭沫若：《沫若译诗集》，上海：新文艺出版社，1953 年版。

味了。所以白话尤其重思想意境及真实的情绪，因为没有词藻来粉饰他。"① 那被人"冷落"了的《瓶》更"是一种独创的形式"（郭沫若）。独创性表现在什么地方呢？（1）用梅花作象征，叙事与抒情结合表现一段完整的爱情故事；（2）运用白朗宁《葡萄牙人十四行诗集》的写实手法与歌德《少年维特之烦恼》日记书信的文体；（3）吸收《古诗为焦仲卿妻作》《长恨歌》《梁山伯与祝英台》等古典爱情诗的浪漫主义与现实主义相结合的手法。

综观郭沫若的诗歌道路，确实艰险而又曲折，有成功的经验，也有失败的教训。这，都需要作科学的分析。只有科学的分析，才能变为对我们有益的东西。

---

① 田寿昌、宗白华、郭沫若：《田汉致郭沫若》，《三叶集》，上海：亚东图书馆，1920 年版。

论郭老历史剧的文学渊源

郭沫若的历史悲剧一向以强烈的反抗精神、鲜明的时代色彩、浓郁的抒情诗意、悲壮的雄浑气势而受到国内外广大观众的赞赏。这种特色是怎样形成的呢？原因是多方面的，本文试图探讨其历史剧的文学渊源。

郭沫若自己曾说过他创作戏剧的经过。他说："大家知道，我没有学过戏剧，我是学医的，小时候喜欢看戏，也读过《西厢》之类的杂剧本子，后来到了日本留学，看了一些外国戏，读了一些外文剧本，就模仿着写起戏来。"[①] 这一段话简直可以作为探索郭沫若历史剧文学渊源的一个很好的线索和提纲。他明确地告诉我们：自己的历史剧创作经历了一个学习、模仿到创造的过程。

一

郭沫若从小就受到非常广泛而又十分生动的戏剧文学的教育。这种教育的第一个真正蒙师是他的母亲杜邀贞，如他自己所说："在一生之中，特别是在幼年时代，影响我最深的当然要算是我的母亲。"[②]

是的，杜氏深深地影响着郭沫若的一切，不但在诗歌教育上给了郭沫若以决定性的影响，同样，在戏剧教育上也给了郭沫若以决定性的影响。人们都知道，杜氏是一位有特殊经历、特殊性格、特殊爱好的母亲。她虽然没进过学堂，但由

---

① 郭沫若：《实践·理论·实践》，载《剧本》1962 年 7 月号。

② 郭沫若：《少年时代》。

于资质聪明，单凭耳濡目染，就很能暗诵一些唐宋诗词。她喜欢诗歌，爱好戏剧，除了能背诵好些诗词外，还能"读弹词，说佛偈"。杜氏不但经常携带幼小的郭沫若听"圣谕"，看《杨香打虎》一类皮影戏，而且还常常教郭沫若说弹词，唱戏曲。这种教育和熏陶给郭沫若日后的戏剧创作以深远的影响。据笔者几年来的调查了解，郭沫若的母亲杜氏特别喜爱神话传说、历史故事之类的说唱文学，尤其是弹词，如《张果老砍柴》《牛郎织女相会》《白蛇传》《岳武穆》《二十一史弹词》等等。每当夏日长闲，冬夜无事，茶余饭后，炉边灯前，往往带着儿孙们讴吟讽诵说唱文学……当时，乐山流行的"传统"节目之一就是《张果老砍柴》：

张果老，逗人笑，眉长长过眼，背驼高过脑。目眇耳又聋，胡须嘴下翘。黄风帽儿红耳绊，身上穿件黄棉袄。黄棉袄，短又小，身长长过膝，袖长长过爪。一对鸡儿鞋，一双黄腿套，弓起背儿走起来，好像一个猴儿跳。

杜氏一边教唱，一边教演。给郭沫若留下终生难忘的印象。他回忆说：

儿时印象最深刻而幽玄者无过星月之夜。天空一片清莹，深不可测。群星散布其间，如人戾眠。一轮皓月高悬，无论走到什么地方，月儿都跟着同走。在此种轻淡的银光幻境之中。儿童心理最易受着清醒的陶醉。

月儿走，我也走。
月儿教我提烧酒。
烧酒到好吃，
月儿不拿给我吃。

得此暗示，曾作五绝诗一首云：新月如镰刀，斫上山头树。倒地却无声，游枝亦横路。

月儿光光
下河洗衣裳，
洗得白白净净，

拿给哥哥穿起上学堂。

学堂满，插笔管。

笔管尖，尖上天。

天又高，一把刀。

刀又快，如截菜。

菜又甜，如买田。

买块田儿没底底。

漏了二十四粒黄瓜米。

"和姐妹兄弟们在峨眉山下望月，大家必吟诵这两首谣曲起来"：那时候底幸福，真是天国的了！回忆起来，至今还记忆犹新，沉浸在快乐幸福中。①

这种熏陶给了郭沫若以深刻的影响，后来，他走上了文学道路，多次把这首歌略加改动写进自己的作品。二十年代，他写进了童话剧《广寒宫》，四十年代，又一次写进历史悲剧《虎符》，尤其值得注意的是杜氏常以自己喜爱的弹词熏陶孩子们。《二十一史弹词》就是其中的一种。这部弹词，不但是戏剧文学，还是奋勉教程。十字一句，将中国几千年的历史，分朝代作了叙述。如"南宋初叶"：

骑马，渡康王，江南立帝。

建中兴，无计策，航海逃生。

宗留守，固京城，表还车驾。

汪黄祖，抑郁死，泪满衣襟。

振军声，累得胜，张、韩、吴、岳。

苗刘变，遭禁制，不胜疑心。

贼桧归，决讲和，称帝奉贡；

杀忠良，三字狱，匿怨忘亲。

这一类弹词，内容非常丰富，形式也不断变化着，其中蕴藏着不少有用的东

_____

① 郭沫若：《儿童文学之管见》，《文艺论集》1925年光华书局。

西。在母亲杜氏的影响下，郭沫若从小就非常尊重弹词，如他在《序〈再生缘〉前十七卷校订本》文中所说："我不想否认，我是看到陈教授这样高度的评价才开始阅读《再生缘》的。虽然我也尊重弹词，我也认为这种形式就是长篇叙事诗，虽然我早就知道孟丽君这个故事，在评弹和剧曲中曾受到大众的欢迎，但我阅读《再生缘》却是最近半年多的事。"

郭沫若幼年时代从母亲那儿受到的这些戏剧教育，实在是叫他终生追羡。一九一四年十二月二十四日，他从日本给父母写回的家信中说："古人云：'每逢佳节倍思亲'，此中滋味，近日饱尝之矣。男想往年在国，每逢年假暑假，欢然言归，庆享团圆之乐。夏日长闲，冬夜无事，茶余饭后，炉畔灯前，持小说善书，在父母前讴吟讽诵，其乐何极；及今回顾，不胜追羡也。"

郭沫若的文学视野是逐渐扩展的。在日本留学时，读了歌德和席勒的许多作品，有史诗式的《浮士德》《强盗》，有叙事谣曲《野玫瑰》《魔王》《手套》《渔童歌》等等，所有这些作品都在不同程度上影响着郭沫若的创作。《手套》是席勒的一首非常有名的谣曲，写于一七九七年七月，取材于圣佛瓦的《巴黎史论》。事情发生在法国国王弗兰茨一世当政时期（1515—1547），国王弗兰茨到狮子园观看斗兽表演，狮子、老虎、豹子等猛兽围成一圈，形成一片杀机，忽然间，一只手套落到了群虎中间，一位叫库妮恭特小姐的女子便以嘲讽的口气向骑士德劳格斯说："骑士先生，你总是向我发誓，爱我呀爱得发狂，好吧，那就请把手套给我捡起。"骑士二话不说地去到兽群中把手套捡了起来。这时，人们对骑士抱以极大的尊敬，小姐也以含情的目光迎接着他，可是，骑士把手套扔向小姐后，却头也不回地离开了。这个反抗权威的爱情故事很有名，在欧洲几乎是家喻户晓，给郭沫若留下的铭感也是很深的。

1920年，郭沫若向戏剧发展。先后写出了《棠棣之花》《女神之再生》《湘累》等诗剧后，又于1921年夏间，创作了《史的悲剧〈苏武与李陵〉》的未完稿，其中模仿席勒的《手套》，写了一首弹词，也是他创作的唯一的首弹词。悲剧的楔子一开头就写道："我们今天要为诸君排演的，是部新编的历史悲剧，名叫《苏武与李陵》……这李禹有段很有趣的逸亭，我看很与德国诗人许雷Schiller《手套》一诗中所叙的故事相仿佛。……究竟李禹有什么逸事与这诗中所咏的事情相仿佛呢？……待我随口把他编成曲子，唱来给诸位听吧。"这首随口编成的曲子就是1928年1月收入《前茅》中名为《暴虎辞》的诗。在将这首《暴虎辞》

收入《前茅》时，郭沫若在诗前写了如下一些话："这首诗是 1921 年夏间的旧诗。这在形式上和内容与前面诸作均不相伦类，但因为它的精神是反抗既成的权威；我所以不能割爱，也把它收在这儿。"郭沫若之所以"不能割下爱"，固然是因为他要以"藐视一切权威的那种反抗的精神"来反抗蒋介石对革命人民的残酷屠杀，但不能不承认，也有"尊重弹词"的因素在里面。值得注意的是：郭沫若很早就这样注意了中外民间文学的结合，为他后来创造具有民族风格的历史悲剧做了准备。

到了乐山，从读高等小学起郭沫若又开始了新的接触和追羡。从沙湾一到乐山，他就在草堂寺看了《游金河》的川戏，"留下了一个深刻的记忆"（《少年时代》）。据郭沫若的同班同学杜高崇先生告诉笔者，当时，废科举、兴学校的新潮好比洪水一般，一浪高一浪地流到了乐山，川戏也是非常活跃的，秦晋公所、肖公庙等地都有剧场，每天都有戏，三国戏、水浒戏、包公戏……种类多极了，其中著名的清和班王花脸所演的《霸王别姬》等川戏节目更是富有特色，很能吸引青年人的心，他们经常是座上客。然而，最吸引他们的注意，看得最多的还是水浒戏，黑旋风负荆请罪、仗义疏财，豹子头和尚自还俗，鲁智深喜赏黄花峪，林冲夜奔……

笔者曾在郭沫若少年时的读书笔记本里发现他抄写的水浒戏《虎囊弹·山门》：

[点绛辰]

净 树木嵯岈峰峦如画，堪消洒。毋只是没有酒喝。嗳，闷杀洒家，烦恼倒有天来大。

[混江龙]

只见那朱垣碧瓦。梵王宫殿绝喧哗，郁苍苍虬松罨画。[笑介]咦咦哈哈，听听吱喳喳古树栖鸦，你看那伏的伏，起的起，斗新青群峰相迎那，高的高，凹的凹，丛暗绿。万木交加，遥望着石楼山雁门山横冲霄汉，那清尘宫、避暑宫，约云霞。这是莲花湧地法王家，说什么披出个年话，好教俺悲今弔古止不唉唉呀！……见卖酒的了。

五唱 [山歌]九里山前作战子个场，牧童里个拾得旧刀枪，顺风吹动乌江里个水好似虞姬别霸子个王。

[油葫芦]

俺笑着那戒酒除荤閒磕牙，做尽了真话靶，[丑]啥个话靶。[净]他只道草根木叶味偏佳，全不想那济颠僧，他的酒肉，可也全不怕弥勒佛米汁非诈。[丑]……咱囊头有亲钱现买，恁的不虚花……那里管西堂首座迎头骂。[丑]……[净]卖酒的，可不道解渴胜如茶。……

[天下乐]

只见那飘瓦飞砖也，那似散花怎差也不差，恁哗呀却便以黄鹤楼打破随风化，守清规浑似假，一任的醉由咱。呵呀，酒湧上来，哈哈也罢。只索去倒禅床瞌睡煞。

[哪吒令] 听钟鸣鼓挝，咮，恨禅林尚遐，把青山乱踏，似飞投倦鸦，醉醺醺眼花，惹别人笑咱，缠过了半碧峰尖。早来到山门下，哈，怎么把山门多闭上了，这些乌和尚。只好管闭户波渣。

[鹊踏枝]

觑着伊挂天衣，剪绛霞皮罗帽压压金花，他做什么护法空门，怎与那古佛排衙。俺怪他有些装聋作哑，俺又怪眼净净，笑哈哈，两眼儿无情煞。

[寄生草]

谩拭英雄泪相随处士家。……谢恁个慈悲剃度莲台下。……罢设缘法，转眼分离。乍赤条条来去无牵挂，那里讨烟簑雨笠，捲捲单行，敢辞那芒鞋破钵随缘化。

[煞尾]

俺只待回避了老僧伽，收拾起浮生活。……好向那杏花邨里觅些酒水沾牙，免被那腌臢秃子多惊讶，一任俺侭醉在山家。（为唱词说白，俺如今也不是五台山的和尚了）早难道权头沽酒也不容口自咱。

水浒戏所表现出的反抗精神，像车辙一样印入他的脑海，助长他反抗性格的形成和发展，影响着郭沫若日后的戏剧创作。《南冠草》的第四幕憨憨老翁在官差押解夏完淳的途中开设酒店，打救夏完淳的戏，很明显地可以看出，无论是在精神上，还是在艺术手法上，与青年时代所受水浒戏的影响都有不可分割的联系。由此可见，民间歌舞、水浒戏曲是郭沫若历史悲剧风格形成的文学渊源之一。

二

元代的杂剧对郭沫若历史悲剧的巨大影响更不可忽视。元杂剧是我国戏剧艺术发展史上的一个高峰，也可以说是中国文学史上的一座高峰。元代，不但出现了如王实甫、关汉卿等许多杰出的剧作家，而且产生了如《西厢记》《窦娥冤》等一类不朽的剧作，给我国文学宝库中增加了新的瑰宝。元杂剧从产生到现在都深深影响着后世的作家作品。郭沫若恐怕要算是很突出的一个吧。早在他读高等小学的时候，他就偷偷地看了《西厢记》，留下了不可磨灭的印象。虽然因为嫂嫂的告状而受到母亲的呵斥，但《西厢记》里所表现的追求个性解放的精神却深深地鼓舞着他。他在回忆时说："在高小时代，我读到《西厢记》《花月痕》《西湖佳话》之类的作品，加上是青春期，因而便颇以风流自命，大做其诗。"（《学生时代》）

从此以后，郭沫若读了不少杂剧本子。郭沫若同时代至今还健在的几位亲朋好友告诉笔者，他看得特别多的是反抗黑暗势力、追求光明自由的杂剧本子，如《汉宫秋》《当炉记》《赵氏孤儿》等等。他为那些敢于向旧礼教、旧势力挑战的人们赞叹，他为那些制造不合理的、限制人性发展的桎梏愤怒……我们可以毫不夸张地说，元杂剧给郭沫若的影响是多方面的，而且是相当深远的。郭沫若弃医从文不久，在翻译歌德《浮士德》诗剧的过程中开始了自己的戏剧创作，这些剧作除了模仿外国戏剧外，不可避免地也受到了元杂剧的影响。他力图使外国的影响和中国的传统结合起来，当时，由于思想、生活各方面的限制，虽然未能如愿以偿，但意图还是十分明显的。他在为泰东书局老板改编的《西厢记》所写的改编"主旨"中就非常肯定地说："（一）在使此剧合于近代的舞台以便排演，以为改良中国旧剧之一助。（二）在使此剧合于近代文学底体裁，以为理解中国旧文学的方便。"郭沫若在这里表达的意图是很清楚的，见解也是新颖的，那就是通过学习外国戏剧的长处来"改良中国旧剧"，同时又要通过旧剧的改良来加深对中国旧文学的"理解"。正因为注意了这点，所以他早期的剧作，虽然有浓厚的模仿的痕迹，但也有自己独特的创造。继《女神》三部曲之后，郭沫若又写了《卓文君》《王昭君》《聂嫈》等剧，用诗一般的热情语言对历史成案进行了新的解释或新的阐发，颂扬了那些封建道德的叛逆者。在创作这些剧作时，作者就很注意吸收元杂剧刻画人物的艺术手法。请读读下面一段文字吧：

> 卓文君：你听，不是琴音吗？
>
> 红　　箫：……不是，是风在竹林里吹。
>
> 卓文君：是从下方来的。
>
> 红　　箫：……是水在把月亮摇动。
>
> 卓文君：是从远方来的。
>
> 红　　箫：……不是，不是，甚么音息也没有。啼饥的猫头鹰也没有，吠月的犬声也没有。……
>
> 卓文君：啊，没有。真的甚么也没有。是我的耳朵在作弄人了。

有人曾指责郭沫若这场很富有诗情画意的戏是模仿《西厢记》的"琴心"：

> 莫不是步摇得宝髻玲珑？莫不是裙拖得环丁咚？莫不是铁马儿簷前骤风？莫不是金钩双挂，吉丁当敲响簾栊？……

诚然，这里有"模仿"的痕迹，但应该看到，他没有停留在形式上的简单模仿，完全是从精神上去学习，是为对历史成案作新的解释，新的阐发，表现反抗精神服务的，因而，在整个剧本的构成上仍然是一个有机的统一体。郭沫若在为改编《西厢记》而写的题为《西厢艺术之批判与其作者之性格》一文开头就说："吾人殆不能不赞美元代作者之天才，更不能不赞美反抗精神之伟大！反抗精神，革命，无论如何，是一切艺术之母。元代文学，不仅限于剧曲，全是由这位母亲产出来的。这位母亲所产生出来的女孩儿，总要以《西厢》为最完美，最绝世的了。西厢是超过时空的艺术品，有永恒而且普遍的生命。西厢是有生命之人性战胜了无生命的礼教底凯旋歌，纪念塔。"[1]

这是郭沫若从小读元杂剧的深刻体验的总结。元杂剧的这种反抗的革命精神在郭沫若的历史悲剧，特别是抗日时期所写的六大历史悲剧里，不但得到了很好的继承，而且得到了很好的发扬光大，反抗的目标更加准确，反抗的力量更加雄

---

[1]　郭沫若：《〈西厢〉艺术上之批判与其作者之性格》，《文艺论集》，光华书局 1925 年版。

厚。剧本无一不是为了让人民群众彻底觉醒起来，从根本上推翻旧制度，创造新社会。我们可以说，六大历史悲剧中所塑造的种种形象，特别是如聂嫈、婵娟、如姬、怀清、怀贞、阿盖等妇女形象，与元杂剧中的种种形象，特别是妇女形象有着直接的渊源。难怪他不止一次地说："西洋的诗剧，据我看来，恐怕是很值得考虑的一种文学形式，对话都用韵文表现，实在是太不自然。……我觉得元人杂剧和以后的中国戏曲，唱与白分开，唱用韵文以抒情，白用散文以叙事，比之纯用韵文的西洋诗剧似乎是较近情理的。""中国戏曲在文学构成上优于西洋歌剧"。[①]

三

郭沫若是在熟悉了祖国许多民间戏曲，特别是水浒戏、元人杂剧之后去日本留学的。到日本留学的时期，他不但看了许多外国戏，而且读了不少外文剧本。这对他的剧作活动起了催生的作用。熟悉郭沫若的人都知道，他去日本留学的时候正是日本戏剧兴盛的时期，新派剧和新历史剧的流行，以及外国戏的翻译介绍都十分活跃。岛村抱月和松井须磨子所组织的艺术讲座，在全国各地巡回演出梅特林克的《莫娜·凡娜》以及易卜生、托尔斯泰、契诃夫等名家的剧本。同时，还有在森外鸥协助下，由小山内熏同市川左团次一起组织的自由剧场，上演易卜生的《博克曼》和契诃夫、高尔基、霍普特曼、梅特林克所写的欧洲近代剧本，以及小山内熏、吉井勇、长田秀雄等新创作的剧本。以上戏剧活动，都在话剧界掀起了巨大的狂热的浪潮，给社会以深刻的影响。

通过日本的舞台和翻译，郭沫若几乎很快就把欧洲戏剧发展史上几个重要阶段的代表性的作家作品，接触并逐渐熟悉了。他多次说过："多读文艺方面的书，近代欧洲大作家的作品是好的模范，必须能多读或采一二种精读。"（《如何研究诗歌与文学》）他又说："作剧的尝试我在二十多年前就做过，在当时我只读过一两种希腊悲剧，莎士比亚的《哈牟雷特》《罗美沃与幽莲特》、斯特林堡、浩普特曼、梅特林克、契诃夫、王尔德的东西。"（《作剧经验》）这个见解和回忆足以充分说明，郭沫若接受欧洲戏剧影响与当时日本文坛的戏剧热潮有密切的关系，加

---

① 郭沫若：《学生时代》，北京：人民文学出版社，1979年版。

之日本人常常以外国文学名著作外文教材，使得他不得不读许多文学名著，其中包括了不少外文剧本。他后来回忆 1919 年初的情形时说："我在二三两月间竟自狂到了连学堂都不愿进了。一天到晚踞在楼上只是读文学和哲学一类的书。我读了佛罗贝尔的《波娃丽夫人》，左拉的《制作》，莫泊桑的《波兰密》《水上》，哈姆森的《饥饿》；还有易卜生的戏剧；霍普特曼的戏剧；高尔华绥的戏剧。"

在高等学校和大学期间，郭沫若不但"狂"热地如醉如痴地读了许多外文剧本，而且先后翻译了不少的剧本。这对他本人以及当时的中国文坛都产生了莫大的影响。其中，对他本人影响最深刻长远的主要有以下几种：

（一）在古典戏剧方面：主要是希腊的悲剧，那原始性的歌舞和充满诗意的情趣都给郭沫若的戏剧以影响。

（二）在文艺复兴时期的戏剧方面：主要是人文主义者莎士比亚的所谓性格悲剧。对莎氏的作品，郭沫若早在读高等小学的时候，就通过林纾的译本有所接近，并受到深刻的影响。他说过："Lamb 的 *Tales from Shakespeare*，林琴南译为《英国诗人吟边燕语》，也使我感受着无上的兴趣。它无形之间给了我很大的影响。后来我虽然也读过 *Tempest*、*Hamlet*、*Romeo and Juliet* 等莎氏的原作，但觉得没有小时候所读的那种童话式的译述来得更亲切了。"[①] 这种影响几乎一直贯串在郭沫若的整个戏剧创作中，早期所写的《棠棣之花》就有意模仿莎氏《十二夜》《错误的喜剧》，把聂政姊弟安排为孪生，后来写《高渐离》又有意安排了怀贞、怀清为孪生姊妹，那有名的"雷电颂"，应该承认，也有莎氏影响的因素在内，不过不是模仿，而是创造罢了。

（三）在近代戏剧方面：主要是英国、北欧诸国尤其是德国的戏剧，深深地影响着郭沫若的戏剧创作。我们分别简述如下：

1. 英国戏剧创作给郭沫若较大影响的作家是约翰·沁孤、高尔华绥、王尔德等人。约翰·沁孤是爱尔兰反抗的象征。一生写了八个剧本，数量不多，但很有特点：（1）所选取的题材多是下层社会的不幸者，如流浪人、乞丐、渔民……作者对这些不幸的人们寄予了深厚的同情，并通过这些人物向旧社会进行挑战；（2）真实地写出了人物的心理、表情、性格，所写出的全部人物几乎都是活的，一点没有虚假；（3）用语多是爱尔兰的方言，据作者自述，剧中人物说的话几乎

---

① 郭沫若：《少年时代》，北京：人民文学出版社，1979 年版。

没有一句是他自己创作的。郭沫若在"五卅"前后深深爱上了沁孤的剧作，一口气翻译了其中的六个，于 1926 年由商务印书馆出版，题为《约翰·沁孤戏曲集》。1962 年，郭沫若还为《骑马下海的人》写了前言，在六月号《剧本》月刊上重新予以发表。这位作家给郭沫若的影响无疑是巨大的，早在三十年代他撰写的自传体的《学生时代》中就曾生动地谈到了这点。他说："《聂嫈》的写出自己很得意，而尤其得意的是那第一幕里面的盲叟。那盲叟的流浪人所吐露出的情绪是我的心理之最深奥处的表白。但那种心理得以具象化，却是受了爱尔兰作家约翰·沁孤的影响。"[①]

2. 高尔华绥的戏剧可以说都是社会剧，他不满意于当时的资本主义社会，对弱者表示极深厚的同情，弱者在现社会组织下受压迫的苦况，他如实地表现到舞台上来，给一般的人类暗示出一条改造社会的路径，结构精密，表现自然，都给郭沫若的戏剧创作以不同程度的影响。蒋介石背叛革命后，郭沫若在白色恐怖笼罩下，曾翻译了高尔华绥的《争斗》《银匠》《长子》《正义》等剧作，借以表达自己对蒋介石血腥屠杀罪行的愤怒抗议，对被压迫屠杀的革命者及人民群众的同情。除这两位现实主义剧作家外，唯美主义者王尔德对郭沫若的戏剧和诗歌创作都产生过不小的影响。"五四"后的 1920 年，田汉同志翻译了王尔德的代表剧作《沙乐美》，郭沫若为之写序，题为《密桑索罗普之夜歌》，后来发表在少年中国学会出版的《少年中国》（季刊）第二卷第九期上，排在田汉译文之前，后又收入《女神》诗集，且有副题："此诗呈 Salome 之作者与寿昌"。不消说，这首厌世者之歌是唯美主义的。像这种倾向的诗，《女神》绝不是仅有其一，而无其二。至于早期所写的历史剧，如《王昭君》，受王尔德《沙乐美》的某些影响更是显而易见的，试把《沙乐美》里的女主人公因为得不到所欢喜的男子的爱，便要了男子的头，把那个血淋淋的头拿来亲吻时的台词和《王昭君》里元帝杀了毛延寿捧着、吻着毛的头时的台词一比较就明白了。限于篇幅，这里就不引证了。

3. 德国戏剧家对郭沫若的影响更是显著，更是深刻。我们甚至可以说，郭沫若的戏剧创作是在德国戏剧的直接影响下开始的。他曾在一篇题为《我的著作生活回顾》的未完稿里，在"向戏剧的发展"的标题下写上了"歌德、瓦格纳"的名字。在《学生时代》里也说："我开始做诗剧便是受了歌德的影响。在翻译

---

① 郭沫若：《学生时代》，北京：人民文学出版社，1979 年版。

了《浮士德》之后，不久我便做了《棠棣之花》……《女神之再生》《湘累》《孤竹君之二子》都是在那个影响下写成的。助成这个影响的不消说也还有相当流行着的新罗曼派和德国新起的所谓表现派。……妥勒尔的《转变》、凯惹尔的《加勒市民》，是我最欣赏的作品。"①

事实确是如此。德国"狂飙运动"的精神和"五四"运动的精神，在许多方面颇有相似的地方，因此郭沫若在翻译歌德《浮士德》的过程中开始了戏剧创作，而先后熟读过，或者翻译过歌德、席勒、霍普特曼、瓦格纳等人的一些作品，从中吸取了不少有益的营养。如席勒喜爱民间谣曲反抗权威的革命精神，对历史题材选择的独到见解："……即使是国家灾害惨重的时代，仍然是人民显示力量最灿烂的时代！有多少伟大的人物从这个暗夜里显现出来啊！"（《席勒评传》）霍普特曼"一笔不懈，一字不苟的行文"，"关于自然的描写，心理的解剖，性欲的暗射"的"精细入微"；瓦格讷关于神话传说的吸取，歌唱的反复等手法……

《棠棣之花》的写作与完成，歌德和席勒的影响都是很自然而明显的。

4. 除此之外，挪威易卜生对社会问题的关注，比利时梅特林克《青鸟》关于象征手法的成功运用，都给郭沫若历史剧以不同程度的影响。他自己就说过：

> 儿童文学采取剧曲的形式，恐怕是近代欧洲的创举。我看过梅克林克的《青鸟》，浩普特曼的《沉钟》。此种形式的作品，前年九月间在《时事新报·学灯》上，我曾发表过一篇《黎明》，是我最初的一个小小的尝试，怕久已沉没在忘却的大海去了。②

应该说，《黎明》是我国现代儿童文学的拓荒者，应予重视。他还说过：

> 在这时候我偶尔也和比利时的梅特灵克的作品接近过，我在英文中读过的《青鸟》和《唐太儿之死》。他的格调和太戈尔相近，但太戈尔的明朗性是使我愈见爱好的。③

---

① 郭沫若：《创作十年》，《学生时代》，北京：人民文学出版社，1979 年版。
② 郭沫若：《儿童文学之管见》，《文艺论集》，光华书局，1925 年。
③ 郭沫若：《我的作诗经过》，《郭沫若全集》第 16 卷，北京：人民文学出版社，1989 年版。

从以上叙述，我们可以清楚地看到，郭沫若的戏剧创作活动的确经历了一个学习、模仿、创造的过程。学习过程中，他熟悉了中国民间说唱文学、川戏等地方戏、元人杂剧，以后，又熟悉了许多外国戏，特别是英国、德国、北欧一些戏剧大师的作品，由写诗到模仿着写诗剧、历史剧，这些模仿虽然不算成功，但为他积累了丰富的经验和深刻的教训。值得注意的是，作者一开始就不是简单地模仿，而是综合地吸取，并比较早地注意了和中国民间戏剧、传统戏剧的结合，这就为他的创造性的活动得以成功提供了有力的保证。到了抗战时期，他不但有了更高的思想水平，而且有了更丰富的经验，更渊博的知识，有可能、也有必要展开创造性的活动了。事实正是如此，他成功地吸取了说唱文学，特别是弹词、川戏、元人杂剧的丰富营养，以及希腊、英国、德国、挪威、比利时诸国一些戏剧艺术家现实主义或浪漫主义的优秀传统，从而根据现实需要，创造了振奋人心、号召斗争的六大历史悲剧，开了一代剧风，挽救了日益衰亡的历史悲剧。

郭沫若与《西厢记》

　　"八一"南昌起义失败后，郭沫若遭到蒋介石的通缉，被迫经由潮汕、香港潜回上海。期间，他拟就过一个题为《我的著作生活的回顾》的写作提纲。遗憾的是，由于种种原因，"回顾"终究是一个提纲。尽管如此，但它还是为人们研究他的创作道路，特别是文学渊源提供了一个极其明晰而又可靠的脉络。"回顾"一开头写道：

　　二月十八，星期六，晴。

　　拟做《我的著作生活的回顾》。

　　一　诗的修养时代
　　唐诗——王维、孟浩然、柳宗元、李白、杜甫、韩退之（不喜欢）、白居易。《水浒传》《西游记》《石头记》《三国演义》都不曾读完，读完且至两遍的只一部《儒林外史》。喜欢《西厢》。喜欢林纾译的小说。①

　　郭沫若谈到自己所受中外作家作品影响时，对《西厢记》和林纾小说特别用"喜欢"一词。这在郭沫若是比较少见的，可见《西厢记》对他来说，影响非同一般。

---

　　① 郭沫若：《海涛集·离沪之前》，《郭沫若全集·文学编》第13卷，北京：人民文学出版社，1992年版，第290－300页。

一、使之"合于近代文学底体裁"的修改

新文学运动初期，标点旧书风行，古书今译蔚为时尚，改编被人赏识……郭沫若是这方面的先锋。他翻译《诗经·国风》，出版了《卷耳集》，标点改编了《西厢记》……

关于《西厢记》的标点改编，他曾在《创造十年》中做过这样的回忆：

> 那时候上海滩上正是旧书新式标点流行的时候，亚东标点的《红楼梦》《水浒》等书很风行一时，泰东看了眼红也想照办。我便劝他们标点《元曲》。这个提议立地也就见诸实行起来，但把那位王先生难着了，他把那词曲中的文句标点不断。我自己为填塞提议的责任起见，照着西洋歌剧的形式改窜了一部《西厢》。这项工作在当时已经很不满意，现在想起来尤其无聊，并且可惜那部缺了一册的明刊本，那和金圣叹批本的内容有些不同，却被我把他涂毁了。[①]

好友郑伯奇也有相关的回忆：

> 沫若还标点了《西厢》，也是应泰东老板的请求，在写作之余搞出来。看见《西厢》的销路不坏，泰东老板便买了一部《元曲选》，希望我们选出几个杂剧，加以标点、印行。[②]

郭沫若为泰东书局改编的《西厢记》，作为名曲丛刊第一种，1921年9月1日正式发行，受到读者好评。他在所写的改编"主旨"中非常肯定地说："（一）在使此剧合于近代底舞台以便排演，以为改良中国旧剧之一助。（二）在使此剧合于近代文学底体裁，以为理解中国旧文学的方便。"郭沫若在这里表达的意图是清楚的，见解也是新颖的，那就是通过学习外国戏剧的长处"改良中国旧剧"，

---

① 郭沫若：《学生时代·创造十年》，《郭沫若全集·文学编》第12卷，北京：人民文学出版社，1992年版，第97—98页。

② 郑伯奇：《忆创造社》，《沙上足迹》，哈尔滨：黑龙江人民出版社，1999年版，第16页。

同时又要通过旧剧的改良来加深对"中国旧文学"的"理解"。根据"主旨"规定了如下体制：

（一）每出均略加布景，一出能划为一幕者划一之，不能者分为数幕，务使排场动作与唱白相一致。

（二）凡无谓的旁白，独白，概行删去。

（三）凡唱白全依获斋藏版。原本为金圣叹所删改者甚多，删改处比原本佳者，要用金本。关汉卿所续四出概行删去。

（四）词中衬字及增白，为全剧统一起见，间有增改。

（五）凡前人无谓的批评一概删去，以便读者自行玩味。

（六）全书概用近代体例——西洋歌剧或诗剧的——及新式标点。[①]

改编，郭沫若自己虽然觉得"无聊"，"不满意"，但确实达到了预期的目的。可以说，在很大程度上帮助了作家把中外戏剧优良传统结合起来。郭沫若早期的诗剧，虽然有深厚的模仿痕迹，但也有自己的独特创造。《黎明》、《女神》三部曲之后，他又写了《卓文君》《王昭君》《聂嫈》等历史剧，用诗一般的热情语言对历史成案进行了新的解释或新的阐发，颂扬了那些封建道德的叛逆者。在创作这些诗剧时，除了对欧美近代歌剧作了崭新的移植，同时，也很注意对元人杂剧优良传统的继承。

郭沫若改编《西厢记》便是根据以上"体制"，删去了原戏曲的第五本，将前四本改编为十六出，二十三场。每场以近代剧形式设置布景。此改编本一般读者很难找到，现将改编的场次引录于后：

第一出　惊艳

第一场　崔莺莺居室

　　　　莺莺与红娘坐室中刺绣。崔夫人引欢郎上。

第二场　蒲郡城外

　　　　背景中黄河可见

---

① 郭沫若改编《西厢》，上海：泰东图书局，1921年初版。

店小二一人立城门外，候客。

张生引琴童上。

第三场　普救寺前庭

正面为佛殿。左右为僧房。庭中多植桃柳。

法聪坐佛殿前石阶上。

张生念诗上。张生曲径通幽处。禅房花木深。

第二出　借厢

第一场　长老方丈，法本在方丈中念经。

法聪引张生上。

第二场　普救寺山门

张生在山门外盘旋，呈焦急态。

第三出　酬韵

第一场　莺莺居室

莺莺在室中刺绣。红娘上。

第二场　普救寺后庭

午后左侧三分之二为普救寺后庭，正面现张生居屋，右三分之一为崔家花园，两侧中间隔见花孔短墙。张生自居室中走出。

第四出　闹斋

普救寺大殿。殿前摆着种种幢幡灯彩。众僧殿上准备做法式。

第五出　听琴

第一场　莺莺居室

门掩闭，门外有回栏，栏下为花圃。

第二场　寺中大殿

张生与崔夫人立殿中等望。法本匆匆上。

第三场　白马将军营防。

第六出　请宴

张生书斋，闭门。

第七出　赖婚

崔氏客堂，堂中陈设酒宴。夫人坐堂中。

红娘引张生上，与夫人施礼。

第八出　琴心

花园

正面一带红墙。墙头寺院耸出。

红娘捧香案随莺莺出场。

第九出　书斋

书斋

张生偃卧床上

第十出　闹简

第一场　莺莺居室

红娘上。

第二场　书斋

张生坐书斋中纳闷，红娘上，推门入。

第十一出　赖简

花园，夜。

背面孔短墙一带，侧角有一门。红娘一人陈设香案。

第十二出　后候

张生书房。张生卧病床上。

法本和太医诊脉下药。

第十三出　酬简

第一场　崔莺莺居室，夜。

　　　　莺莺依室回栏伫立。红娘上。

第二场　书斋

　　　　张生伫立门外怅望。

第十四出　拷艳

　　　　崔氏堂前

　　　　夫人，欢郎坐堂上。

第十五出　哭宴

　　　　十里长亭。中间排着筵席。

　　　　法本与崔夫人坐亭中。

　　　　莺莺红娘张生琴童上。

第十六出　惊梦

　　　　草桥店头房，夜。

　　　　舞台光线幽暗。

　　　　店小二引张生琴童上。

　　除了将《西厢记》的"本"分幕分场外，其中的唱词，说白也做了删节、添改，使之符合近代剧的要求。试以"惊艳"一场为例看看郭沫若对内文是怎样改编的。

　　历来的评论家都一致赞扬这一"梦"，明人徐复祚说："《西厢》之妙，正在草桥一梦，似假疑真，咋离咋合，情尽而意无穷。"刘丽华说："旅社魂惊，春闺梦断，此篇隐括。"清人焦循则说："王实甫长亭送别一则，称绝调矣。"

　　弗洛伊德在《梦的解析》中说："愿望的满足是它（梦）的唯一目的"，"梦不单表现了思想，还以幻觉的经验的形式再现了这一愿望的满足"，梦，往往与性的欲望有着直接间接的关系，甚至"明显是属于天真无邪的梦也一定含着粗野的色情欲望"。郭沫若根据这种认识，对"惊梦"进行了删节、添改。一时找不到他所用的金批实获斋本，只好借用手头的金批贯华堂本来做一个对比。

金批贯华堂本的文字是这样的：

　　〔折桂令〕想人生最苦是离别，你怜我千里关山，独自跋步。似这般牵肠挂肚，倒不如义断恩绝。

　　右第十五节。此是梦中假自作悟语也。作如此悟语，欲其梦觉，正未易得也。

　　这一番花五月缺，怕便是瓶坠簪折。你不恋豪杰，不慕骄奢；只要生则同衾，死则同穴。沉郁顿挫，至于如此。

　　右第十六节。如此梦中加倍作梦语也。作如是梦语，梦其梦觉，正未易得也。

　　（卒子上，张生惊科）（卒子云）方才见一女子渡河，不知那里去了。打起火把者！走入这店里去了！将出来！将出来！（张生云）却怎生了也？小姐，你靠后些，我自与他说话。（莺莺下）

　　〔水仙子〕你硬围着普救下锹撅，强当住我咽喉仗剑钺。贼心贼脑天生劣。

　　（卒云）他是谁家女子，你敢藏着？

　　休言语，靠后些！杜将军你知道是英杰，觑觑着你化为醢酱，指指教他变做脊血。骑着匹白马来也。

　　右第十七节。是张生此时极不得意梦，是张生多时极得意事。谚云"要知前世因，今生受者是。要知后世因，今生作者是。"若使张生多时心中无因，即是此时枕上无梦也。危哉！危哉！

　　（卒子怕科）（卒子下）

　　（张生抱琴童云）小姐，你受惊也！（童云）官人，怎么？（张生醒科，做意科）

　　呀，元来是一场梦。且将门儿推开看，只见一天露气，满地霜华，晓星初上，残月犹明。

　　何处得有《西厢》一十五章所谓惊艳、借厢、酬韵、闹斋、寺警、请宴、赖婚、听琴、前候、闹简、赖简、后候、酬简、拷艳、哭宴等事哉！自归于佛，当愿众生，体解大道，发无上心；自归于法，当愿众生，深入经藏，智慧如海；自归与僧，当愿众生，统理大众，一切无碍。

无端燕雀高枝上，一枕鸳鸯梦不成。①

郭沫若将它改为：

想人生最苦是离别，可怜见千里关山，独自跋涉。似这般割肚牵肠。倒不如义断恩绝！虽然是一时间花残月缺，你呵，休猜做瓶坠簪折。不恋豪杰，不羡骄奢，生则同衾，死则同穴。

（卒子多人打火把涌上，舞台改换赤光。）

（卒子）恰才见一女子渡河，分明见她走在这房中去了。将出来！将出来！[张生]却怎了？[旦云]你近后，我自开门对他说。（唱）[水仙子]硬围着普救寺下锹镬，强当住我咽喉仗剑钺。贼心肠，馋眼脑，天生得劣！

张生，我对他说！

[旦唱]你休胡说：杜将军你知他是英杰，觑一觑着你为了齑酱，指一指你化做脊血。骑着匹白马来也。

（舞台光线徐徐复还原状）

（卒子抢旦下）

张生（惊呼）小姐！小姐！（张生搂住琴童）

琴童（惊醒）相人，怎么？

张生，哦！我才在做梦！琴童，天快要明了，你还在酣睡吗？（张生开门瞻望后，折入室中，唱）

这些删改，我们可以清楚地看到：（1）唱词，说白更加简洁、连贯、贴切；（2）布景变换与剧情发展协调，与人物活动谐和；（3）人物形体增强，显示人物内心的灵动合理、自然。无疑，这样的改动，更符合了近代剧的要求，更印证了弗洛伊德对梦的解析，"前尘后影"，更加"节节合拍，即经读者严密分析，也不会寻出破绽"。难怪郭沫若在《批评与梦》中要说："《西厢》中最后一梦我觉得

---

① 金圣叹著，周锡山编注：《贯华堂第六才子书西厢记》，沈阳：万卷出版公司，2009年版，第258—259页。

是很自然的"，经过他的改编，是更自然了！

二、另辟文艺批评的新路

郭沫若比同龄人"性"要"早熟"，七八岁时就"很想去扪触那位嫂子的那粉红的柔嫩的手"，十一二岁时，性的意识竟"泛滥到几乎不可收拾"，"两手和两脚夹着竹竿攀援"，也"感觉着一种不可言喻的快感"，以至常把攀援"竹竿""枇杷树""当成了自己的爱人"去享受性的"快乐"……正是在这"享受"性的"快乐"时，偷偷阅读了《西厢记》《西湖佳话》《花月痕》等奇书。这些奇书更给了他"葱茏的暗示"，把"性的欲望"挑拨得如同"开了闸的水"，其中尤以《西厢记》的"挑拨"来得凶猛。诚如他自己的回忆：

> 自从大哥出了东洋，我在他的书橱里面发现了一部《西厢》，一部《西湖佳话》，还有一部《花月痕》。

> 《西厢》是木板的小本，有些不甚鲜明的木板画。关于《西厢》的知识在各种机会看旧戏的时候，耳濡目染地一定得过了一些，但和真正的原书相接触的，这要算是第一次了。自己也晓得是小孩子不应该看的禁书，便白天托头痛把帐子放下了来偷看。那时候大约是暑天，因为先生已经回去了。

> 词调是不甚懂得的，但科白却容易看懂。因此，蛛丝马迹地也把前后线索可以看得明白。甚么"莺莺不语科"，"红娘云小姐，去来，去来"，"莺莺行且止科"等等，很葱茏的暗示，真真是够受挑发了。到了那时候，指头儿自然又忙碌起来，于是在不知不觉之间又达到了它的第三段的进展。从此以后差不多就病入膏肓了。连《西湖佳话》那样的书也含着了挑发性，《花月痕》那样的书，也含着了挑发性了，断桥情迹的幻影，苏小小的幻影，秋痕的幻影，弄得人似醉如痴了。

> 我偷看《西厢》，后来被我们大嫂发觉了，她去告诉了我母亲。我母亲把我责备了一场。但是责备有什么裨益呢？已经开了闸的水总得要流泻到它的内外平静了一天。这种生理上的变动实在是无可如何的，能够的时候最好是使它少受刺激性的东西。儿童的读物当然也是一个很重大的问题，回想起来，怕我们发蒙当时天天所读的甚么"窈窕淑女、君子好逑"的圣经贤传，

对于我的或和我同年代的一般人的性的早熟，怕要负很重大的责任罢？①

在这高小时代，我读到《西厢》《花月痕》《西湖佳话》之类作品，加上是青春期，因而便颇以风流自命，大做其诗。②

这些回忆，往往被有的读者或研究者误解，责备为男女关系。其实，这种袒露，和郁达夫的小说《沉沦》一样，都是对封建礼教的一种控诉，同时也是对精神分析学说的一种肯定和宣扬。

郭沫若、郁达夫等人留学日本期间，正值精神分析性学流行，弗洛伊德、蔼理斯等人的著作，被日本文化界广泛翻译、介绍，并为许多著名作家、理论家所吸收和运用，如厨川白村的《苦闷的象征》。郭沫若从性早熟及阅读《西厢记》的实际体验出发，迅速接受了这些学说，并以此为指导创作了《残春》《喀尔美萝姑娘》《叶罗提之墓》等心理小说，同时还以释梦说撰写了《批评与梦》《〈西厢记〉艺术上的批判与其作者的性格》两篇具有开创性的关于精神分析学说与文学关系的论文。

《残春》一发表便遭到摄生（茅盾）的批评，说：

郭沫若的那篇《残春》，除了句子构造艺术手段尚好外，我个人是不赞成这篇作品的。我从第一章第二章继续看下去，简直不知全篇的 Climax 在什么地方。都是平淡无味。不过在每章每节里发表他的纪实与感想罢了，而且他，Conclusion（终结）也没有深的含义与连络。③

对于茅盾的批评，成仿吾立即作了回答。他在 1923 年 2 月《创造季刊》第 1 卷第 4 期上发表了《〈残春〉的批评》，从考察"文艺的内容（即事件）"，"文艺的情绪，应不应当有一个最高点"两个方面入手，对茅盾"简直不知全篇的

---

① 郭沫若：《少年时代·我的童年》，《郭沫若全集·文学编》第 11 卷，北京：人民文学出版社，1992 年版，第 53—56 页。

② 郭沫若：《少年时代·我的学生时代》，《郭沫若全集·文学编》第 12 卷，北京：人民文学出版社，1992 年版，第 10 页。

③ 摄生：《读了〈创造〉第二期后的感想》，《时事新报·学灯》，1922 年 10 月 12 日。

Climax在什么地方"、作品"平淡无味"的指责给予了反驳，认为"在我们今日贫乏极了的文艺界，这篇总不能不说是有特彩的一篇作品"，甚至认为"讲到技术上来，《残春》更是没有缺陷的作品"，作者"用不到一千字，便创造了一个活泼的S"，要求大家"拿一种固定的形式或主义来批评文艺，是很容易把它误解了的"。"这种行为，酷似我们的专制君主，拿一只不满三寸的金莲，去寻他梦里的尤物"。

郭沫若自己也撰写了《批评与梦》一文，不但公开承认小说是按精神分析学说创作的，而且简明扼要地介绍了精神分析学说的流派及其特点，并着重指出"精神分析的研究最好是从梦的分析着手"，不但对梦的生成原因作了科学的解释，而且对文艺家在作品中如何"插入梦境的手法"作了论述。他说：

> 我那篇《残春》的着力点并不是注重在事实的进行，我是注重在心理的描写。我描写的心理是潜在意识的一种流动。——这是我做那篇小说时的奢望。若拿描写事实的尺度去测量它，那的确是全无高潮的。若是对于精神分析学或者梦的心理稍有研究的人看来，他必定可以看出一种作意，可以说是另外的一番意见。①

成仿吾就说出了另外一番意见，精辟、独到。郭沫若的《批评与梦》是一篇介绍、解释精神分析学说，特别是梦的解析的好文章，《〈西厢记〉艺术上的批判与其作者的性格》更是将弗洛伊德的泛性论、升华说、释梦说等学说运用到《西厢记》的研究上，可以说开创了精神分析学说阐释我国古典文学作品的先河。郭沫若根据精神分析派学者"以性欲生活之缺陷为一切文艺起源"的论说"细读《西厢记》一书"，进而分析并论证了王实甫"必定是受尽种种钳束与诱惑，逼成了一个变态性欲者"。这种"变态性欲"促成了他"感觉异常敏锐，几乎到了病态的地步"，"想象异常丰赡，几乎到了狂人的地步，"一句话："把自己纯粹的感情早早破坏了，性的生活不能完完全全地向正当方向发展，困顿在肉欲的苦闷之下而渴慕着纯正的爱情。"他说：

---

① 郭沫若：《文艺论集·批评与梦》，《郭沫若全集·文学编》第15卷，北京：人民文学出版社，1990年版，第236页。

我揣想王实甫这人必定是受尽种种钳束与诱惑，逼成了个变态性欲者，把自己纯粹的感情早早破坏了，性的生活不能完完全全地向正当方向发展，困顿在肉欲的苦闷之下渴慕着纯正的爱情。照近代精神分析派的学理讲来，这部《西厢记》也可说是"离比多"（Libido）的生产——所谓"离比多"是精神的创作（Psychische trauma），是个体的性欲由其人之道德性或其它外界的关系所压制而生出的无形伤害。

　　值得注意的是，他正确指出了这种"变态""肉欲的苦闷"是由于封建制度的"钳束"，封建礼教的"压抑"或"诱惑"所"逼的结果"，因而他特别指出并强调文学的反抗精神。他恳切地说：

　　　　文学是反抗精神的象征，是生命穷促时叫出来的一种革命。屈子的《离骚》是这么产生出来的，蔡文姬的《胡笳十八拍》是这么产生出来的，但丁的《神曲》、弥尔顿的《失乐园》，都是这么产生出来的。周诗之"变雅"生于幽厉时期，先秦诸子的文章焕发于周末，歌德、席勒出世于德国陵夷之时，托尔斯泰、多士陀奕夫士克产于俄国专制之下，便是我国最近文坛颇有生气勃勃之概者也由于受着双重压迫内之武人与外之强邻。

　　　　我国文学史中，元曲确占有高级的位置。禾黍之悲，山河之感，抑郁不得志之苦心，欲死不得死、欲生不得生的渴望，遂驱使英秀之士群力协作以建设此尊严美丽的艺堂。人们居今日而游此艺堂，以近代的眼光以观其结构，虽不免时有古拙陈腐之处，然为时已在五百年前，且于短时期内成就得偌大个建筑，人们殆不能不赞美元代作者之天才，更不能不赞美反抗精神之伟大！反抗精神，革命，无论如何，是一切艺术之母。元代文学，不仅限于剧曲，全是由这位母亲产出来的。这位母亲所产生出来的女孩儿，总要以《西厢记》为最完美，最绝世的了。《西厢记》是超过时空的艺术品，有永恒而且普遍的生命。《西厢记》是有生命的人性战胜了无生命的礼教的凯旋歌，纪念塔。①

　　---

　　① 郭沫若：《文艺论集·〈西厢记〉艺术上的批判与其作者的性格》，《郭沫若全集·文学编》第 15 卷第 321—326 页。

由此可见，郭沫若对《西厢记》的标点改编，不但加深了他对文学本质的认识，而且增强了对从事文学事业的信心和决心。从《女神》到《棠棣之花》《屈原》等六大悲剧，莫不是反抗精神的象征，所以他反复强调：

　　我想我们的诗只要是我们心中的诗意诗境底纯真的表现，命泉中流出来的 Strain，心琴上弹出来的 Melody，生底颤动，灵底叫喊，那便是真诗，好诗，便是我们人类欢乐底源泉，陶醉底美酿，慰安底天国。我每逢遇着这样的诗，无论是新体的或旧体的，今人的或古人的，我国的或外国的，我总恨不得连书带纸地把它吞咽下去，我总恨不得连筋带骨地把它融了下。①

　　生命与文学不是判然两物。生命是文学的本质。文学是生命的反映。离了生命，没有文学。②

余凤高在他的《"心理分析"与中国现代小说》一书中，专门列了《郭沫若与"心理分析"》一章，对其心理小说做了详细分析，给予了极高的评价，且对郭沫若运用精神分析学说进行理论研究的成果给予了充分的肯定。他认为：

　　他的《〈西厢记〉艺术上的批判与其作者的性格》与《批评与梦》是现代文学理论中少有的两篇专题以心理分析观点来阐述文艺渊源，创作与梦的关系等文艺问题的理论文章。
　　······
　　郭沫若的值得称颂的地方，就在于能够跃出心理分析的"魔道"，不断地发展自己的文艺思想，不断取得创作的新成就。③

这一结论是很有见地的。
童庆炳在他的关于《中国现代文艺心理学发展的重新审视》一文中，更是把

---

① 郭沫若：《致宗白华》，《三叶集》，上海：亚东图书馆，1920年版，第6页。
② 郭沫若：《生命的文学》，《时事新报·学灯》，1920年2月23日。
③ 余凤高：《"心理分析"与中国现代小说》，北京：中国社会科学出版社，1987年版，第78、155页。

郭沫若运用"心理分析"进行文艺批评的理论成果，放在世纪之交的历史背景上作了阐释。他说：

> 郭沫若作为现代文学史上最伟大的诗人，就总体而言，他是把文艺从属于革命的，从属于社会的改造的，但问题一旦深入到艺术的内在规律，他往往就从文艺心理学的视角来理解问题。郭沫若在二十年代自觉运用文艺心理学的经历，这里我们可举出他的《〈西厢记〉艺术上的批判与其作者的性格》和《批评与梦》两篇文章。这两篇论文，作者没有泛泛而论，而是引出作品中具体的句子，就文本的细微处切入，把文本与创作心理联系起来分析，给人以新鲜活泼的感觉。这两篇论文可以说是二十世纪中国现代文艺心理学最早的又具有学术"自觉"的论文。①

两位评论家的称道，为研究郭沫若与弗洛伊德心理学派的关系开了一个好头。郭沫若的《批评与梦》《〈西厢记〉艺术上的批判与其作者的性格》的的确确为现代文艺批评开辟了一条新路。

三、不断由模仿走向创造的跨越

古今中外的文学史实早已显示：大凡一个作家的成长、成熟，几乎无例外的要经历一个由模仿走向创造的跨越过程。郭沫若也不例外，他曾向青年剧作者介绍过自己这方面的心得。他说：

> 大家知道，我没有学过戏剧，我是学医的。小时候喜欢看戏，也读过《西厢记》之类的杂剧本子。后来到了日本留学，看了一些外国戏，读了一些外国剧本，就模仿着写起戏来了。模仿来模仿去，现在已经七十岁了，还在摸索中。②

---

① 童庆炳：《中国现代文艺心理学发展的重新审视》，《光明日报·文艺观察》，1997年10月28日。
② 郭沫若：《实践·理论·实践》，《剧本》，1962年7月号。

外国戏，他读了些什么剧本，做了哪些模仿？姑且不论。中国戏，他读得最多、最熟的恐怕就是《西厢记》了。《西厢记》对他的身心和创作，尤其是戏剧创作都有过极其深刻的影响。他早期创作的《卓文君》就是明显的一例，评论家曾明确指出此剧"模仿"《西厢记》的地方。钱杏邨（阿英）在《现代中国文学作家》一文说：

> 本已说过，沫若的小说和戏剧也都具有深厚的诗的气息，使人读他的小说或戏剧时，也使人感到这是诗！意境是诗，句子也是诗。我们可以举一例来说明：
>
> 文　你听，不是琴音吗？
>
> 红　……不是，是风吹得竹叶儿玲珑呢？
>
> 文　是从下方来的。
>
> 红　……是水摇得月影儿叮咚呢。
>
> 文　是从远方来的。
>
> 红　……不是，不是，甚么音息也没有呢。啼饥的鹦声也没有，吠月犬声也没有。……
>
> 文　啊，没有。真的什么也没有，是我的耳朵在作弄人了。
>
> ——《塔》P197－198

这是多么富有诗意，在全戏剧里随地都可遇到，人物也多是诗的，《聂嫈》里的盲叟便是一个，我们只要听得他的一段飘流的告白（《塔》P275－276），我们就可以即刻感到浓重的诗意。此外，他的技巧还有一个绝大的好处，无论在那一类的创作里都是一样，那就是文气的流畅。①

另一位评论家赵景深还特别写了《郭沫若与王实甫》的专文，说：

> 钱杏邨《现代中国文学作家》称赞郭沫若的《卓文君》下面的一段话

---

① 阿英：《现代中国文学作家·郭沫若及其创作》，《阿英全集》第 2 卷，合肥：安徽教育出版社，2003 年版，第 48－49 页。

"多么富于诗意"：

　　文　你听，不是琴音么？

　　红　……不是，是风吹得竹叶儿玲珑呢。

　　文　是从下方来的。

　　红　……是水摇得月影儿叮咚呢。

　　这四句的好处，自然全于"玲珑"和"叮咚"都是双声字，但我们知道，郭沫若是标点过《西厢》的，所以他这几句不免受了王实甫的影响了。在《西厢》的《琴心》里，莺莺唱道：

　　"莫不是步摇得宝髻玲珑？

　　莫不是裙拖得环佩叮珰？"

　　有了这个例子在前，郭沫若这几句也就成了第二次将花比作美人的傻子，毫无诗意可言了。①

模仿，评论家的意见是一致的。至于是好，还是不好，意见就不尽相同的了。到底是好，还是不好，不妨先读读金批贯华堂原著。原著是这样：

　　（红云）小姐，你看月阑，明日敢有风也？（莺莺云）呀，果然一个月阑呵！

　　[小桃红] 人间玉容深锁绣帏中，是怕人搬弄。孙子荆每言"情生文，文生情"。如此斗然出奇，为是情生，为是文生？真乃绝妙。想嫦娥，西没东生有谁共？妙绝。怨天公，裴航不做游仙梦。劳你罗帏数重，悉他心动，围住广寒宫。妙绝：○无情无理，奇性奇理；有情有理，至情至理。

　　右第四节。一肚哀怨，刺刺促促，欲不说则不得尽其致，欲说则又嫌多嚼口臭，因忽然借月阑，替换题目，翻洗笔墨。文章之能，于是极也！○细思作者当时，提笔临纸，左想右想，如何忽然想到月阑？便使想到月阑，如何忽然想到如此下笔？使我读之，真乃不知其是怨月阑，不知其是怨夫人。奇奇妙妙，世岂多有。

---

　　① 赵景深：《郭沫若与王实甫》，李霖编：《郭沫若评传》，上海：现代书局，1932年版，第119—120页。

（红轻咳嗽科）（张生云）是红娘姐咳嗽，小姐来了也。（弹琴科）

（莺莺云）红娘，这是甚么响？（红云）小姐，你猜咱。

[天净沙] 是步摇得宝髻玲珑？是裙拖得环佩叮咚？看他行文渐次。此二句，先从身畔猜起也。是铁马儿檐前骤风？是金钩双动，吉丁当敲响帘枢？此二，离身仰头猜之也。

[调笑令] 是花宫，夜撞钟？是疏竹潇潇曲槛中？此二句，又置此处，向别处猜之。○"花宫"二字，李欣诗云"花宫仙梵达微微"，是也，"撞"，平声。是牙尺剪刀声相送？是漏声长滴响壶铜？此二，杂猜之也。看他八句八样，伧只谓可以漫然杂写，岂如其中间又必有小小章法如是哉？

右第五节。此于琴前，故作摇曳，先媚之。①

莫不是步摇得宝髻玲珑？莫不是裙拖得环佩叮咚？莫不是铁马儿檐前骤风？莫不是金钩双控，吉丁当敲响帘枢？……诚然，这里是在"模仿"，但应该看到，郭沫若没有停留在形式上的简单模仿，而是从精神实质上去学习。他在改编《西厢记》的序文中写道：

> 想嫦娥西没东生有谁共？
>
> 怨天公，裴航不作游仙梦，
>
> 劳你罗帏数重，愁他心动。……
>
> 《琴心》中莺莺看见月晕时唱出的这几句歌词，也道尽了我们青年男女对礼教的权威所生出的反抗心理。②

由此可见，作家的"模仿"是为了对历史成案作新的解释、新的阐发，是为了表现叛逆反抗精神的需要，因而，在整个剧作的构成上仍然是一个有机的统一体。

郭沫若从小受到民间戏曲的熏陶，元人杂剧的影响，以后，又受到欧洲近代戏剧的启示，当他向戏剧发展的时候，就力图促进各种戏剧结合。他写过诗剧，

---

① 金圣叹著，周锡山编注：《贯华堂第六才子书西厢记》，第147页。

② 郭沫若：《文艺论集·〈西厢记〉艺术上的批判与其作者的性格》，《郭沫若全集·文学编》第15卷，第323—324页。

改编过《西厢记》，且从理论上加以探讨。诚如他的好友成仿吾所说，郭沫若的诗创作"是经历了极其曲折而艰险的道路"。[①] 诗歌创作如此，戏剧创作又何尝不是如此呢？

郭沫若从改编《西厢记》"合于近代的文学的体裁""合于近代舞台以便排演"到创作诗剧、史剧的实践中，充分地认识到"中国剧曲在文学构成上优于西洋戏剧"，[②] 多次说：

> 西洋的诗剧，据我看来，恐怕是很值得考虑的一种文学形式，对话都用韵文表现，实在是太不自然。……我觉得元代杂剧，和以后的中国戏曲，唱与白分开，唱用韵文以抒情，白用散文以叙事，比之纯用韵文的西洋诗剧似乎较近情理的。[③]

> 话剧是在欧洲近代现代主义艺术的基础上产生的。话剧是写实的，好比写生画，戏曲则好比图案画。它们是有所不同的。在欧洲，话剧和歌剧与诗剧，也是有距离的。但是我们应该促进它们相互接近，把现实主义和浪漫主义结合起来。[④]

> 王实甫摸熟了曲。《西厢记》是好诗，是杂剧中的杰作。杂剧在交代过程时用的说白，抒情时用唱。这比西洋的诗剧、歌剧形式高明得多。以前我们对于西洋的东西有点盲目崇拜。[⑤]

这些话，确实是他的经验之谈，是他长期探索的结论，也是他由模仿走向创造跨越的指导思想。

历来的戏剧评论家几乎一致认为：《西厢记》在语言运用上的成就特别突出，影响也特别广泛而深刻。他们说：

---

① 成仿吾：《郭沫若英译诗稿序》，上海：上海译文出版社，1981年版。
② 郭沫若：《学生时代·创造十年》，《郭沫若全集·文学编》第 12 卷，第 109 页。
③ 郭沫若：《学生时代·创造十年》，《郭沫若全集·文学编》第 12 卷，第 75 页。
④ 朱青：《郭沫若同志谈〈蔡文姬〉的创作》，《戏剧报》1959 年第 6 期。
⑤ 郭沫若：《谈诗》，《羊城晚报》，1962 年 3 月 15 日。

为了更切合崔、张这一对在封建时代有着相当文学修养的青年的性格，王实甫更在曲文里熟练地运用中国古典文学里许多为人传诵的诗句与词汇，来表达他们深沉的情愫和优雅的风格。①

作者王实甫，善于驾驭语言，将我国古典诗词和方言俗语有机地融为一体。他的《西厢记》文辞优美，语言清丽，富于诗意，是很好的韵文作品。对后世戏曲的发展，影响很大。②

是的，影响很大。这种影响，在现代剧作家中，毫无疑问，郭沫若是最为明显的，也是最为深刻者之一。更为可贵的是他在促进"话剧和歌剧与诗剧""相互结合"方面作了巨大的努力，并取得惊人的成就，形成了以古典优秀诗篇为骨子的，不仅处处有诗，而且还有歌，有舞，诗、歌、舞水乳交融、合为一体的独特风格，因而，他的"戏剧是完整的诗"。人们会发现郭沫若的史剧处处有诗的激情，诗的情节，诗的场面，诗的语言……诗篇，往往成为他史剧情节发展的重要线索和纽带。他在进行艺术构思时，总是从戏剧冲突中来突出诗的因素，或者利用剧中人的现成诗篇，或者自己根据剧本的需要创作多种形式的诗篇，极其巧妙地安排在剧情发展的重要关口。如屈原的著名诗篇《橘颂》就是《屈原》一剧的纽带。以《橘颂》开始，展开人物间的相互关系，揭示人物的人生哲学，预示戏剧冲突的爆发，又以对《橘颂》的不同态度推动情节的发展，最后以《橘颂》作结，完成人物形象的塑造，首尾呼应，全剧从始至终充满诗意，犹如一首抒情诗。又如《南冠草》，一开头就以剧中人夏完淳的《大哀赋》的诗句交代背景，揭示矛盾，让人物在那个背景的矛盾中行动，被捕、入狱、受审、就义，献出以生命写成的《南冠草》。《蔡文姬》，全剧自始至终是以蔡文姬的《胡笳十八拍》为情节发展的线索，把故事与诗篇水乳交融在一起。《武则天》也是以诗开头，以诗作结，前后呼应，自然贴切。这样，把戏的主线，人物处理，都由情节与诗的结合表现出来，因而，感情格外饱满！

诗篇、歌曲更是作家刻画人物、点明主题的重要手段。如《棠棣之花》，"去

---

① 王季思主编：《中国十大古典喜剧集·西厢记·后记》，上海：上海文艺出版社，1982年版。
② 王实甫著，王季思校注：《西厢记·重印说明》，上海：上海古籍出版社，1978年版。

吧，兄弟呀"的歌，作家极巧妙地三次安排在作品的重要地位：第一次，聂嫈用它为聂政壮行，凄凉，然而悲壮，聂嫈唱，聂政舞，歌舞结合，生动地表现了姐弟俩"高举起解放的大旗"，不惜以"鲜红的血液"，"去破灭那奴隶的枷锁，把主人们唤起"，让"自由之花，开遍中华"的决心和信心；第二次，在第五幕十字街头，开始，由卫士甲、乙唱出，"仅仅几天功夫差不多全城的人都在哼！"足见歌流传之快、之广，正在起着唤醒群众的巨大作用，为卫士甲、乙的觉醒写下了有力的一笔；第三次，春姑以自己的鲜血和生命唤起了卫士甲、乙的"觉醒"，刺杀了卫士长，群众将聂政、聂嫈、春姑的遗体"抬到山上去"的时候，后台再次响亮地唱起了"去吧，兄弟呀"的歌声，不只点明主题，而且起着号召斗争，号召悲壮斗争的作用。又如《虎符》，如姬为了争取"人的尊严"，以太妃留给她的匕首结束了年轻的生命后，群众在她（他）们的墓前满布香花，高唱着这样的歌曲：

> 铁锤一击，
> 匕首三寸，
> 舍生而取义，
> 杀生以成仁。

> 生者不死，
> 死者永生，
> 该做就快做，
> 把人当成人。①

这歌曲，不但概括了全剧的主要思想，而且深化了全剧的主要思想，集中地表现了人物崇高而伟大的精神。再如《高渐离》中的《白水渠歌》，那是高渐离"在雪地上走着，一面走，一面做成"的，"奉献给死了的季歌和黄妈"的歌。它非常自然地流泻了"和大宇宙的生命完全化为了一体"，"没有丝毫的我见，没有丝毫的打算，没有丝毫的夹杂的念头，只是一片纯真的、洁白的、慈惠的心"，

---

① 郭沫若：《虎符》，《郭沫若全集·文学编》第 6 卷，北京：人民文学出版社，1986 年版，第543 页。

"从前所达不到的境地"①，确实"大可以作为《高渐离》之主题歌"②。这首具有真正诗意诗情的歌增加了《高渐离》的光彩。

　　郭沫若也经常运用歌舞烘托气氛，增强环境的典型性。如《棠棣之花》一幕，聂政、聂嫈在母墓前的歌舞，增强了剧中悲壮的气氛；二幕，游女载歌载舞的场面，很好地表现了古代濮阳地区的"淫风"，增强了环境的典型性，加强了剧本的历史感和真实感。又如《虎符》，特别是第四幕，在历史故事中掺入了神话传说的歌舞表演，中秋节日，侯女、朱女的张果老歌舞，以及插入的牛郎织女歌舞，不但进一步表现了如姬与太妃的情趣，侯女与朱女的两种性格，而且大大加深了作品的生活气息，先乐后悲的格调，使作品在现实主义的基础上增加了浪漫主义的色彩。再如《高渐离》的第五幕，开头和结尾均为唱《琅邪台》，跳"蓬莱舞"的场面，中间又插入高渐离的独唱："风萧萧兮易水寒，壮士一去兮不复返"，加之秦始皇的帮腔，殿上人的合唱，极其生动地表现了宫廷生活的悲壮气氛。在这种气氛中演出了高渐离以筑击秦始皇的壮举，从鲜明的对比中烘托出人物的性格！《屈原》中演唱《九歌》《礼魂》的歌舞场面，完全融在情节发展中了，既表现了环境，又映衬了人物。《蔡文姬》以歌舞开头，以歌舞作结，独唱、伴唱、合唱、单人舞、集体舞，水乳交融，浑然一体，无论是对情节的进展，气氛的烘托，主题的深化，人物的塑造，都起了不可缺少的作用，可谓画龙点睛。

　　话剧与歌剧，与诗剧、舞剧结合是郭沫若史剧的特点。这一特点，既是西洋歌剧、话剧的创造性的移植，又是我国传统戏曲的继承，是使两者互相接近、互相结合的一种大胆的实践，从而构成了郭沫若史剧独树一帜的艺术成就。

2012 年 5 月定稿

---

　　① 　郭沫若：《高渐离》，《郭沫若全集·文学编》第 7 卷，北京：人民文学出版社，1986 年版，第 78－79 页。

　　② 　郭沫若：《高渐离·剧本写作的经过》，《郭沫若全集·文学编》第 7 卷，第 121 页。

《屈原》 是怎样步入世界杰作之林的？①

——以《雷电颂》一场修改为例

郭沫若在谈到自己的戏剧创作时，一再地说：

写剧本最重要的是多改。②

如何使自己和别人都满意，我还在摸索中。但有点我可以大胆说的，那就是多改。改！改！改了又改，不断地改，直到满意为止，任何文艺作品，音乐、舞蹈、诗歌、绘画、电影……都是如此。③

改、改、改、琢磨，琢磨再琢磨，铁杵是可以磨成针的。④

修改、增删、润色，再修改、再增删、再润色……是任何一部世界杰作都必须经历的一个过程，伟大的作品都经过了几十年的惨淡经营，曹雪芹的《红楼梦》、托尔斯泰的《战争与和平》、冈察洛夫的《奥勃洛摩夫》、福楼拜的《萨郎波》，都锤炼了十年，歌德的《浮士德》更是断断续续地写了六十年。

---

① 本文原载 2012 年第 1 期《郭沫若学刊》之《〈屈原〉创作演出 70 周年纪念特辑》。
② 郭沫若：《学习再学习——与青年作家的一次谈话》，《郭沫若论创作》。
③ 郭沫若：《实践理论·实践》，《郭沫若论创作》。
④ 郭沫若：《郭沫若全集·武则天·序》第 8 卷，北京：人民文学出版社，1987 年版。

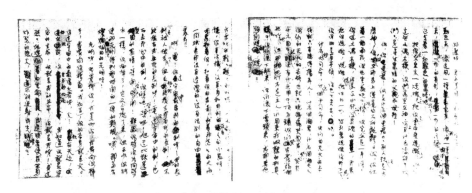

《屈原·雷电颂》手稿

郭沫若的《屈原》也不例外。他写作《屈原》的消息传出后，就有《哈姆雷特》《奥赛罗》型作品的舆论了。《屈原》在《中央日报·中央副刊》一发表，评论家就视为《哈姆雷特》《奥赛罗》型的作品了。说：

> 沫若先生曾自谦地说："屈原究竟是不是哈姆雷特型或奥赛罗型，不得而知"，我的回答则是，"虽不中，不远矣。"①

公演后，业内人士和读者发表了各式各样的看法，都希望郭沫若进行修改、增删、润色，使之成为列入世界之林的杰作。他们说：

> 《屈原的悲壮剧》可能是伟大的，要说的话，若能努力修改一下，使其各方面更完善一点，也许会被历史列入《奥赛罗》和《哈姆雷特》之林的。
> ……
> 《屈原悲壮剧》的出现无论如何是中国文学史上底一件大事，这作品同《哈姆雷特》一样，是同样有缺点的。比《哈姆雷特》幸运的是《屈原悲壮剧》的创造者还来得及加以新的琢磨，使成完璧……《浮士德》费了歌德四十年，《战争与和平》费了托翁十二年，纪念碑的作品都是曾经多少次改写过，增删过来的？两大杰作都曾经郭先生翻译过，对原作成长的过程自然远比我们清楚，我就是从各方面希望译者能追踪原作者的。②

---

① 潘子农：《屈原观后》，1942年4月3日《时事新报》。
② 柳涛：《读〈屈原〉悲壮剧》，《文艺生活》第3卷第3期。

郭沫若没有辜负评论家们和读者的期望，确定"追踪"歌德、托翁，在长达十余的时间里，对《屈原》进行了反复的修改、增删、润色，终于使它堪与现代世界名著并列而无愧①。

这里，我们仅以《屈原》第五幕第二场为例，看作者是怎样修改、增删、润色的。五幕二场开场增加了靳尚入场一节：靳尚布置，不，应该是检查，落实毒死屈原的"密令"。看作者的添加吧：

靳　尚　（命卫士乙）你去叫太卜郑詹尹来见我。

卫士乙　是。（向湘夫人神像左侧门走入）

俄顷，一瘦削而阴沉的老人，左手提灯，随卫士乙由左侧门入场。靳尚除去面罩，向郑詹尹走去。

靳　尚　刚才我叫人送了一通南后的密令来，你收到了吗？

郑詹尹　（鞠躬）收到了。上官大夫，我正想来见你啦。

靳　尚　罪人怎样处置了？

郑詹尹　还锁在这神殿后院的一间小屋子里面。

靳　尚　你打算什么时候动手？

郑詹尹　（迟疑地）上官大夫，我觉得有点为难。

靳　尚　（惊异）什么？

郑詹尹　屈原是有些名望的人，毒死了他，不会惹出乱子吗？

靳　尚　哼，正是为了这样，所以非赶快毒死他不可啦！那家伙惯会收揽人心，把他囚在这里，都城里的人很多愤愤不平。再缓三两日，消息一传开了，会引起更大规模的骚动。待消息传到国外，还会引起关东诸国的非难。到那时你不放他吧，非难是难以平息的。你放他吧，增长了他的威风，更有损秦、楚两国的交谊。秦国已经允许割让的商於之地六百里，不用说，就永远得不到了。因此，非得在今晚趁早下手不可。你须得用毒酒毒死了他，然后放火焚烧大庙。今晚有大雷电，正好造个口实，说是着了雷火。这样，老百姓便只以为他是遭了天灾，一场大祸就可以消灭于无形了。

郑詹尹　上官大夫，屈原不是不喝酒的吗？

_____

① 捷克斯洛伐克观众语。

靳　尚　你可以想出方法来劝他。你要做出很宽大、很同情他的样子。不要老是把他锁在小屋子里。你可让他出来，走动走动。他带着脚镣手铐，逃不了的。

郑詹尹　（迟疑地）你们是不是有点小题大做呢？

靳　尚　（含怒）你这是什么话？

郑詹尹　我觉得你们把屈原又未免估计得过高。他其实只会做几首谈情说爱的山歌，时而说些哗众取宠的大话罢了，并没有什么大本领。只要你们不杀他，老百姓就不会闹乱子。何苦为了一个夸大的诗人，要烧毁这样一座庄严的东皇太一庙？我实在有点不了解。

靳　尚　哈哈，你原来是在心疼你的这座破庙吗？这烧了有什么可惜？国王会给你重新造一座真正庄严的庙宇。好了，我不再和你多说了。你烧掉它，这是南后的意旨。你毒死他，这是南后的意旨。要快，就在今晚，不能再迟延。南后的脾气，你是知道的。你尽管是她的父亲，但如果不照着她的意旨办事，她可以大义灭亲，明天便把你一齐处死。（把面巾蒙上，向卫士）走！我们从小路赶回城去！

靳尚与二卫士由左首下场。

郑詹尹立在神殿中，沉默有间，最后下出了决心，向东君神像右侧门走入。俄顷，将屈原带出。

郑詹尹　三间大夫，请你在神殿上走动走动，舒散一下筋骨吧。这儿的壁画，是你平常所喜欢的啦。我不奉陪了。

这一场戏的增加，精确地揭示了奸佞们如何施展罪恶的阴谋，突显了屈原和南后等人你死我活的矛盾冲突的尖锐性，可谓惊心动魄，留下了巨大的戏剧悬念。正是在这种尖锐的矛盾、激烈的冲突中突显了人物的性格，为屈原直抒胸臆的独白式的呐喊《雷电颂》积蓄了力量，作了充分的铺垫，从根本上克服了初稿中屈原独白式呐喊《雷电颂》的突发性。屈原以生命的力量发出雷电颂就显得格外合情合理。

屈原呐喊《雷电颂》添上了郑詹尹和屈原面对面的一段对话：

郑詹尹　你该不会疑心这酒里有毒的吧？

屈　原　果真有毒，倒是我现在所欢迎的。唉，我们的祖国被人出卖
了，我真不忍心活着看见它会遭遇到悲惨的前途呵。

　　郑詹尹　真的啦，像这样难过的日子，连我们上了年纪的人，都不想再
混了。

　　屈　原　大家都不想活的时候，生命的力量是会爆发的。

　　郑詹尹　好的，你慢慢喝也好，我还想去躺一会儿。

　　屈　原　请你方便，怕还有一会天才能亮呢。

　　增加的这段对话，虽然很短，却非常重要，完全是一次针锋相对的直接斗
争，一方是做贼心虚的阴险诱骗，一方则以视死如归的坦然相对。屈原坚信着
"大家都不想活的时候，生命的力量是会爆发的。"这就写到了人物生命和灵魂的
深邃之处，又为屈原和婵娟的生死相见做了准备。看作者的添加吧：

　　屈　原　（俯首安慰）婵娟，我没有想到还能够看见你，你一定是逃走
出来的，你是超过了死线了。你知道宋玉是怎样吗？

　　婵　娟　（仍喘息）他……他跟着公子子兰……搬进宫里去了。

　　屈　原　那也由他去吧。谁能够不怕艰险，谁才可以登上高山。正义的
路是崎岖的路，它只欢迎勇敢的人。……那位钓鱼的人呢？

　　婵　娟　听说丢进监里去了。

　　婵娟在卫士的帮助下，一道奔向太乙庙，见到了屈原。这是一次生死离别的
相见，把屈原所关心的婵娟、宋玉、钓者的命运都一一做了清楚的交代：婵娟视
屈原如生命；宋玉趋炎附势，临阵变节；钓者甘愿为正义牺牲……婵娟与宋玉的
性格在对比中显得更加鲜明，既呼应了婵娟的受难、受辱，宋玉、子兰的无耻劝
降，又为婵娟误饮毒酒，替代了屈原的死埋下了伏笔。

　　听婵娟误饮毒酒后的表白吧：

　　婵　娟　（凝目摇头）先生，……那酒……那酒……有毒。……可
我……我真高兴……我……真高兴！（振作起来）我能够代替先生，保全了
你的生命，我是多么的幸运呵！……先生，我是一个普通人家的女儿，我受

了你的感化，知道了做人的责任。我始终诚心诚意地服待着你，因为你就是我们楚国的柱石。……我爱楚国，我就不能不爱先生。……先生，我经常想照着你的指示，把我的生命献给祖国。可我没有想到，我今天是果然做到了。（渐渐衰弱）我把我这微弱的生命，代替了你这样可宝贵的存在。先生，我真是多么的幸运呵！……啊，我……我真高兴！……真高兴！……

屈　原　（紧紧拥抱着婵娟）婵娟！你要活下去呵！活下去呵！婵娟！婵娟……

婵　娟　（更衰弱）……啊，我……真高兴！……

郭沫若曾经说过苏联导演向他建议的一段话："婵娟死时加了相当长的一段说话。这是导演特别强调非加入不可的。他说，将来上演时，苏联演员担任婵娟一角，在她死时都不让多说些话，她一定会提出严重抗议。其实，十年前在重庆上演时，演婵娟的张瑞芳早就抗议过了。因此，我抛弃了沉默胜于雄辩的旧式想法。"① 这一"抛弃"好得很。婵娟的一段话，把她坚贞不屈、临死不苟、视气节重于生命的崇高品格发挥到了最完美的境地。她能够在光明磊落中为屈原而死，也就是为正义而死，为真理而死，为楚国而死，为人民而死，从而成为剧作中性格最成功的人物形象。这，既呼应前一场的在恐吓、诱骗中的毫不动摇。……证实了那"七个"姿态不动，无言的坚定性，又为以《橘颂》加盖婵娟尸体，作为祭文作了准备，使全剧结构前后呼应。

屈原和卫士祭拜婵娟完毕。屈原问讯卫士的姓名过程中，卫士和屈原的对话中加上了这样的对话：

卫士甲　……我们汉北人都敬仰先生，受了先生的感召，我们知道爱真理，爱正义，抵御强暴，保卫楚国。先生，我们汉北人一定会保护你的。

屈　原　……我决心去和汉北人民一道，那就做一个耕田种地的农夫吧……

这一添加，利用了汉语的谐字，"汉北"，很容易使人联想到"陕北"，既说

---

① 郭沫若：《新版后记》，《屈原》，北京：人民文学出版社，1952年版。

明了人民对屈原的热爱，也指明屈原的去处，到人民群众中去了，生根发芽！

著名的"雷电颂"，虽然没有大的改动，但也经过了多次改动、润色，使这场独白的作用发挥到淋漓尽致。这里就不一一列出了。

总之，这一幕的删改、增添、润色，让紧张的场面，动人情节，优美对话，一一呈现，从而使作品更具有了征服人心的艺术魅力。其他各幕无不如此费心，费力地进行了一次又一次的删改、增添、润色，据不十分精准的统计，全剧大大小小的改动高达一千余处。费时十余年，它终于琢磨成一部可与世界杰出的古典作品媲美的经典作品，难怪剧作家于伶在悼念郭沫若的文章中要说：

> 论剧作，爱国的战斗的历史剧本，我国众多的剧作者中间，至今还没有一个人一个作品能望郭老《屈原》的项背，遑论能攀登与逾越这个高峰。①

是的，《屈原》确实成为中国戏剧的一座"遑论能攀登与逾越"的"高峰"，不仅中国人这样认为，外国朋友也这样认为，意大利著名女诗人马格丽特·归达奇不是说过吗：

> 可以被认为是当今世界戏剧的杰出作品之一，可与杰出的古典作品媲美。②

这一评价是不错的。正因为《屈原》已经步入了世界杰作之林，所以，日本、苏联、罗马尼亚、捷克斯洛伐克、越南等国都先后演出，无不受到观众的热烈欢迎。

---

① 于伶：《怀念郭沫若同志》，《悼念郭老》，北京：生活·读书·新知三联书店。
② 转引自［意］安娜·布雅蒂：《郭沫若及其著作在意大利文化中》，郭沫若故居、中国郭沫若研究会编《郭沫若百年诞辰纪念文集》，北京：社会科学文献出版社，1994年版。

《郭沫若散文选集》 序

鲁迅说过这样的话：

> 我以为一切好诗，到唐已被做完，此后倘非能翻出如来掌心之"齐天大圣"，大可不必动手……①

中国诗歌发展的历史证明，鲁迅的这一番话是完全正确的。然而，散文就大不相同了，唐宋之后，明清以来，都曾出现过新的高峰，到了"五四"时期，更是百花齐放，人才辈出，鲁迅、周作人、郭沫若、叶绍钧、茅盾、谢冰心、朱自清、俞平伯、王统照、郁达夫、徐志摩……无不别具一格。他们在促进中国现代散文迅速发展，形成散文创作新高潮的过程中都做出了各自独特贡献！

一

郭沫若的散文创作与新诗创作是完全同步的，甚至可以说更早。我们现在能够看到的他最早的散文是 1916 年圣诞节用英文写给安娜的献辞，后来经修改译成中文，作为《辛夷集》小引的一篇。这篇散文是在泰戈尔影响下写成的。他不止一次地说：

---

① 鲁迅：《致杨霁云（1934 年 12 月 20 日）》，《鲁迅全集》12 卷，北京：人民文学出版社，1981 年版。

我在冈山时便也学过他，用英文来做过些无韵律的诗。《辛夷集》开首的"题辞"便是一九一六年的圣诞节我用英文写来献给安娜的散文诗，后来我把它改成了中文的。①

因为在民国五年的夏秋之交有和她（引注：指安娜）的恋爱发生，我的作诗的欲望才认真地发生了出来。《女神》中所收的《新月与白云》《死的诱惑》《别离》《维奴司》，都是先先后后为她而作的。《辛夷集》的序也是民五的圣诞节我用英文写来献给她的一篇散文诗，后来把它改成了那样的序的形式。②

《辛夷集·小引》是我们看到的郭沫若的最早的抒情散文。作者以真挚、深厚的感情，鲜明、浓重的笔墨，奇特、精当的比喻，美妙、迷人的神话，歌颂了获得纯洁爱情的欢乐，艺术味最为深厚。郭沫若的作诗欲望因恋爱"认真地发生了出来"，不久，这欲望又因伟大的"五四"运动的影响而"爆发"，从而使爱情与爱国统一了起来！由此展开，从个人爱情到对大自然、对人类社会，从日常生活到英雄人物、历史事件，进行记叙描绘，留下了一系列优秀的散文创作。

郭沫若早期的散文和他的诗歌创作一样，深受外来影响。他所写的题材，主要的有三类：一是现实生活的感受；二是儿时生活的回忆；三是山水花木的描绘。无论哪一类题材，几乎都是记叙与抒情相结合的产物。

现实生活感受的作品，从中我们看到作者思想演变的脉络，作者对人生怀抱着信心，对生活充满热情和健康乐观的情绪，具有强烈的时代精神。《我的散文诗》很受屠格涅夫的影响；《冬》以独白的抒情，写出了自己不甘心贫困生活的情绪；《她与他》，以对话的形式记录梦中的故事，表现了对事业的执着追求；《女尸》，以白描的手法，展示了对"更宏大、更自由、更光明美丽的世界"的憧憬；《大地的号》，则以新奇的象征，表现了呼唤革命早日到来的迫切心情。这一组散文诗，形象鲜明，结构紧凑，描写细微，既有抒情的独白，幻想的图画，又含有深刻的哲理，执着的追求，与"五四"时代精神完全合拍。《夕阳》，本是作

---

① 郭沫若：《创造十年》，《郭沫若全集》12 卷，北京：人民文学出版社，1992 年版。
② 郭沫若：《我的作诗经过》，《郭沫若全集》16 卷，北京：人民文学出版社，1989 年版。

者给战友郁达夫的一封长信，可这不是一封普通的书信，而是一篇叙述自己诗歌创作渊源和追求、充分表现了郭沫若"想象力实在比我的观察力强"的特点的优美散文。《雪莱的诗·小序》里，作者以崇敬的心情，锐利的眼光，对雪莱作了精当的评价，表达了"爱雪莱"，"要使我成为雪莱，是要雪莱成为我自己"的愿望和决心，并阐述了自己关于诗的见解。《再上一次十字架》则是郭沫若思想转换的宣言，以明确的语言表达了自己对马克思列宁主义的坚定信念。毫不夸张地说，这些散文具有思想史的文献价值。

儿时生活的回忆，是鲁迅和郭沫若在当时条件下创造的一种独特体裁。作者运用回忆的手法，记叙了过往生活中一些典型事件，表现了作者的种种痛苦、欢乐。《芭蕉花》，通过回忆儿时偷摘芭蕉花为母亲医治晕病的故事，巧妙叙述了作家的家世，表达了报答母亲养育之恩的深情；《铁盔》，通过儿时所受教育的片断回忆，批判了旧教育的不合理性；《卖书》，通过因贫困而被迫出卖自己心爱的书所受侮辱的遭遇，表现了作家的兴趣、爱好以及寂寞心情、反日情绪；《梦与现实》，作家运用对比的手法，截取并组接了梦中的花园与水平线下人们的悲惨生活两个画面形成鲜明的对照，控诉了毁灭一切美好事物的罪恶社会。《尚儒村》，是作者参加齐鲁战祸调查的报告之一部分，反映了军阀混战的罪恶，表达了作家为民众说话的严正立场。这些散文，透过作者个人生活，展示了时代的侧影，可以说是日后独创长篇回忆录自传的尝试。

山水花木的描绘，是郭沫若早期散文创作中的名篇，也是现代散文史上的佳作。作者运用纯然抒情的方式，记叙了自己在日本由于赤贫生活而不时产生的种种孤寂情绪——幻美的追求，异乡的情趣，怀古的幽思。《路畔的蔷薇花》《小品六章》，借对花草风云的描绘，抒发了对爱情的执着、对青春的怀念、对生命的向往，是当时文坛上一组艺术深瞻的佳品，文笔清新、优美、洗练，形象生动、新鲜、准确，构思集中、巧妙、完整，从而成为当时向旧文学示威的美文，给当时的青年，给当时正在兴起的所谓"小品运动"以不可磨灭的影响。诚如阿英先生所指出的那样：

> 他有了这样生活的底子，用着他如长江大河一泻千里的酣畅的笔姿写了出来，处处渲染着他特具有的丰富热烈的情感，遂成为一代的不朽之作，而激起小品文运动的大狂浪，予以不少的推动力了。现在的青年读者，未读郭

沫若小品的人，大概是没有吧。其影响之大，是于此可以想见的。郭沫若往后定然是还要写小品文的，不过内容与形式，我想是不会像过去那样的了。①

阿英先生的这个估价，经过了几十年岁月的检验，我完全赞同。

二

阿英的预言实现了。以后，郭沫若的确仍在写小品文。

1924 年，郭沫若翻译了河上肇的《社会组织与社会革命》后，思想发生了大转变，由泛神论奔向了阶级论，由文艺阵线奔向了革命阵营，投笔从戎，参加了北伐和著名的"八·一"南昌起义。起义失败后，又根据党的安排，再次去到日本，开辟了思想阵线上的新战场，并取得辉煌的成就。

这一时期，他所写的散文从内容到形式都不一样了。从内容上看是更加丰富了，不单是个人的日常生活、花鸟山水，而是社会、是历史；从形式上看是更加灵活了，不单是抒情小品，还有随笔、日记、长篇自传……

回忆录式的长篇自传是郭沫若这一时期的独创贡献。他曾说：

> 用诗的形式来叙事，我们中国人早就觉得不甚合理，所以凡是属于欧洲叙事诗范畴的辞赋骈文，在我国都只称之为辞赋骈文，而不称之为诗，看待它是和诗有别。因而很早我们就知道利用更适当的散文来叙事，我们的伟大的史学家司马迁，在这一点上他有光辉的开辟，他不仅是一位伟大的散文家，同时是可以称为伟大的小说家的。可惜他这一开辟只是在正史或传记文学上得到传承，此外没有更进一步的发展。②

我们可以毫不夸张地说，郭沫若是司马迁开辟的传记文学的传承者、发扬者。他在亡命日本的第二个十年里，除了从事中国古代社会和金文甲骨研究且取得了惊人发现的同时，特创了回忆录式自传体的散文，写成了《我的童年》《反

---

① 阿英：《阿英文集·郭沫若》，北京：生活·读书·新知三联书店，1981 年版。
② 郭沫若：《今昔集·今天的创作道路》，《郭沫若全集》19 卷，北京：人民文学出版社，1992 年版。

正前后》《黑猫》《初出夔门》等名篇。这些作品，郭沫若作过如此解释："纯然是一种自叙传的性质，没有一事一语是加了一点意想化的。"① 动机"是通过自己看出一个时代"②，因而作者所描写述说的既有重大的历史事件，也有民情世俗的记叙，特别值得称道的是：他非常成功地把个人经历的记叙与时代风云变幻的描绘统一了起来，个人反映时代，时代映衬个人，栩栩如生，个人和时代都鲜活着，让读者看到了时代的风云变化，听到了历史的脚步声。毛泽东同志读了《反正前后》曾在写给郭沫若的信中说道：

> 最近看了《反正前后》，和我那时在湖南经历的，几乎一模一样，不成熟的资产阶级革命，那样的结局是不可避免的。③

难怪日本学术界人士要把郭沫若的自传视为一部中国近代史。郭沫若不同于司马迁的是：通过个人的经历反映了时代。因此，在回忆记叙历史事件时，侧重估价、批判、揭露，而在描写日常生活、自然风光时，则侧重在介绍、描绘、抒情。强烈的主观色彩，浓郁的抒情诗意，在他的笔下完全合一了，天真、率直、饶有情趣。文学史家早就赞口不绝地说道："那样坦白的详细的写个人的幼年时代，在中国还算是特创，即比之俄国高尔基的我的儿童时代等作亦无逊色。"④ 连西方今天的读者也承认这点，他们说："令人吃惊地坦率"，"西方读者将通过这种坦率……结识一个陌生的世界。"⑤

日记是他这一时期有代表性的散文。郭沫若总是把日记"利用来作为自我生活之解剖囊，""除掉自己的生活面外，还有知道得更确切的东西"。⑥《离沪日记》《由日本回来了》即是最好的例证，如作者所说："这在我是很重要的一段生活记录。"从中，我们不仅看到了在白色恐怖下，郭沫若如何根据党的安排去日本，又如何摆脱日本宪兵的控制，冒着生命危险回到祖国，投入抗日洪流的过程，而

---

① 郭沫若：《我的童年·后话》，《郭沫若全集·文学编》11卷，北京：人民文学出版社，1992年版。

② 《少年时代·序》，《郭沫若全集·文学编》12卷，北京：人民文学出版社，1992年版。

③ 毛泽东：《致郭沫若》，《毛泽东书信选集》，北京：人民出版社，1983年12月版。

④ 王哲甫：《中国新文学运动史》，杰成印书局，1933年版。

⑤ 德国人谢飞译，《我的幼年·序》。

⑥ 郭沫若：《郭沫若佚文集·日记写作的意见》。

且看到了共产党人如何揩干净地上的血迹，爬起来继续为中国人民的解放而战斗的英雄行为。这是一些难得的具有文献价值的史料，又是一首首动人心魄的诗篇，作者认定"颇有意义"，十分重视，我们也应该予以高度重视。

抒情散文，这一时期他写得不多，然而，所写的几篇都很精辟，无论是写人、记事，还是写花木、鸟兽，都别具一格。《东平的眉目》，写出了一平凡而又不平凡的青年作家的爱国赤子之心，感人肺腑。《痛》，写于 1936 年 6 月 2 日，抗日战争即将爆发的时候，作者以炽热的爱国主义精神赋予这个平凡的题材以深刻的政治含义。全文共两个部分、五个自然段，一、二两个自然段为前部分，借题发挥，阐述了中国人民有抵抗外敌的本领的，诚如作者写道："我虽然是中国人，我自己的白血球依然是有抵抗外敌的本领的。"三、四、五个自然段为后一部分，提出了"同情和助力是应该放在青年一代身上的"重大命题。每个部分，每个段落，过渡得非常自然，处处让读者联想到日寇的步步进逼，联想到中国人有本领奋起反抗。这确是一篇爱国抗敌的好教材，难怪著名教育家、文学家叶圣陶先生非常推崇，将它选入自己的著作《文章例话》作为范文，号召青年学习。《杜鹃》也是一篇独具特色的范文。众所周知，杜鹃在中国文学史上是一个重要题材，只要稍微涉猎一些中国书，随处都可以发现杜鹃的记叙。《寰宇记》《蜀志》《禽经》《蜀本草记》《异苑》《荆楚岁时记》等，都记叙有望帝化为杜鹃的故事；《文选·蜀都赋》（左思）、《宣城见杜鹃》（李白）、《杜鹃》（杜甫）、《杜鹃》（杜牧）、《琵琶行》（白居易）、《锦瑟》（李商隐）、《子规》（范仲淹）、《出永丰县石桥上闻子规》（杨万里）、《闻鹃》（陆游）、《西厢记》（王实甫）等，对杜鹃，几乎都是歌颂。郭沫若却做了翻案文章，他抓住杜鹃的另一特性，巧妙而又紧密地联系人类生活加以发挥，加以议论，由过去的歌颂变为对现实的诅咒。但诅咒的仍然不是杜鹃，而是杜鹃式的人物——"欺世盗名"者，并告诫人们，要善于识别"欺世盗名"者。作者就这样，从普普通通、平平常常的题材中发掘出崭新的意义，说出了别人想说而无法说出的话，给人以全新的感受，再次体现了作者"想象力实在比我的观察力强"的特点。这些作品不但成为扫荡《论语》派一伙鼓吹草木鱼虫的闲情逸趣文的利器，而且为中国散文的发展开辟了一条新的路径。

三

抗日战争一开始，郭沫若就怀着饱满的爱国热情，置个人生死于度外，忍痛割断妻儿的眷念之情，摆脱日本宪兵的监视，回到阔别十年的祖国，全身心地投入全民抗战的革命洪流。抗战胜利后，紧接着又投入人民解放战争的巨浪。在这两个中国历史转折的重要关头，他除了担任政治部三厅厅长、文工会主任等重要职务，转战上海、武汉、南京、长沙、重庆、桂林、香港从事实际斗争外，还在撰写大量史论和史剧的同时，创作了极其丰富多彩的散文，自传、杂文、小品、随笔……计有《羽书集》《今昔集》《蒲剑集》①《沸羹集》《天地玄黄》《芍药及其他》《波》《抱箭集》《苏联纪行》《洪波曲》《南京印象》《革命春秋》等等，真可谓创作的"青春期""黄金时代"。这一时期的散文最为显著的特点是：题材更加广泛，思想倾向更加鲜明，社会意义更加丰富，时代精神更加强烈，艺术形式和表现手法更加灵活多样。

杂文这一鲁迅创造的锐利武器，郭沫若这一时期广泛运用着，继承并发扬了鲁迅的战斗的光荣传统，对有害事物立刻给予反响，对新生事物及时予以颂扬。不管是"在近'鸣锣奉告'式的宣传文字"，还是"较有文艺性的生活记录"②，都有写人记事的文字，感情奔放。如《一位广东兵的诗》，热烈歌颂了为国战斗的普通士兵的可歌可泣的事迹；《螃蟹的悴憔——纪念邢桐华君》，勾画了一位"倔着到底，全身都是骨头"的不朽形象；《今屈原》，颂扬了南社柳亚子"纵横的才气"、能纵能控、亦狂亦狷的辩证的统一的"独特而优越的性格"，"'见善如不及，见不善如探汤'的原子弹式的情操"；《叶挺将军的诗》，写出了"在烈火和热血中得到永生"的民族英雄叶挺的雄姿；《等于打死了林肯和罗斯福》，揭露反动派杀害李公朴、闻一多的滔天罪行，肯定了李公仆、闻一多"死得重于泰山"的价值。还有一些记事准确生动、情景交融的文章，如《长沙哟，再见！》记叙自己在长沙逗留时所看到的特有景物及亲切感受；《追怀博多》，更是描绘了博多的富有诗意的风光、历史遗迹，及其对自己诗歌创作的影响；《雨》，记叙了

---

① 后《今昔集》《剑谱集》又合成为《今昔蒲剑》。
② 《羽书集》第二版"序"。

历史剧《屈原》在北碚演出的情景，特别是和演员的战斗友谊；《孔雀胆归宁》，阐述了对剧中主人公的感情及对在昆明演出的希望；《竹阴读画》，记叙了为画家傅抱石题画的经过，表现了两人的深厚友情；《梅园新村之行》《鲁迅和我们同在》，讴歌了周恩来同志和鲁迅先生两位伟大人物的品格及其对自己的巨大影响；《龙战与鸡鸣》，则是对汉奸汪精卫的无情揭露与鞭挞，对人民领袖朱德的崇敬和颂扬……这些散文，的确"留下了一些时代的浪痕"①，"不失为这一大时代粗糙剪影"②。它们像艺术编年史那样反映了抗日战争到解放战争时期中国社会的精神生活，并且迅速地揣测、反映社会意识中出现的新要求和新思想。可以说郭沫若是继鲁迅之后，又一位时代史诗的铸造者。

郭沫若特创的回忆录这一形式，这一时期得到了更大的创造。虽然还是以"没有一事一语是加了一点意想化"的"实话"记述个人的经历，但作者的个人经历，却让读者看到了更广阔、更深刻的变化着的历史真相。《入幽谷》记叙了中国人民用鲜血和生命谱写的史诗，《涂家埠》《南昌之一夜》，记叙了中国大革命时代的人和事，是共产党人英勇战斗的真实写照。无论是写人，还是记事，作者都能伴随着人物的记叙予以直接评价，又能伴随环境的描绘予以生动抒情。这样，就非常自然地把时代的痛苦、欢乐、希望最集中、最深广地体现于一体。作者生活在时代里面，时代活在作者的笔下，读者在此既看到了历史的真面貌，又清楚地听到了时代前进的脚步声。每一个革命的读者都能从中吸取教训，受到鼓舞。

郭沫若这一时期继续创作了早期《小品六章》式的纯粹诗一样的抒情散文，题材仍然是平凡的花木之类，但形式却要更加玲珑、清新，文字也更加简洁、朴素，最值得称道的是灌注了更深广的社会内容，赋予了更重大的政治含义。如1942年所写的《芍药及其他》与1924年所写的《路畔的蔷薇》就是一个鲜明的对照，前者表现的是战斗与乐观，后者表现的更多的是闲情与哀愁。《芍药》，通过记叙被作者抛弃在化妆桌下的芍药鲜活起来，以红花绿叶向着作者微笑的事实，表现了作者乐观主义精神；《水石》，歌颂自然的内涵美，进而揭示了艺术创作的奥秘；《石龙》，通过描写敌机轰炸后的石池中竟重新透出了一片生命的绿

---

① 《羽书集》第二版"序"。
② 《沸羹集·序》。

洲，歌颂了中国人民永不熄灭的战斗力，很自然地叫人联想起那"野火烧不尽，春风吹又生"的著名诗句；《母爱》，通过描写被敌机轰炸烧焦的母子的尸体，控诉了日寇的残暴，歌颂了伟大的母爱。又如 1933 年所写的《大山朴》和 1942 年所写的《银杏》，也是一个鲜明的对照，写的都是花木，然而内涵却大不同了。《大山朴》描绘的仅仅是自己栽种大山朴过程中的欢乐与懊悔；《银杏》则通过其生长特征，歌颂了中华民族伟大的战斗精神，抨击了国民党反动派出卖民族利益的罪恶，激励人民大众维护民族尊严，捍卫祖国领土完整的战斗热情。全文构思巧妙，情理交融，叙述极为亲切，娓娓动听，议论极为精辟，新颖独到。《丁冬草（三章）》也可谓上乘之作，不可多得，真是诗中有画，画中有诗，绘画与音乐美，壮丽与冲淡得到了和谐的统一。《丁冬》全文不满一千字，却容纳了丰富的生活内容，表达了作者特有感受。全文构思十分巧妙，字字句句，都紧紧围绕着叮咚声，并把回忆与现实结合起来进行了今昔对比，又在对比中将抒情和议论融汇，从而强烈地表达了作者对黑暗的诅咒，对光明的向往。全文以口语为主，夹以文言，写得波澜起伏，跌宕多姿，悦耳动听。回忆，一往情深；讽今，委婉含蓄。《白鹭》，也是一首不可多得的"刻在骨子里的散文诗"。作者更多地从色彩、形体上做文章，精细而又准确地描绘了白鹭的颜色、形态。色彩与自然景物协调，形态与动静习性一致。更在描绘中渗透着情与理，一切显得那么纯熟，真如蚕儿吐丝，自然流泻而成。《石榴》，作者以"夏季的心脏"这个新奇而又贴切的比喻为中心，着重从色彩上对石榴进行了描绘，并通过想象，进而灌注了作者独有的奔放的激情，使之成为一首鼓舞斗志的雄丽而又壮美的诗篇。

郭沫若这一时期的散文，无论是传记、杂文，还是随笔、小品，都具有革命的内容、民族的形式，给人民以鼓舞，给文坛以启示，成为推动革命的利器，发展文艺的借鉴。

新中国成立后，郭沫若担任了党和国家委托的重任，从事繁重的科学文化事业的领导工作，又卓有成效地参加了保卫世界和平的斗争，散文的数量相对减少了，但还是创作了如《游里加湖》《游西安》《访沈园》一类脍炙人口的游记，给人们以美的享受。

四

郭沫若的散文创作，内容的丰富，形式的多样，手法的灵活，在中国现代散文发展史上都是屈指可数的。但就其成就和影响而言，莫过于抒情小品和回忆自传了。综观他的散文创作，虽然每一个门类有它自己的特点，但也有它共通的特色，这共通的特色是：

（一）牧歌、沉郁、战斗三种情绪的交织、流贯

创造社的作家们认为：文学作品的主要成分总要算是"自我表现"了。郭沫若从事文学工作是要"借文学来鸣我的存在"①。因此，如他自己所说："我是倾向于写自己的人"②，写自己的什么呢？主要是"情绪世界"。他一次又一次地说：

> 文学的原始细胞所包含的是纯粹的情绪的世界，而它的特征是在一定的节奏。
> ......
> 文学的本质是有节奏的情绪的世界。③

> 诗的本职专在抒情。......诗的文字便是情绪自身的表现。（不是用人力去表示情绪的。）④

这里虽然谈的主要是诗，但完全适用郭沫若的一切文艺创作。从研究郭沫若作品中情绪的世界所包含的具体境界及变化情况，也许能够更准确、更深刻、更全面地认识、理解、欣赏郭沫若的作品。郭沫若作品中反映的情绪的世界大体包含三种境界：牧歌的情绪、沉郁的情绪、战斗的情绪。这三种情绪总是交织着流贯在每一个时期的作品里，只不过某一时期某一种情绪表现得更为突出、更为集

---

① 郭沫若：《文艺论集·论国内的评坛及我对于创作的态度》，《郭沫若全集·文学编》15卷，北京：人民文学出版社，1992年版。

② 郭沫若：《我怎样开始了文艺生活》，上海：上海文艺出版社，1983年版。

③ 郭沫若：《文学的本质》，《〈文艺论集〉汇校本》，长沙：湖南人民出版社，1984年11月版。

④ 郭沫若：《致宗白华》，《三叶集》，泰山书局，1920年。

中一些罢了。

对于郭沫若早期的小品文，阿英先生作过这样的概括。他说：

> 我想，这"牧歌的情绪"五字是最足以说明郭沫若的小品文的特色的，无论是《小品六章》也好，《卖书》等篇也好。所以富于这种情绪的原因，当然是由于郭沫若是诗人的原故。在他的作品之中，无论是属于文学的那部门，但这种特色是流贯的，是明显的。他在作为主要的地位的诗人而外，要说他也是一个创作家，不如说他是一个散文小品的作者，来得更为恰切的。①

我以为这一理解是深刻的。郭沫若的小说、戏剧，乃至史论、文论，几乎都是极流畅的散文。评论家们对于他后期作品中所流灌着的沉郁、战斗情绪的看法，大体是一致的，对于早期作品的"牧歌情绪"，则向来存在着分歧：有的从思想上去说明，或者认为是郭沫若的个性解放主张碰壁而转向高蹈的表现，或者认为是郭沫若仍然崇尚唯美主义；有的从生活上去解释：或者认为是郭沫若从自然走向社会引起的梦的破灭，而又不能忘怀贫困生活的煎熬；有的还从写作的环境和心境、文体的特点去说明：认为是"对过去生活的回忆和眷念"，是"在思想的纷扰中寻出一点闲静来，用记叙抒情散文这一形式，把值得怀念的事物做一番重温，这种创作冲动，毋宁说是作者当时精神上的一种需要"。这些解释虽然有一定道理，但似乎都不很全面、准确，他们看到的往往只是一个方面："幻美的追求，异乡的情趣，怀古的幽思"，"哀愁与忧伤"。然而，还有更重要的一面：对人世间最宝贵的青春的赞美，生命的赞美。其实，郭沫若自己就作过很好地解释，他说：

> 第一部的《水平线下》是"五卅"以前一九二四年与一九二五年之交的私人生活（除开《百合与番茄》一篇多少包含着注释的意义编在这儿外），和我对社会的一些清淡的但很痛切的反应。②

---

① 阿英：《阿英文集·郭沫若》，北京：生活·读书·新知三联书店，1981年版。
② 郭沫若：《水平线下·序引》，上海：上海创造社出版部初版，1928年5月。

我在日本……前期是医学生，然而醉心泛神论，崇敬东方的庄子、陶渊明这些古人，和西洋的斯宾诺莎（Spinoza）、歌德（Goethe）。特别是对于自然的感念，是以纯粹东方情调为基音的，以她当作朋友，当作爱人，当作母亲。①

　　总之，在我自己的作诗的经验上，是先受了太戈尔诸人的影响力主冲淡，后来又受了惠特曼的影响才奔放起来的。那奔放一遇着外部的冷气又几乎凝成了冰块。有好些批评家不知道我这些经过，以为那奔放的粗暴的诗是我初期的尝试，后来技巧增进才渐渐地冲淡了起来，其实和事实不符。我自己本来是喜欢冲淡的人，譬如陶诗颇合我的口味，而在唐诗中我喜欢王维的绝诗，这些都应该是属于冲淡的一类。②

　　应该承认，这才是对"牧歌的情绪"的最好解释。从生活上看是对现实的不满；从思想上看是对泛神论的醉心；从文学上看是对冲淡美的追求。如果承认这种综合的解释，那么，流贯在作品中的"牧歌的情绪"也包含着一种沉郁，一种战斗，就在郭沫若写出《小品六章》前后，他也曾公开说过："文学是反抗精神的象征"③。要知道，他是借文学鸣自己的存在，难道早期的"牧歌的情绪"就没有反抗精神么?!郭沫若歌颂自然美就是对社会丑的一种揭露，歌颂青春，歌颂生命，就是对压迫青春、压迫生命一种抗争。这在《小品六章》等早期作品里是毫无疑问地流贯着的。郭沫若的散文作品，自然、玲珑、气韵生动，就是因为牧歌的情绪，郁沉的情绪，战斗的情绪交织、流贯!之所以受到人们的重视，就是因为它无不流贯着这三种情绪。这应该郭沫若散文作品的最大特色。

（二）冲淡与雄浑结合的美学境界追求

　　谁都知道，文学是对美的选择，美的赞颂，作家是美的发现者，创造者。郭沫若弃医从文，无论是写诗，还是写散文，还是写戏剧、小说，都在努力探索，不断追求一种既有强烈的时代精神，又有鲜明的个性特色的风格，也即是优美与

　　① 海英：《自然的追怀》，《郭沫若佚文集》，成都：四川大学出版社，1988 年版。
　　② 郭沫若：《我的作诗的经过》，《郭沫若全集》第 16 卷，1989 年。
　　③ 郭沫若：《〈西厢记〉艺术上之批判与其作者之性格》，《郭沫若全集·文学编》15 卷，北京：人民文学出版社，1990 年版。

悲壮美相结合的风格。他从事诗歌创作的初期就很明确地向朋友们说道：

> 海涅底诗丽而不雄。惠特曼底诗雄而不丽。两者我都喜欢。两者都还不
> 足令我满足。所以讲到"无所需要"一层，我还办不到。①

这种追求实现在《女神》《星空》的部分诗作中，如《天狗》《凤凰涅槃》
等。如要说，郭沫若早期的诗艺探索更多地集中在吸收、融汇外国不同诗派的所
长，那么，后期的诗艺探索则更多地集中在继承、发扬中国古代优秀诗人所创作
的传统，并如何与外国优秀诗歌传统结合上。四十年代，他曾说道：

> 这两位，无论在性格或诗格上，差不多都是极端对立的典型。他们的比
> 较研究可以使人领悟到：不仅是诗应该如何作，还有是人应该如何作。
> ……但我不因推崇屈子而轻视陶潜，我也不因喜欢陶潜而要驱逐屈子。
> 认真说：他们两位都使我喜欢，但他们两位也都有些地方使我不喜欢。诗的
> 风格都不免单调。人的生活都有些偏激。②

很显然，郭沫若是要吸收屈原和陶潜的所长，弃其所短，从而创造出一种理
想的美学境界，即"冲淡"与"雄浑"的统一。这种统一的美学境界，我以为在
他后期的散文，特别是抒情散文中得到了更好的实现。《大山朴》《芍药及其他》
《丁东草（三章）》《银杏》，不都是具有这两种美相结合的美文吗！

> 你的株干是多么的端直，你的枝条是多么的蓬勃，你那折扇形的片叶是
> 多么的青翠，多么的莹洁，多么的精巧呀！
> ……
> 你没有丝毫依阿取容的姿态，但你也并不荒怆；你的美德像音乐一样洋
> 溢八荒，但你也并不骄傲；你的名讳似乎就是"超然"，你超乎在一切的草
> 木之上，你超乎在一切之上，但你并不隐遁。

---

① 郭沫若：《致宗白华》，《三叶集》，泰东书局，1920 年版。
② 郭沫若：《题画记》，《郭沫若全集》第 19 卷，北京：人民文学出版社，1992 年版。

你的果实不是可以滋养人，你的木质不是坚实的器材，就是你的落叶不也是绝好的引火的燃料吗？①

这里是写尽了银杏的美、真、善，不愧为冲淡与雄浑的统一。难怪人人都要说：它完全可以和《白杨礼赞》比美！成为给人以美的享受的佳作！郭沫若的这些散文佳作，无疑是吸收、融汇了古诗词诗中有画、画中有诗的优良传统，而且特别注意了感情的节奏，时代的精神，所以特别感人，特别鼓舞人的斗志，给我们留下了宝贵的经验。

（三）简洁、和谐、熨帖、自然的语言的应用

世界上几乎没有一个伟大的作家，没有一篇伟大的作品，不在语言上下功夫可以成功的。郭沫若有一句名言："诗以自然流泻为上乘。"因此，他非常注意感情的净化，语言锤炼。他在《怎样运用文学的语言？》一文中强调道：

作家自己的语言依作家的气质而不同，有的偏于诗的，有的偏于散文的。过分的诗了，反伤于凝滞，局势便不能展开，描写也难于切实。过分的散文了，则伤于琐碎，局势便流于散漫，描写也不一定能扼要。

最好要简洁、和谐、熨帖、自然。任何一种对象，无论是客观的景物或主观的情调，要能够用最经济的语言把它表达得出。语言除掉意义之外，应该要追求它的色彩、声调、感触。同意的语言或字面要有明暗、硬软、响亮与沉郁的区别。②

郭沫若在诗歌创作上是很注意追求语言的色彩、声调、感触的。如《蜜桑索罗普之夜歌》《日出》《怀古——贝加尔湖畔之苏子卿》等诗篇就是例证。这些诗篇曾得到诗人朱湘的高度评价，认为是"郭君对于诗的一种重要贡献的一个象征"，"是旧诗与西诗里面也向来没有看见过这种东西的。"③重视色彩、声调、感触，是对美的一种追求。马克思说："色彩的感觉是美感的最普及的形式。"画家

---

① 郭沫若：《银杏》，《郭沫若全集》第 16 卷，北京：人民文学出版社，1985 年版。
② 郭沫若：《怎样运用文学的语言》，《郭沫若全集》第 19 卷，北京：人民文学出版社，1992 年版。
③ 朱湘：《郭君沫若的诗》。

列宁也曾说道："色彩就是思想。"在现代诗人、作家中，重视色彩，莫过于郭沫若、闻一多了。郭沫若对语言的色彩、声调、感触的追求，在他的散文创作中表现得最为明显。《丁东草》，作者每一笔都围绕着这个声音，选择了一个又一个富有"声调"的语言，响亮而美妙；《石池》，则多用有感触的语言，让人似乎处处可以摸得着，《白鸽》《石榴》，可以说是色彩的歌：

> 那雪白的蓑毛，那全身的流线型结构，那铁色的长喙，那青色的脚，增之一分则嫌长，减之一分则嫌短，素之一分则嫌白，黛之一分则嫌黑。
> 这就是一幅画，这就是一首诗，一首韵在骨子里的诗。
> 《石榴》也是一首色彩的歌，虽然没有过多的着色，然而从作者巧妙的对比中使色彩仍然格外鲜明。

> 石榴有梅树的枝干，有杨柳的叶片，奇崛而不枯瘠，清新而不柔媚，这风度实兼备了梅柳之长，而舍去了梅柳之短。
> 最可爱的是它的花，那对于炎阳的直射毫不避易的深红色的花。单瓣的已够陆离，双瓣的更为华贵，那不是夏季的心脏吗？

新奇而清丽的比喻，骈散相夹的语句，简洁、和谐、熨帖、自然，不着色而处处给人以鲜明的色彩！字里行间，又饱和着诗人奔放炽热的情感，打动着读者的心弦！郭沫若的生花妙笔往往犹如神奇的调色板，使他的散文显得五彩缤纷，灿烂夺目。如果说闻一多特别重视黄色，如《忆菊》《黄鸟》《秋色》，那么，郭沫若则特别重视白色和红色！如《怀古——贝尔湖畔之苏子卿》《日出》《石榴》，清楚地显示了两位作家的不同思想，不同个性。

郭沫若是一位百科全书式的人物，也是一位全能的艺术家。散文创作是他整个创作的重要组成部分，以它独特的内容，独特的情绪，独特的形式，"从反映旧制度底下个人的苦闷哀愁，扩展到了描绘革命战争的血与火，记录伟大时代的声与影，历史的痕迹是表现得分外鲜明的。像他这样广阔地描写社会生活，在现代散文史上恐怕也是没有旁的作者可以比拟的"①，这话是不错的，但还需补充一句：就是在散文艺术的探索上作努力恐怕也是同时代的作者难以比拟的，正因为如此，郭沫若才为中国现代散文的繁荣和发展做出了独特的贡献！

一九九一年十一月十日于四川大学

---

① 林非：《中国现代散文史稿》，北京：中国社会科学出版社，1981 年版。

《百家论郭沫若》 序

郭沫若从在文坛崭露头角那天起，就以他独特的力量，独特的方式，强烈地影响着中国文坛，以后，他由文艺阵线转入革命阵营，从事学术研究，从事保卫世界和平的斗争，对中国对世界留下了深深的影响。无论喜欢他，还是讨厌他，甚至反对他，要想抹掉他的影响实在是不可能的，也是完全徒劳的。那位以"反鲁"为"毕生事业"，名噪一时的苏雪林女士也不得不承认这点。她曾百思不得其解，无可奈何地说道：

> 郭沫若这名字自五四后，总是热辣辣地挂在青年的口边。女学生所熟悉的是冰心女士，男学生所熟悉的可以说是鲁迅、郭沫若了。在出版事业不发达的中国，他人用了全副精神来写作，往往不受人欢迎，郭氏粗率地写的《我的幼年》《创造十年》，一个中学生也写得来，竟动辄销行数万册，他人在翻译上偶有不经意的错误，或创作技巧不甚成熟，便会引起许多冷潮热骂，把名望葬送了；郭氏即使把西洋名著如高尔斯华绥的《银匣》和《法网》、史托姆的《茵梦湖》译错得连篇累牍，或在自作诗歌上，留下许多瑕疵，一样有人要读。考古学者辨别古书的真伪，比较材料的异同，孳孳矻矻，整月穷年，才敢发表数篇心得，郭氏写一部证据不大充分的《中国古代社会研究》，居然想把胡适、顾颉刚都打倒，读者亦靡然从风誉为杰构。凡此种种，每令我百思不解，究竟郭氏真是他自誉的天才人物呢？还是文学界

犹如政治界，原有许多幸运儿，郭氏便是这些幸运者中间的一个呢？①

郭沫若在中国现代文学史、文化史、革命史上的影响及地位，对苏雪林之流来说，只能永远是"百思不解"啊！道不同，语言何能一致呢？！

日本早就有人说过，懂得鲁迅就懂得了中国现代文学的一半；日本也有人说过：懂得郭沫若就会懂得中国现代文学的另一半。这虽然是一种形象化的说法，并不科学，但至少揭示了部分真理。如毛泽东、邓小平所说：

> 鲁迅是中国文化革命的主将，他不但是伟大的文学家，而且是伟大的思想家和伟大的革命家。鲁迅的骨头是最硬的，他没有丝毫的奴颜和媚骨，这是殖民地半殖民地人民最可宝贵的性格。鲁迅是在文化战线上，代表全民族的大多数，向着敌人冲锋陷阵的最正确、最勇敢、最坚决、最忠实、最热忱的空前的民族英雄。鲁迅的方向，就是中华民族新文化的方向。②

> 郭沫若同志是我国杰出的作家、诗人和戏剧家，又是马克思主义的历史学家和古文字学家。……他和鲁迅一样，是我国现代文化史上一位学识渊博、才华卓具的著名学者。他是继鲁迅之后，在中国共产党领导下，在毛泽东思想指引下，我国文化战线上又一面光辉的旗帜。③

这就是事实。

不管怎么说，要懂得中国现代文学史、中国现代思想史、中国现代革命史，不懂得鲁迅、郭沫若，那是难以想象的。既然如此，我们就应该采取实事求是的态度，客观地、科学地分析郭沫若，研究郭沫若。

我们深信：要实事求是地、客观地、科学地分析郭沫若，研究郭沫若，详尽地占有第一手资料当是首要的事情。正在出版的《郭沫若全集》固然是最好的原始材料，必不可少，但这只是一个极为重要的方面，还有另一个重要的方面，那就是历来各种人物对他的回忆，对他的评价……对今天和明天的读者或研究者来

---

① 苏雪林：《中国二三十年代作家》，台湾：纯文学出版社，1986年第2版。
② 毛泽东：《新民主主义论》，《毛泽东选集》第2卷，北京：人民出版社1991年6月版。
③ 邓小平：《在郭沫若同志追悼会上的悼词》，《人民日报》1978年6月19日。

说，也是不可缺少的。然而，由于近几十年来，持续不断的内战、外犯、迁徙、流亡、查禁、销毁等种种原因，使得寻找这些资料相当困难。为了读者和研究者，我们几个不甘寂寞的人，在成都出版社的全力支持下，经过几年的艰辛，总算编出了这本《百家论郭沫若》。

这里，有几点是要慎重地向读者和研究者们说明的：

一、关于选文的标准

我们严格遵循着以下两条原则：

1. 客观性。有人会说，完全客观地看问题，处理问题，尤其是评论作家作品几乎是不可能的，本来就存在着一个仁者见仁、智者见智的问题。这固然有一些道理，但也并不全然如此。所谓客观，大概就是尊重事实吧，尊重事实的评论仍然是不少的。譬如，当今港台某些人炮制了什么《郭沫若批判》《郭沫若总论》，其中充满了谎言与谩骂，连基本事实也被歪曲了。但也还是有一些公正的人，根据事实说话，1991 年 7 月香港《文汇报》连载的无悔先生的《谈谈郭沫若》即是例证。

文章开头就说：

> 在香港，在我的一些直接和间接的朋友当中，提起郭沫若，他们都不以为然。这主要是由于郭在建国后所写的某些新体颂诗，歌颂过份；同时，他在"文革"期间的一些表现，也显得有些异于常情，而与他的身分、地位不大相称。但我认为，郭沫若的个人行为，虽然招了谈论，但是，他在学术、思想、文艺等方面的成就，必须加以肯定，不容抹杀。[①]

这位无悔先生总算是比较承认事实，总的说来，其分析也较有分寸。他的几十则文章，虽然有失误的地方，但从总体上说还是尽可能地客观地谈论了郭沫若。即如他谈《女神》也是尊重事实的。不妨摘引于后：

[①] 无悔：《谈谈郭沫若》，《文汇报》1961 年 7 月。

《女神》发表后，好评如潮。无论在当时，还是在几十年之后的今天，它都受到文学界人士的重视，如果说，鲁迅的《狂人日记》和《阿Q正传》是受"五四"运动而产生的新小说代表作，那么，郭沫若的《女神》，便是受"五四"影响而产生的新诗代表作。1979年，田仲济、孙昌熙主编的《中国现代文学史》认为：《女神》是中国现代文学史上一部成功的新诗集。它杰出的意义，首先在于深刻地反映了"五四"时代中国人民彻底反帝反封建的精神，成为五四时代的精神号角。《狂人日记》深刻揭露了封建制度吃人的本质，《女神》则直接歌颂对黑暗的破坏和对光明的创造。《狂人日记》是预告人民革命的春雷，《女神》则是人民革命的暴雨。《女神》是中国新诗歌运动的里程碑。新文学运动是在新的历史条件下发生的彻底的文学革命运动，它要在彻底否定旧文学的基础上，建立内容和形式全新的文学。鲁迅以《呐喊》首先在小说方面显示了新文学运动的实绩，而《女神》则为新诗运动奠定了基础。它在中国现代文学史上开辟了广阔的道路。我认为，田仲济和孙昌熙等人上述的看法，并没有对《女神》过誉，他们是客观地实事求是地作出的论断。

　　我们之所以不厌其烦地引用无悔先生的论述，就因为他是客观的实事求是的。不仅如此，他还以自己的亲身经历和深切体会对其论述提供了证据。

　　谁都知道，中国现代文学的发展是与中国现代社会的发展分不开的。中国现代社会的发展过程，矛盾的复杂，斗争的尖锐，在中国，在世界历史上，应该说都是罕见的。郭沫若则始终处在这些矛盾的中心、斗争的旋涡中。拥护他、支持他、反对他、咒骂他，是那样针锋相对。对于这些针锋相对的意见，只要有事实的根据，有利于认识郭沫若的真面目，不管属于什么派别，我们都尽可能予以选录，以利广大读者和研究者做出正确判断。

　　2. 代表性。郭沫若登上文坛，既而走上政坛，评他、议他、论他的人可谓不计其数，有各派领袖，有一般平民百姓，有各种专家学者，也有一般读者，有中国人，也有外国人……我们尽可能地加以挑选，选录那些有代表性的评论，重复的则作罢。即使同一个人的评论，也尽可能舍去那些一般的论述，摘其有学术性和代表性的论述。

二、关于编排方式

我们采用了编年的办法。

鲁迅曾告诫我们：

> 分类有益于揣摩文章，编年有利于明白时势，倘要知人论世，是非看编年的文集不可的，现在新作的古人年谱的流行，即证明着已经有许多人省悟了此中的消息。[①]

编年的文集有如此这般好处，恐怕编年的评论也能起到这样的作用吧，何况郭沫若始终是一个站在时代前列的人物。因此，我们编选这本资料便依了时间的顺序，采用了编年的形式，又加以适当集中，如一个人只有一次论述，则以时间为序，如有多次论述，则又按时间为序集中在一起。这样，既可以看到整个时势的变迁，又可以看出个人的转换。

本集所编选的资料止于1949年10月1日[②]，一是因为新中国成立后，相对说来，资料易于寻找；二是因为新中国成立后，尤其是郭沫若逝世后评论增多，且有若干专题资料，如三联书店出版的《悼郭老》等。

这里还需要特别说明的是，由于本书所选文章均系几十年前所作，其语体和文字、标点等方面的规范不尽统一。其文字如的、地、底、得、哪（那）、像（象）、分（份）等，其标点如顿号、逗号的使用，又如外国人名的音译用字、数字的用法等，为保持文章原貌和语体风格，我们在选编时一仍其旧，未作硬性统一，但对其明显的文字错讹则做了订正。

我们感到非常非常遗憾的是有些想选的材料，费了不知多少力气，怎么也找不着了，如1936年鲁迅先生逝世后出版的《会报》，就曾刊登田军（肖军）致郭沫若的公开信[③]，郭沫若则在《大晚报》上回敬了一封《答田军先生》。田军致郭

[①] 鲁迅：《且介亭杂文·序言》，《鲁迅全集》第6卷，北京：人民文学出版社，1981年版。

[②] 唯梁实秋先生《旧笺拾零》一篇作为例外收入，因为它写作时间在1949年以前。

[③] 田军致郭沫若的公开信，后来终于找到，见王锦厚的《决不日夜记得个人的恩怨——鲁迅与郭沫若个人恩恩怨怨透视》一书。

沫若的信，怎么也没找着。类似这样的情形还不少，但愿这些材料尚存人间，有一天能呈现在读者面前。

最后，向关心并支持过我们的同行和朋友致以衷心的感谢！由于主客观原因，选录中不可避免地存在着这样或那样的欠妥之处，敬请各方人士批评指正。

助你懂得郭沫若的好书

——介绍《百家论郭沫若》

在形形色色的关于郭沫若的研究资料中，《百家论郭沫若》可以说是一本很有特色，很有价值，值得向读者推荐的参考书。

该书是成都出版社 1992 年为庆祝郭沫若诞辰一百周年，作为国家"八·五"重点图书规划项目郭沫若研究系列之一隆重推出的。

该书以编年的形式，选取了 1920 年 1 月至 1949 年 7 月，120 余位作者的 172 篇文章，计 33 万余字。这 120 余位作者，有知名的，也有不知名的，分属各个党派，各种学派、流派；这 172 篇文章，有说好的，也有说不好的，甚至很严厉的批评，但基本上都属于创作上的论辩、学术上的探讨，也有涉及为人处事的，但绝非为今日的辱骂、诬陷。

郭沫若是一个永远都会有争议的人物，尤其是他的晚年。他到底是怎样一个人？应该给他怎样的历史地位？有人懂得，有人却不懂。《百家论郭沫若》可以告诉你：

公认为"伯乐"的宗白华先生就很懂得郭沫若，他不仅最早发现了郭沫若这样一位天才诗人，而且一直给予了巨大的关怀和帮助，他说：

> 他的诗——当年在《学灯》上发表的许多诗——篇篇都是创造一个有力的新形式以表现出这有力的新时代，新的生活意识。编者当年也秉着这意识，每接到他的诗，视同珍宝一样地立刻刊布于《学灯》，而获得当时一般

青年的共鸣。在这意义上我说他的诗在新诗运动里有无比的重要，他具有新诗国的开国气象。①

几十年后，他还是这样说：

> 沫若正在日本留学，他从国外向《学灯》投来新诗。沫若的诗大胆、奔放，充满火山爆发式的激情，深深地打动了我。我认为自己发现了一个抒情的天才，一个诗的天才，因此对他交来的诗很重视，尽量发表，尽管他当时还没有什么名气。他的著名长诗《凤凰涅槃》等就是这样发表的。我写信给他："你的诗是我最爱读的；你诗中的境界是我心中的境界。我每读了一首，就得了一回安慰。"②

诗人、学者、民主主义斗士闻一多不仅最早对郭沫若的新诗给予了崇高的评价，先后写了《〈女神〉之时代精神》《〈女神〉之地方色彩》等经典评论，而且对郭沫若的学术研究同样给予了崇高的评价。他说：

> 有些拘谨的学者，很不以郭沫若的见解为然，而且说他大胆与轻率。好！这些学者先生们一次都没有错，因为一句离开前人见解的话也不曾说过，这种过分的"谨慎"，如果是怕说错了影响自己已成的学者之名，那却未免私心太重，这样谨慎了一辈子，对于古代文化的整理上最后还是没有添加什么，而郭沫若，如果他说了十句，只有三句说对了，那七句错的可以刺激起大家的研究辨证，那说对了的三句，就为同时代和以后的人省了很多冤枉路。③

这些评论经受了历史的检验，证明是完全正确的，已经得到了公认。

香港一位署名无悔的先生说：

---

① 宗白华：《欢欣的回忆和祝贺》，《时事新报》1941 年 11 月 10 日。
② 宗白华：《秋日谈往——回忆同郭沫若、田汉青年时期的友谊》，《北京日报》1980 年 10 月 9 日；又《宗白华全集》1 卷，合肥：安徽教育出版社，1994 年版。
③ 寄思：《忆闻一多教授》，《文萃》第 40 期，1946 年 7 月 25 日。

在香港，在我的一些直接和间接的朋友当中，提起郭沫若，他们都不以为然。这主要是由于郭在建国后所写的某些新体颂诗，歌颂过分；同时，他在文革中的一些表现，也显得有些异于常情，而与他的身份、地位不大相称。但我认为，郭沫若的个人行为，虽然招了谈论，但是，他在学术、思想、文艺等方面的成就，必须加以肯定，不容抹煞。①

无疑，这是客观的论述。就是以"反鲁""反共"为"毕生事业"的苏雪林不懂得郭沫若，然而，她没有采取骂鲁迅一样的手法大骂郭沫若，只是百思不解地说：

　　郭沫若这名字自五四后，总是热辣辣地挂在青年的口边。女学生所熟悉的是冰心女士，男学生所熟悉的可以说是鲁迅、郭沫若了。在出版事业不发达的中国，他人用了全副精神来写作，往往不大受人欢迎，郭氏粗率地写的《我的幼年》《创造十年》，一个中学生也写得来，竟动辄销行数万册，他人在翻译上偶有不经意的错误，或创作技巧不甚成熟，便会引起许多冷潮热骂，把名望葬送了；郭氏即使把西洋名著如高尔斯华绥的《银匣》和《法网》、史托姆的《茵梦湖》译错得连篇累牍，或在白话诗歌上，留下许多瑕疵，一样有人要读。考古学者辨别古书的真伪，比较材料的异同，孳孳矻矻，整月穷年，才敢发表数篇心碍，郭氏写一部证据不大充分的《中国古代社会研究》，居然想把胡适、顾颉刚都打倒，读者亦靡靡然从风誉为杰构。凡此种种，每令我百思不解，究竟郭氏真是他自誉的天才人物呢？还是文学界犹如政治界，原有许多幸运儿，郭氏便是这些幸运者中间的一个呢？②

这些懂与不懂都可以启发我们了解郭沫若其人其文。如果你要真正懂得郭沫若，就去认真研究一下郭沫若。《百家论郭沫若》不仅为你介绍了五四以来至新中国成立前夕 100 多位不同党派、不同学派的作家、学者、批评家对郭沫若文学创作和学术研究的不同见解，还为你提供了许多珍贵的史料，而且告诉你如何去

---

① 无悔：《谈谈郭沫若》，《文汇报》1991 年 7 月。
② 苏雪林：《中国二三十年代作家》，纯文学出版社，1986 年第 2 版。

研究郭沫若的种种方法。郁达夫说：

> 我们中国人的"同行忌妒"的倾向，是古代传下来的恶习惯的一种，王渔洋说"文人自古善相轻"。可见这恶习惯在文人社会里更加厉害……
>
> ……争辩是学术进步上所必需的，有了 Sophists 的诡辩，才发生了 Secrates，Plato，Aristotle 的正统哲学，有了 Voltaire 的雄谈，才有庄严灿烂的十九世纪的法国文学，但是目下我们中国的争辩，都是与中心问题不相干的瞎骂讥讪。……我想提议，凡我们想研究文学的人，以后还须在根本上用些功夫，做些事业出来，不要在枝叶的问题上费尽了我们的心力。①

生命是宝贵的，我们一定要把有限的生命用在推动中国的文化事业上，少用、最好是不要用在沽名钓誉、利己害人的争辩中。

日本早就有人说过，懂得鲁迅就懂得了中国现代文学的一半；日本也有人说过，懂得郭沫若就会懂得中国现代文学的另一半！这虽然不是一种科学的论述，但也揭示了部分的真理。不管怎么褒贬鲁迅、郭沫若，要懂得中国现代文学史、思想史，不懂得鲁迅、郭沫若，那是难以想象的。既然如此，我们就应该采取实事求是的态度，历史地、客观地、科学地分析郭沫若、研究郭沫若。

《百家论郭沫若》确实是一本帮助你懂得郭沫若的好书，不妨去翻翻吧！

---

① 郁达夫：《〈女神〉之生日》，《时事新报·学灯》1922 年 8 月 2 日。

郭沫若与现代派文艺

一九二三年郭沫若受托起草了《中华全国艺术协会宣言》，宣言大声地疾呼道：

> 如今不是我们闭关自主的时候了，输入欧西先觉诸邦的艺术也正是我们的急图。
>
> 我们要宏加研究、绍介、收集、宣传；借石他山以资我们攻错。[①]

这是郭沫若根据自己的切身经验，针对当时的情况发出的号召！他不单是号召，更为可贵的是他在输入、介绍、宣传欧西先觉诸邦的艺术方面做了大量的工作，并在"借石他山以资我们攻错"方面也作了艰苦的努力！本文仅就他在介绍、借鉴现代派文艺方面所做的工作及其努力进行若干介绍和探讨，不当之处，敬请专家、读者指教！

宣传与扬弃

现代派文学在欧美近代文学史上是一个影响巨大的重要流派。一般的研究者们都把 1857 年出版的法国象征派先驱人物波德莱尔所著诗集《恶之花》视为它

[①] 郭沫若：《一个宣言——为中华全国艺术协会作》，《文艺论集》，光华书局，1925 年版。

的起点，紧随着象征主义而极盛于欧美的则是以法国和美国为中心的表现主义，以意大利为中心的未来主义，以法国为中心的超现实主义，以英国为中心的意识流文学的同时兴起，以后，又不断有新的品种出现，如达达主义、荒诞派、黑色幽默……尽管不断出现新品种，但由于工人运动的发展，现代派的作家队伍也不能不随之而发生变化，很快出现了两极分化的趋势：有的向革命势力靠拢，而成为左翼，如法国的表现主义的剧作家妥勒尔，超现实主义者阿拉贡、艾吕雅……有的则走向右翼，如意大利的未来主义者马里纳蒂，美国现代派诗人庞德，艾略特等。总之，呈现出相当繁复的局面。

　　郭沫若留学日本，倾向文学，并决心弃医从文的过程，恰好是现代派的象征主义和表现主义隆盛的时期，也正是日本大量输入和介绍现代派文艺的时刻，先后翻译、演出了现代派的戏剧《青鸟》《沉钟》……1920 年 2 月 11 日至 17 日，民众座就上演了比利时象征主义剧作家梅特林克的杰作《青鸟》。田汉曾十分兴奋地告诉郭沫若说：

　　　　沫若！我真幸福，Neo-Romantic Drama 除《沉钟》外，在这个新剧消沉的日本最近又看了一本《青鸟》Blue Bird。《青鸟》是 Maeterlinck 的最受人欢迎的剧本，是不待言的。英、法、俄、美，谁国不曾翻译，不曾上演，日本虽也曾翻译了，——我看过两种日译——可是上演这要算第一回！①

　　田汉非常喜欢梅特林克的象征剧，他不但向郭沫若报告了自己观看《青鸟》的欢欣之情，而且还招待郑伯奇观看。郑先生后来回忆道："田汉同志非常热情地招待我，真象久别重逢的故人一样。他招待我去看当时刚刚上演的梅特林克的新剧《青鸟》，使我第一次接触欧洲的最新的象征主义艺术。"② 田汉、郭沫若对《青鸟》都很熟悉，也很欣赏，以至在游太宰府时，酒醉后竟以"《青鸟》剧中事情为谜，直对谈到山麓"去庙里寻找写真师。"入庙遍寻不得，彼此相扶依，蹁跹梅花树下，不禁放歌"那盛开的梅花，以歌德和席勒相许的佳话。对于象征主义、表现主义，郭沫若曾将它作为"急图"，先后撰写了《生活的艺术化》《自然

---

　　① 田汉：《致郭沫若》，《三叶集》，泰东图书馆，1920 年版。
　　② 郑伯奇：《忆创造社》。

与艺术》《艺术之象征》《印象与表现》《未来派的诗约及其批评》等一系列论文加以宣传。他一再指出："艺术是自我的表现，是艺术家的一种内在冲动不得不尔的表现"。"艺术家把种种的印象，经过一道灵魂的酝酿，自律的综合，再显示出一个新的整个的世界出来，这便是表现。"……根据对艺术是自我的表现的认识出发，郭沫若将艺术分为两大类，即：

客观的——印象类，如自然主义、写实主义……

主观的——表现类，如象征主义、表现主义……

他说：

> 现在在我们目前，便呈现出两条艺术上的歧路来。一种便是印象，一种便是表现。譬如自然主义、写实主义，他们的理想，可以说是平静自己的精神，好像一张白纸，好像一张明镜，要把自然的物象，如实地复写出来，维妙维肖地反射出来；他们便走的是印象的一条路。但是如像十八世纪的罗曼派和最近出现的表现派（Expressionism），他们是尊重个性，尊重自我，把自我的精神运用到客观的事物，而自由创造；表现派的作家最反对印象派，他们说他们的艺术是消极的、受动的，他们要主张积极的、主动的艺术。他们便奔的是表现的一条路。①

郭沫若偏重主观，因此，他在给朋友的信中表明：

> 纯真的艺术品莫有不可以利世救人的，总要行其所无事才能有艺术价值。所以我对于文学上甚么-ism，甚么主义，我都不取。我不是以主义去做诗，我的诗成自会有主义在，一首诗可以有一个主义。
>
> ……
>
> 我不喜欢自然主义 Naturism 的作品，因为我受的痛苦已经不少，我目击过的黑暗已经无限，我现在需要的是救济，需要的是光明。②

---

① 郭沫若：《印象与表现——在上海美专自由讲座讲演》，《郭沫若佚文集》，成都：四川大学出版社，1988 年版。

② 郭沫若：《致陈建雷》，《郭沫若佚文集》，成都：四川大学出版社，1988 年版。

只有艺术家打破一切客观的束缚，在自己的内心中能找寻出一个纯粹的自我来，再由这一点出发，向前走去，才能成为一个伟大的艺术家！他曾公开对现代派表示同感，号召青年艺术家、文学家走表现的一条路。他说：

> 诸君！我们现刻献身于艺术的圣坛的人，我们所负载的使命是非常的重大！我们现刻先要把艺术的精神认定，要打破一切自然的樊篱，传统的樊篱，在五百万重的枷锁中解放出我们纯粹的自我！艺术是我们自我的表现，但是我们也要求我们的自我有可以表现的价值和能力。[1]

表现自我一时成为非常时髦的口号，千百个文学家、艺术家追求的目标！象征主义，特别是表现主义的理论和实践就在于表现自我。表现主义出世不久，又吸收了那因战争而始觉醒的人道主义的和世界主义的倾向，因此，颇具有吸引力，特别是对于反对专制、反对战争的人们。郭沫若当时正生活在"受东洋气"的环境中，因此对于表现派很有共感，且寄予厚望，他热烈地高呼：

> 德意志的新兴艺术表现派哟！我对于你们的将来有无穷的希望。
> 你们德意志的最伟大的诗人将又要复活转来，在舞台上高唱了：
>
> > "自然空自缲长丝
> > 百世不易地在纺锤头上运转，
> > 万汇只是噪杂的集团，
> > 百无聊赖地相互击攒。
> > 是谁区分出这平匀灵动的节文，
> > 永恒生动着一丝不乱地动颤？
> > 是谁唤集万散而成一如，
> > 调和音雅地鸣弹？
> > 是谁使狂风暴雨惊叫怒号？
> > 是谁使落日残晖散成绮照？

---

① 郭沫若：《印象与表现——在上海美专自由讲座讲演》，《郭沫若佚文集》，成都：四川大学出版社，1988年版。

是谁投美丽的春花

于彼情人并步的中道?

是谁组织无谓的碧叶

使成荣誉之冠冠彼人豪?

是谁奠定峨岭普司之山聚集神祇?

啊,人生之力,全由我们诗人启示!"①

文中所引的这节诗出自歌德《浮士德》中"舞台的序剧"里诗人和丑角对话中的一段。歌德的序诗是模仿印度诗人迦梨陀娑（Kalidasa）的名著《沙恭达罗》的序剧写成。该剧为歌德所爱好,借舞台监督、诗人和丑角的对话,唤起台下与台上的思想交流。郭沫若在这里引用歌德的诗,目的是在唤起读者对表现派的共感,希望从表现派中产生出像歌德一样伟大的诗人、剧作家。郭沫若到底在哪些地方与表现派发生了"共感"呢?

1. 寻找自我上

现代派是近代社会矛盾的产物。自从文艺复兴发现"人",肯定"人"以来,随着生产力的高度发展与私人占有的加剧,人的精神遭受着巨大的创伤,人性被扭曲。现代派的文艺家就是要从遭受精神创伤、被扭曲了的人性中去寻找自我,找出自己在自然、社会中的位置,找出自己在人类的价值。因此,他们给艺术的定义就是表现自我。田汉在与郭沫若讨论象征主义名著《沉钟》时说:

我如是以为我们做艺术家的,一面应把人生的黑暗面暴露出来,排斥世间一切虚伪,立定人生的基本。一方面更当引人入于一种艺术的境界,使生活艺术化 Artification。即把人生美化 Beautify 使人家忘现实生活的苦痛而入于一种陶醉法悦浑然一致之境,才算能尽其能事。②

他们就要用这样的艺术陶冶自我、让自我闪光。郭沫若等人便与表现派,在这点上有了巨大的共鸣。

---

① 郭沫若:《自然与艺术——对于表现派的共感》,《文艺论集》,光华书局,1925 年版。

② 田汉:《致郭沫若》,《三叶集》,泰东图书馆,1920 年版。

2. 在表现自我上

现代派文学家们强调表现自我的内心生活，即所谓内心和精神深处的东西，包括幻觉、潜意识的东西，这样的东西只有用有声有色的物象来暗示、启发，绝不是再现，更不是模仿可以办到的，只能靠表现、靠创作。郭沫若说：

> "艺术是现，不是再现"朗慈白曷教授这句简明的论断，把艺术的精神概括无遗了。
>
> 甚么是现？这是从内部的自然的发生，这是由种子化而为树木，由鸡卵化而为鸡雏。[①]

可见，在表现自我上，他们特别强调的是主观，即所谓"内部与外部的结合"，"灵魂与自然的结合"，一切的印象，必须"经过一道灵魂的酝酿，自律的综合，再显示出一个新的整个的世界出来！"

现代派文艺突出自我，强调个性，在一定的历史时期自有其进步的一面，但他尊重的自我、尊重的个性是与多数人，尤其是劳动者脱节的，往往带有一种无政府主义的色彩。郭沫若虽然在"五四"新文学运动中与之产生共感，但随着工人运动的发展，他本人思想亦发生变化，很快懂得了"少数的人要来主张个性，主张自由，总不免有几分僭妄"，因此，很快就将现代派坚决予以扬弃了。1925年，郭沫若自己建造了一座"塔"，将那些"混沌"的思想毫不留情地埋藏，且题写了如下"几句墓志铭"：

> 有喜欢和死唇接吻的王姬，
> 有喜欢鞭打死尸的壮士，
> 或许会来到我的墓头
> 把我的一些腐朽化为神奇。
>
> 化腐朽而为神奇，原本是
> 要靠有真挚的爱情，或者敌意——

---

① 郭沫若：《文艺上的节产》，《文艺论集》，光华书局，1925年版。

这是宇宙中的一个隐谜，

这是文艺上的一个真谛。①

郭沫若就这样同泛神论、表现主义、无政府主义决裂了，而转向无产阶级文艺，转向马克思主义文艺！

《青鸟》和《黎明》

《青鸟》是象征主义的代表作。它是比利时剧作家梅特林克继《马莱娜公主》之后又一部震动世界剧坛的杰出的梦幻剧。在研究《青鸟》和《黎明》的关系时，有必要对梅特林克作一点简单介绍。

梅特林克于 1862 年 8 月 29 日生于比利时根特的一个世家。12 岁入耶稣会创办的享有比利时作家摇篮之称的圣特—巴勃中学读书。24 岁遵从父亲意旨到巴黎学习法律，并在那里加入了律师公会。在巴黎住了七个多月，结识了巴那斯派的诗人，开始创作诗歌。回国后，一面做挂牌律师，一面继续创作。1889 年出版了第一本诗集《暖房》和第一个剧本《马莱娜公主》。《马莱娜公主》一出版，立即引起了法国评论界的注意。1890 年 8 月 24 日，法国作家兼文艺批评家奥克达夫·米尔波在《费加罗报》上发表文章，热情地赞扬了剧作。文章写道：

我对莫里斯·梅特林克先生素昧平生，不知他是何处人士，何许人也；也不知他年长抑或年轻，富有还是清贫。我只知道，他比任何人都要默默无闻；我也知道，他写了一部杰作，不是一部事先就贴上标签的杰作……而是一部令人赞叹的、真正的、不朽的杰作。这部杰作足以使作者的名字流芳百世，足以使所有渴望美与伟大的读者为作者祝福……莫里斯·梅特林克先生为我们创作了一部当今最有才气、最不同凡响、也最朴实的作品。这部作品，就美的角度而言，堪与莎士比亚最优秀的剧本匹敌，如果我敢妄言，与莎士比亚最优秀的剧本相比，有过之而无不及。这部作品就是《马莱娜公主》。②

---

① 郭沫若：《几句墓志铭》，《塔》，中华学艺社，1925 年版。

② 张裕禾、李玉民：《梅特林克戏剧选·译者前言》，北京：外国文学出版社，1983 年版。

之后，他连续创作了八个剧本，可以说都获得了很大的成功，1896年，他移居法国，这时，已誉满法国，成为当时风行的象征主义文学在剧坛上最杰出的代表。1911年，荣获诺贝尔文学奖。

《青鸟》创作于1908年。全剧六幕十二场。其中有仙府、阴间、黑暗之宫、森林、墓地和天国等场景，人物很少，除了蒂蒂儿、米蒂儿和父母四人以及几个邻人以外，其余的不是鬼神，就是象征意义的人物。剧始，蒂蒂儿与米蒂儿从窗口看到富家圣诞节的盛况，忽然来了一位老仙女，亲切地给他们讲，富不比穷更美，有无圣诞饼一样，然后送他们去各地寻找青鸟。他们在阴间、黑暗之宫都见到青鸟，但不是变颜色，就是死了，或者飞了。最后，只留下一场美好的记忆。青鸟象征幸福或快乐。剧中的主人公不畏艰险，披荆斩棘，去寻求光明、幸福和生的欢乐，结果都成了梦幻。剧本写成后，最初在俄国52个团体排演，后来伦敦、纽约也相继排演了。最后才在巴黎上演，这些演出轰动了世界剧坛，美国人腓尔柏斯在他所撰写的《梅特林克评传》中写道：

> 在罗安附近买了一个脑门古寺。在那寺里曾经演过《麦克伯》，引动了好多人的注意。梅特林克在这离奇动人的圣望特列尔寺里，受了不少神感。《青鸟》那出戏，就在那里写的。这出戏使他的名字传遍地球：他所有诗人和剧作家的优点，都表现在这篇里。他早年的著作，纸上的成功胜过戏台上；《霉娜娃娜》戏台上的成功胜过纸上。《青鸟》却是在两方面都占胜利的——在文学上固然是杰作，在戏台上也无往不胜。这篇是创造的真美的戏剧，是对于现在戏剧时代的大贡献！[①]

是的，《青鸟》是创造真美的戏剧，是对现在戏剧时代的大贡献，它广泛而深刻地影响了欧美的戏剧，也影响了中国的新文学。郭沫若在《青鸟》的直接影响下，于1919年11月创作了一个名为《黎明》的儿童剧。诚如他后来回忆道：

> 儿童文学中采用剧曲形式底表示者，在欧洲亦为最近的创举，我国固素

[①] 美国腓尔柏斯（William Lyon Phelps）原著，孔常译：《梅特林传》，《东方杂志》18卷4号，1921年2月25日。

所无有也。梅特林克的《青鸟》，浩普特曼之《沉钟》最称杰作。此种形式的作品，在前年九月间时事新报学灯上曾发表过一篇《黎明》，是我最初的一个小小的尝试，怕久已沉没在忘却的大海中去了。①

《黎明》受《青鸟》的影响是显而易见的。采用戏曲形式自不待言是受了《青鸟》的影响，情趣、语言的诗化、音乐化也受不少的影响。但绝不是奴隶式的模仿，而带有郭沫若自己的创造。这些创造有：

1. 摆脱了《青鸟》的神秘性。《青鸟》通过梦幻的形式，写了许多不可能的事物、人物，染上一层浓厚的神秘色彩，《黎明》则采用的是人们熟知的《圣经·创世纪》中夏娃误吃禁果的故事而写成。据《圣经·创世纪》载：伊甸园里有无数森林花果，其中有一棵能辨别善恶的树，上帝不准亚当夏娃吃这棵树上的果子，结果，园里最狡猾的蛇儿蛊惑夏娃吃了。上帝大怒，把两人逐出乐园，并派天使把守道路，不让后人重新寻见。郭沫若将这一传说戏剧化，并加以演变，从而创作了《黎明》。剧曲以蚌壳作为"囚笼""幽宫"的象征，一对先觉的儿女，唤醒并带领群儿群女经过艰苦奋斗，打碎了囚笼，冲出了幽宫，修复了乐园，迎接黎明的到来。剧作表达了全新的主题：用自己的力量，创造新的世界。全剧新鲜、明朗，毫无神秘色彩。

2. 去掉了《青鸟》"忧伤"的情调。有人说梅特林克的戏剧是"忧伤的象征主义"，这种说法是有道理的。《青鸟》即是一例。主人公蒂蒂儿与米蒂儿经过千辛万苦寻找象征幸福或快乐的青鸟，不是死了，便是飞了，结果只留下一场美好的记忆罢了，剧曲充满了"忧伤"的情调。《黎明》则不然，主人公虽然遭受过痛苦，但终于获得了胜利。最后，群儿群女"唱着凯歌"，与"囚笼""幽宫""断缘"，向他们"送终"。全剧洋溢着欢悦，充满了乐观的情调。

3.《青鸟》是充满了诗意的梦幻，也有不少富于音乐性的台词。《黎明》则完全采用了歌剧的形式，将诗、音乐，还有舞蹈融为一体，使之更加诗化，音乐化，易于儿童欣赏和领会。

这一切，显示了郭沫若的创造力。《黎明》不愧为我国新文学中的一大"创举"，为我国儿童文学移植了一种新的形式，增添了一个新的品种。梅特林克的

① 郭沫若：《儿童文学之管见》，《文艺论集》，光华书局，1925 年版。

象征剧启示郭沫若创作了我国新文学史上第一部儿童剧——《黎明》，且引起了"五四"新文学家们的广泛兴趣。王维克、傅东华等人先后翻译了《青鸟》等作品，宣称其"文章美妙，趣味浓厚，指示人生正鹄，发挥天地幽秘，能引读者到幸福之路"。1921 年 6 月，上海中西女塾的学生还演出了《青鸟》。茅盾先生后来回忆道：

> 他们是用英语演出的，用的是 D. Maltos 的译本，有删节，但是有简陋的布景和不完美的照明，这在中国是第一次。《青鸟》的演出，轰动了当时上海的洋人和"高等华人"，以及搞新文学的人。①

由此可见其影响之大。象征派的基本理论和创作方法，既对一百多年来现代主义文学运动以及资产阶级文学有极大的影响，也对中国新文学产生过巨大的影响。中国虽然没有像欧美那样形成一个运动，但象征主义较之现代派文学的其他品种，对中国新文学影响更显著、持久却是不可否认的事实。

《伽来市民》和《聂嫈》

紧接着象征主义兴起于 20 世纪初，极盛于二三十年代的表现主义，是象征主义在戏剧领域的巨大发展。它以德国和美国为中心而影响了世界文学。表现派的不少剧作家是崇拜歌德的。郭沫若也崇拜歌德，还受着歌德的文艺思想的牵引。也许因为这点，他才很早就和表现派亲近、共感。诚如他自己一再所叙述的：

> 我开始做诗剧便是受了歌德的影响。在翻译了《浮士德》第一部之后，不久我便做了一部《棠棣之花》。在那年的《学灯》的双十节增刊上仅仅发表了一幕，就是后来收在《女神》里面的第一幕，其余的通成了废稿。《女神之再生》和《湘累》以及后来的《孤竹君之二子》，都是在那个影响之下写成的。助成这个影响的不消说也还有当时流行着的新罗曼派和德国新起的

---

① 茅盾：《外国戏剧在中国》，《外国戏剧》1980 年第 1 期。

所谓表现派。特别是表现派的那种支离灭裂的表现，在我的支离灭裂的头脑里，的确得到了它的最适宜的培养基，妥勒尔的《转变》，凯惹尔的《伽勒市民》，是我最欣赏的作品。那一派的人有一些是崇拜歌德的，特别把歌德的"由内而外"（"Von Innen nach Aussen"）的一句话做为了标语。在把《浮士德》第一部译过了之后的我，更感觉着了骨肉般的亲热。但这一个影响却把我限制着了，我在后来要摆脱它，却费了不小的努力。①

这之前，他在给上海美术专科学校学生所作的讲演中，更是大讲了表现派。他说：

最近德国的表现派 Expressionist，他们便是彻底主张自我表现的，他们的原画我虽然还不曾见过，他们的戏剧文学我倒读了好几种，如像 Georg Kaiser 的《伽来市民》Buerger Von Calais，如像 Frnestr Toller 的《流转》Die wandlung，我觉得都是很好的作品，他们都是由内而外的创造，不是由外而内的摄录。他们的表现是非常怪特的 Grotesque，我觉得他们还没有到澄清的地步。现代的艺术，还是混乱的时代，可以说是走到希腊的牧羊神时代了。但是所走的方向是不错，将来再由混乱而进于澄清，由 Dionysos 的精神，求出 Apolls 式的表现，我可以断言世界的艺术不久有一个黄金时代出现。②

可见他对表现派的欣赏，也可见他对表现的批评。《女神之再生》《湘累》以及后来的《孤竹君之二子》，有歌德的影响存在是当然的，但也决不能忽视表现派、象征派的影响。这种影响往往是朴素交错，或者说是综合的。如果我们仔细加以研究，不难发现，《聂嫈》则更多地受了表现派戏剧的影响，特别是《伽来市民》的影响。

要说明这种影响，有必要对德国表现派的兴起作一个非常扼要的回顾：德国

---

① 郭沫若：《创造十年》，《学生时代（沫若自传·第二卷）》，《郭沫若全集》第 12 卷，北京：人民文学出版社，1992 年版。

② 郭沫若：《印象与表现——在上海美专自由讲座讲演》，《郭沫若佚文集》，成都：四川大学出版社，1988 年版。

表现主义运动，是从 1911 年柏林的《行动》（Aktion）杂志出刊的那年开始的。1912 年，石尔基的《乞丐》（Der Bettler）发表，可以说是最早的表现主义戏曲；1913 年出版了表现派的抒情诗人威甫尔（Werfel）的诗集；1914 年是表现派具有关键性的一年，出版了两种重要作品：一为汉生克洛甫（Hasenclever）的《儿子》（Der Sohn）；一为凯惹尔（Georg Kaiser）的《伽来市民》（Die Burger Von Calais）。于是，表现主义在当时的文坛上，才确定了自己的位置。第一次世界大战的影响，表现主义文艺热潮，一度成了中止状态。但是仍有平和主义的一派文人继续这种运动。战后，人们几乎普遍厌恶战争，另想建设一个理想的世界。于是，表现主义再度盛行。他们反对模仿自然，要把自然收入自我里面，然后再照全人类所宜遵照的普遍法则加以改造，但这种图谋是不易实现的，只在艺术的天地里才能自由表现，并且要实现这种图谋必须用艺术来普及这种观念。日本人岸光宜先生说：

> 这个自我与现实的新关系，就是一个奋斗，所以文艺中，以奋斗为对象的戏曲，就最适于表现主义……凯撒的《伽来市民》，不但是表现主义的杰作，并且是最近德国戏曲中的白眉，虽是同一样的牺牲行为，但不为狂热的承袭的爱国心所驱策，而达到了明瞭的文化自觉，很能使人在这一点上感到人类的伟大。①

不错，《伽来市民》热情地歌颂了一种自觉的牺牲精神，使人充分地感到了人类的伟大。剧本取材于法兰西雕刻家罗丹同名群像雕刻。英法两国交战，法军失败了。英军包围了伽来市，派来了媾和使节，条件是：要伽来市于第二天送六个牺牲者到英王那里去，方可赦免全市居民；否则就填塞港湾，夷平全市。伽来市为了此事，召开了市参事会。会上一个代表军国主义的军官，力斥英王提出的条件，情愿大家洁净地战死。对于这一主张，一个名叫爱斯泰修的代表人道主义的参事会员极力反对，他从挽救全市市民生命财产的角度出发，竭力鼓动大家接受英王的条件。他认为：为伽来起见，为世界人类起见，为保全必要的港湾起见应该有所牺牲，便自告奋勇宣布，他愿成为牺牲的一员。许多参事会员为爱斯泰修

---

① ［日］岸光宜著、海镜译：《近代德国文学的主潮》，《小说月报》12 卷 8 期。

的高尚精神所感动，也决心牺牲，一下就有七个人报名，比英王要求的人数还多了一个，以至争论起来谁也不肯退出。爱斯泰修便提议：翌日早晨，在预定的市场上齐集，谁来得最晚，便不承认他有担负牺牲名誉的资格，就留在市里。大家同意了他的提议。翌日早晨，自愿牺牲的人都早早地到了规定的寺院前的市场集合，独有爱斯泰修一人没来。大家正疑惑他的允诺时，爱斯泰修竟被舆尸而至；他来的最晚，却牺牲在最先！其他六人，受到极大的激励，便怀着高尚的决心更加从容地踏上了牺牲之路。恰好，英军阵中于昨晚诞生了一个王子，英王因要表示庆贺，又派使节到伽来宣布，愿将六个牺牲的市民特赦。为了英王的这一决定，市参事会便在六人原来集合的寺院召开盛大的祈祷会，以示感谢。祈祷会时，市民们把爱斯泰修的棺木安置在祭坛上面。这时，连那胜利的英王也不得不跪在更大的征服者爱斯泰修的灵前。剧本就这样歌颂了人类的高尚的自觉牺牲精神。难怪有人要说它，"可作爱国文学的模范，可与席勒之《威廉·退尔》在德国文学史上齐名。"郭沫若的《聂嫈》所歌颂的不也正是这种高尚的自觉的牺牲精神么。为了事业，聂嫈和春姑争着牺牲了。但她们非常明白：为了向人们"介绍得一位真实的英雄，原是值得我们牺牲自己的生命呢！"所以，她们的牺牲是那样的从容，是那样的自觉。这种牺牲并没有白白浪费，它换来了更多的觉醒，卫士杀死了长官，喊出了真正人的声音：

> （挥拳大呼）啊，朋友们！我们来杀死这一些没良心的狗官啊！（猛烈地执士长二三的头部，并碰其头，又向地上抛去，二人晕死。）啊，一千两银子的赏格我也不要了。朋友们！你们有良心的，便请来帮助我把这位好人的尸首抬进山里去吧！你们有良心的，便请跟着我来，跟着我山里去做强盗去罢！
> ……好啊，我们做强盗去！我们做强们盗去……①

这里，人类高尚的自觉的牺牲精神显示了多么巨大的力量啊！郭沫若这样处置较之《伽来市民》更有奋斗精神，《伽来市民》对《聂嫈》的影响是显而易见的。不过我们要注意，当时的影响往往是多方面的，《聂嫈》除了《伽来市民》

---

① 郭沫若：《三个叛逆的女性》第 2 版，上海：光华书局，1929 年版。

的影响，还有爱尔兰剧作家约翰·沁孤的影响，因此，我们一定要综合地去研究。

郭沫若虽然曾经表白过，他费了不少力气才摆脱现代派，特别是表现主义的影响，其实，在他日后的戏剧创作里也不难发现其影响仍然存在。既然如此，他又何以要做那样的表白呢？当然是由于思潮变迁。对于现代派的各个流派，只要真正能科学地加以分析，是有可取的东西的。让我们加强对它的认识，对它的研究吧。

一九八九年一月

郭沫若与"文艺理论丛书"

近年，研读一些关于马克思主义文艺理论在中国传播和影响的文章与著作，获得不少知识，受到很大启发，但总感到或者史料欠翔实，或者线索欠清晰，或者论证欠充分……很有必要深入研究下去。

我们认为：关于马克思主义文艺理论的引进、传播及其影响，在中国现代文学史上，有三件事值得特别加以注意。哪三件事呢？

一、冯雪峰主编，鲁迅带头翻译出版的"科学的艺术论丛书"；

二、郭沫若带头翻译出版的"文艺理论丛书"；

三、周扬编辑的《马克思主义与文艺》。

这三件事中第一、三两件，很多研究者早已注意了，并作了不少研究。唯有第二件事虽也有人提及，但往往语焉不详，应该说是长期被忽略了。

本文拟加以介绍。

一

早在"革命文学"论争中，鲁迅就深感"可供参考"的理论是太少了。他反复地说：

> 有马克斯学识的人来为唯物史观打仗，在此刻，我是不赞成的。我只希望有切实的人，肯译几部世界上已有定评的关于唯物史观的书——至少，是

一部简单浅显的,两部精密的——还要一两本反对的著作。那么,论争起来,可以省说许多话。①

这是1928年8月10日在回复一位名叫恺良的人的问题时说的。1930年4月,鲁迅在一篇《我们要批评家》的文章中更是提出:

> 这回的读书界的趋向社会科学,是一个好的,正当的转机,不惟有益于别方面,即对于文艺,也可催促它向正确、前进的路。但在出品的杂乱和旁观者的冷笑中,是极容易凋谢的,所以现在所首先需要的,也还是——
> 几个坚实的,明白的,真懂得社会科学及其文艺理论的批评家。②

于是,鲁迅、冯雪峰带头编辑出版了一套"科学的艺术论丛书"。原计划出版15种,有人又说16种,实际出版了8种,翻译了普列汉诺夫、卢那察尔斯基、弗理契、梅林格等马克思主义者的重要著作,"明白了先前的文学史家们说了一大堆,还是纠缠不清的疑问,""救正"自己还因自己"而及于别人——的只信进化论的偏颇"。③

鲁迅的这些体会,很快成了当时革命文艺工作者的共识。中国左翼作家联盟成立大会上一致通过的理论纲领和行动纲领,就决定了建立种种研究组织,确立马克思主义的艺术理论及批评理论。因此,左联成立后,更加强了译介工作,并展开了对错误思潮的批判,同时也开展内部论争,如对"自由人"和"第三种人"的批判、大众化问题、典型问题、现实主义问题、两个口号问题等的论争。在这些批判或论争中,早先在"革命文学"论争中暴露出来的许多问题并没有完全解决。人们更加认识到学习理论,特别是马克思主义文艺理论的重要和迫切,也就更加勤奋地译介马克思主义文艺理论。东京"左联"的盟员在郭沫若的带领下,采取了一次有组织、有计划地译介马克思主义文艺理论著作的集体行动,在不到一年的时间里就推出了一套十本,名之为"文艺理论丛书"的马克思主义理论译著。关于这套丛书的由来,我曾写信向当事人之一的林林同志请教,承他在

---

① 鲁迅:《文学的阶级性》,《鲁迅全集·三闲集》第四卷,北京:人民文学出版社,1981年版。
② 鲁迅:《我们要批评家》,《鲁迅全集·二心集》第四卷,北京:人民文学出版社,1981年版。
③ 鲁迅:《三闲集·序言》,《鲁迅全集》第四卷,北京:人民文学出版社,1981年版。

百忙中予以答复。他告诉我：

> 一九三五年，质文社陈辛仁同志建议编文艺理论丛书，得同仁支持，便请郭老带头，他即译马克思的文论，我即译当时文豪高尔基的《文学论》，日译本很多……译后请好友邢桐华，是我早稻田同学，是研究俄文的，帮我校正填补，这人很好，但死在 1939 年，于桂林。这套丛书是我送致上海出版，报酬很低，但书得到当代文化青年的喜爱。这书局早已关门。想上海图书馆可能还有十册留存，顺告，我们同志难得保存它。

林林同志还找人为我抄写了十册书的书名、原作者、译者。据了解，这套丛书在郭沫若带头翻译马克思《神圣家族》的影响下，确实凝聚了"左联"东京支部的力量，不但以《质文》社的人马为骨干编译出版了这套十册一辑的"文艺理论丛书"，而且还创办了以介绍"社会主义现实主义"为中心的大型刊物《文艺科学》，两者互相配合，相互呼应，倡导并展开了一个"文艺重工业运动"。

这套丛书和刊物所译载刊发的文章，"都是当时在国际无产阶级文学运动中被认为是指导性的论文"。① 《文艺科学》原来作为社论发表的《提倡文艺理论重工业运动——1937 年的展望》，最初的副标题是："认真学习马列文艺理论"。丛书中编译了马克思的《黑格尔思辨之秘密》，恩格斯《致保尔·恩斯特的信》以及高尔基的关于文艺的论述，目的都在于让作家们能"把握住科学的理论，以认识和表现社会的现实"。这在丛书的"刊行缘起"中说得更加清楚，现全文抄录如下：

> 人类历史上的一切伟大的成果，都是从理论和实践之科学和统一中成长的，在艺术文学上，理论和创作、批评家和作家的关系之密切重要，已是众人皆知的事实了，像倍林斯基对于改革前的俄国文坛的影响，像藏原惟人对于日本新兴文学的影响，即是一例。"伟大的作品是批评家和作家协力完成的"，卢那卡尔斯基的话，并非没有根据。作家应该把握住科学的理论，以认识和表现社会的现实，理论也应该以现实和作品去丰富它的内容。

---

① 林焕平：《从上海到东京——中国左翼作家联盟活动杂忆》，中国社会科学院文学研究所《左联回忆录》编辑组编：《左联回忆录》（下），北京：中国社会科学出版社，1982 年版。

但在我国，还不正是在开始的事业。

数年前也有忠实的学者在努力这事业的介绍与启蒙的工作，使普列哈诺夫、卢那卡尔斯基、弗理契、梅林格诸人的科学种子，在我们的土地上成长起来。可是和现实的发展一样，理论的发展是飞快的，现阶段的理论，扬弃了普列哈诺夫、布哈林、德波林的不正确的影响，清算了卢那卡尔斯基、弗理契、玛察、阿卫巴黑诸人的错误，展开了更广泛更丰富的领域，把握了更吻合着现实的发展和反映现实的发展的方法。

但在我国，这还正是在开始的事业。

我们刊行的这套丛书，就是这个开始的开始，不消说，这种工作是还需要更充实的力量的，我们相信这个开始将收到应有的收获，将得到普遍的共鸣协助，正和我们坚信现实之必然的发展一样。①

"缘起"对"革命文学"论争于"左联"解散一个时期的译介工作，可以说作了一个非常客观、同时也非常全面的回顾，并且对当时中国文艺界的战斗任务作了非常具体、非常明确的表述。应该承认：它是我国翻译史、思想史上的一份重要文献。

据蔡北华先生回忆：郭老经常为刊物写稿，有杂文、杂感等，还为东盟出版的"文艺理论丛书"写了序言，"缘起"是否就是这里所说的为"文艺理论丛书"写的"序言"呢？它刊登在郭沫若的《艺术作品之真实性》，还作为广告刊登于《文学界》1936 年 6 月创刊号。根据蔡北华先生的回忆，"缘起"应该就是丛书的序言。那么，这"缘起"很可能就是郭沫若的手笔，从文章的气势和行文的句式看也很像出自郭沫若。

二

"左联"解散前后，典型问题的争论仍在继续，"两个口号"的论争则在更广大的范围内进行着……正是在这种背景下迎来了我国译介出版马克思主义文艺理论的又一个高潮，不但马克思主义文艺理论的经典作品纷纷出版，如瞿秋白的

---

① 《刊行缘起》，《艺术作品之真实性》，东京：质文社，1936 年初版。

《海上述林》，1936 年，由鲁迅委托日本朋友内山完造将书稿寄至东京，以"STR"① 译著、"诸夏怀霜社校印"② 的名义，4 月印成出版。书中收入马克思、恩格斯、列宁关于文学艺术的经典理论及高尔基的论文选等；又如赵秀芳编译的包括恩格斯关于文学书信的《恩格斯等论文学》，1937 年 3 月，由上海亚东图书馆出版……而且还出版了米尔斯基的《现实主义》，伯林斯基的《伯林斯基文学批评论》，高尔基的《高尔基论文选集》《高尔基论苏联文学》《高尔基文学论集》《高尔基论文》等。然而，最值得注意的还是"文艺理论丛书"所显示出的一个崭新的特点，那就是再也不是忠实学者的个人行动，而是一次有组织、有计划的集体行动。"左联"东京支部充分利用了他们的特殊环境、特殊条件，在不到一年的时间里就推出了一辑十册"文艺理论丛书"，还同时创办了以介绍"社会主义现实主义"为中心内容的大型《文艺科学》杂志。"丛书"包括了马克思、恩格斯的经典著作，苏联著名文艺理论家的论著以及介绍国际无产阶级作家的最新动态。这套丛书和《文艺科学》刊物现已很难找到了，有必要在这里作一个简单的介绍：

《艺术作品之真实性》　　［德国］卡尔著　郭沫若译

1933 年苏联马列学院文学研究员希来尔和里夫西兹在卢那察尔斯基亲自指导下编辑出版了《马克思恩格斯艺术论》。这是世界上第一本马克思恩格斯关于文艺方面的言论的汇编。

《神圣家庭》中第五章和第八章是对思辨美学的批判以及对长篇小说《巴黎的秘密》的评论。这两章由马克思执笔，被收入《马克思恩格斯艺术论》。郭沫若根据汇编中收入的《神圣家族》中的两章，以德文原著，对照日本译本翻译而成。

《神圣家族》全名为是《神圣家族，或对批判的批判所做的批判——驳布鲁诺·鲍威尔及其伙伴》。该书题名是对鲍威尔兄弟及其《文学总汇》追随者们的一种诙谐的称呼。马恩在本书中驳斥了鲍威尔及其他青年黑格尔派（或黑格尔左派）的种种谬论，同时也批判了黑格尔本人的唯心主义哲学。此书既是马恩的重

---

① 瞿秋白的笔名。
② 夏：中国，霜：秋白。

要哲学著作，也是马恩的重要文学著作。

　　郭沫若翻译了该书第五章的部分内容，曾以题为《黑格尔式的神辨之秘密》发表在 1936 年 6 月 15 日出版的《质文》5、6 期合刊上，5 月 25 日东京质文出版社出版了摘译的全部内容，名之曰《艺术作品之真实性》，同年 11 月 15 日再版。国内有光明书局和天马书局版本。新中国成立后，群益出版社改名《艺术的真实》前后再版六千余册。这是我国第一次从原文翻译马恩的这部经典著作。

《现实与典型》　　［苏联］罗森达尔著　张香山译

　　这是一部专门讨论典型问题的专著。作者根据恩格斯"现实主义"并不是仅仅重视着细琐事之正确的描写，而是正确地在典型的事情上，描写出典型的性格的理论，环顾世界文艺思潮，一方面阐明了典型性格的创造，特别是新的典型人物的创造；一方面阐述现实乃是创造典型的源泉。

　　该书 1937 年 1 月由东京质文社出版，后由光明书局再版。

《现实主义论》　　［苏联］吉尔波丁著　辛人译

　　吉尔波丁系苏联文学运动的重要干部，曾任全俄作家同盟组织委员会秘书长等职，是著名文艺理论家。本书包括《布尔乔亚艺术的没落》《文学与社会主义建设》《形象的问题》三篇写于苏联作家协会成立初期的论文。作者从批判帕索士、莱奥诺夫等布尔乔亚艺术的没落、虚伪入手，阐述了社会主义现实主义的基本论点，强调了文学与社会主义建设的不可分割的关系，以及塑造典型人物及其技巧的重要性。

　　该书 1936 年 6 月由上海光明书局初版，同年 11 月再版。

《世界观与创作方法》　　［苏联］罗森达尔著　孟克译

　　这是一部研究世界观与创作方法的专著。作者对艺术创作的最尖锐的诸问题：世界观所给予现实的描写方法的影响如何，艺术家的世界观与创作方法是同一的吗，创作方法绝对被世界观左右吗，艺术的形象要绝对依存于思想吗……都给予了回答，并强调了正确地评价各个艺术家的创作，以及苏联作家运用马克思主义世界观的极端重要性。

　　该书 1937 年 4 月 20 日由东京质文社初版。

《文学论》　　[苏联]高尔基著　林林译　邢桐华校

译者从高尔基的文学论中选择了《文艺放谈》《关于创作技术》《关于社会主义的现实主义》《关于现实》《关于诗底主题》五篇重要论文。这些论文严正明确地指示着荡动于历史的两种力的现实里文学的基本问题，就是世界观与创作方法、典型化与夸张性、社会主义的现实主义与革命的浪漫主义、技巧与言语等诸问题，这些问题都是新文学运动中最紧切的问题。

该书 1936 年 7 月由东京质文社初版。

《作家论》　　[德国]恩格斯　[苏联]卢那察尔斯基等　陈北欧译

译者从当时不同的杂志上选译了堪称批评方法的模范的五篇作家论，作为正确地把握每位作家的极好的榜样供读者学习。这五位作家的作品论分别是：卢那察尔斯基的《莎士比亚论》《杜斯退益夫斯基》、恩格斯的《易卜生论》①、哥德里雪夫斯基的《普式庚论》、史达兹基的《高尔基论》。这不只是批评的工作，更是在创造新时代文学的大道。

该书 1937 年 1 月由上海光明书局初版。

《批评论》　　[苏联]倍斯巴诺夫著　辛人译

倍斯巴诺夫是苏联文学新阶段上活跃的理论家、批评家。本书原题为《苏联的批评状态和课题》，系作者在 1935 年 3 月 3 日开幕的第二次全苏作家大会干部扩大委员会上所作的报告。报告以当时的苏联的"特殊的"现实为基础，对各种文学现象作了分析、批评，被认为是社会主义建设时期的文学批评的总检讨，留给我们以宝贵的丰富的经验。

该书 1936 年 6 月由东京质文学社初版。

《科学的世界文学观》　　[苏联]西尔列索著　任白戈译

本书包含两篇文章：一篇是《卡尔与世界文学》，另一篇是《恩格斯底现实主义论》。前者是从古代文学到 19 世纪文学的史纲；同时又是一篇关于文学批评的经典文章。后者则是对恩格斯关于现实主义名言的阐述。两篇文章本质是两位

---

① 即恩格斯致保尔·恩斯特的信。

大思想家对于文学的科学的见地，言简意赅，含义丰富，影响深远。文学上的这些劳绩跟其在社会科学上的贡献是同样不朽的。

该书 1936 年 12 月由质文社和上海光明书店先后出版、再版。

《艺术史的问题》　　［日本］高赖太郎　甘粕石介等著　［苏联］G·克尼兹著　辛苑译

本书由高赖太郎的《文艺史之研究方法》、甘粕石介的《弗理契主义批判》、克尼兹的《苏维埃亚细亚之诗的评价》三篇文章组成。每一篇文章都是把文艺史的问题作为现阶段文艺理论的探索，阐述了唯物史观的研究方法，批判了"弗理契"的文艺理论，评价了苏联亚细亚的诗歌，展示出他们对于科学理论的贡献。

该书 1937 年 4 月由上海光明书局出版。

《文化拥护》　　［法国］纪德等著　邢桐华译

本书收入了高尔基的《论文化》、纪德的《文化拥护》、贝赫尔的《文化遗产之黎明》、尼赞的《人道主义论》。这四篇文章均为他们 1935 年夏天在巴黎召开的"国际文化拥护作家会议"上的演说或论文，充分体现了会议的精神，展示了会议的使命。会议高举"反对法西斯主义""拥护文化"的旗帜，唱出了拥护苏联的赞歌，喊出了反抗强权的绝唱，指导了知识分子应该走的道路。

该书 1936 年 6 月由东京质文社出版。

除了这十册书外，1937 年 4 月 10 日，盟员们还出版了号称"社会主义现实主义"专辑的大型刊物《文艺科学》。专辑分上、下两册，集中发表了关于社会主义现实主义的最新成果。上辑有社论《提倡文艺理论重工业运动——1937 年展望》，许修林的《苏联文学运动方向转换的考察——拉普的理论清算》，施惠林、多利科诺夫的《社会主义的现实主义概观》（梁惠译），吉尔波丁等的《社会主义的现实主义》（田方绥译），罗森塔尔的《社会主义的现实主义基本的诸源泉》（卓戈白译），西尔列尔的《社会主义现实主义的前提》（李微译），吉尔波丁的《新现实主义和革命的浪漫主义》（赫戏译）；下辑只刊登了文章目录，而未能正式出版，可能是因为战争爆发的原因。拟刊登的文章是：奴西诺夫的《社会主义的现实主义与世界观及创作方法》（田方绥译）、《社会主义的现实主义之心理表现》（白楚译）、卢那察尔斯基的《戏剧上之社会主义的现实主义》（李微译）、日本高冲阳造的《现实主义与艺术形式的问题》（赫戏译）、林为梁的《现实主义与浪漫主义》。

从以上的简略介绍，我们可以非常清楚地看到，丛书和《文艺科学》所刊登的文章，确确实实都是当时对国际无产阶级文学运动富有指导性的参考文章。尽管由于抗日战争的爆发，这套丛书和文章未能广泛传播，但其影响还是不能低估的。

三

"文艺理论丛书"和《文艺科学》专辑把鲁迅、冯雪峰开创的译介"科学的艺术论丛书"推向了一个新阶段，提高到一个新水平。如果说鲁迅、冯雪峰动手译介普列汉诺夫等人的著作，是使普列汉诺夫、卢那察尔斯基、弗理契、梅林格诸人的科学种子，在我们的土地成长起来，那么，郭沫若等人译介马克思恩格斯等人的著作，则是要"清算"并"扬弃"普列汉诺夫、布哈林、德波林、卢那察尔斯基、弗理契、玛察、阿卫巴黑诸人的"不正确的影响"或"错误"，以便掌握真正的科学理论，把握"更吻合现实的发展和反映现实的发展的方法"。这方法，当时看来就是社会主义现实主义的方法。正如他们所说：

> "社会主义的现实主义"在中国，与其说还很贫乏，毋宁说干脆地说是缺如。所以，我们大胆地越快越好地企图把"社会主义的现实主义"的诸问题系统地介绍到中国的文坛。而正惟其如此，我们之不能臻其完善，原是大家可以意想；也正惟其如此，我们暂时侧重在编译。这说是大胆的尝试，不如说是大胆的学习。①

正因为如此，所以东京盟员们在郭沫若的带动下，集中地介绍了社会主义和现实主义。社会主义的现实主义是与"拉普""直接印象""活生生的人"等理论错误斗争的产物，是十几年来苏联文学理论、批评的斗争史，是从托洛茨基主

---

① 蔡北华：《回忆东京左联活动》，中国社会科学院文学研究所《左联回忆录》编辑组编：《左联回忆录》（下），北京：中国社会科学出版社，1982年版。

义、瓦浪斯基主义、倍列维尔则夫主义、普列汉诺夫、弗理契主义到宗派主义的批判和扬弃的结晶。社会主义的现实主义的核心或灵魂则是它的真实性和典型人物的创造。丛书和刊物着力介绍马克思的真实论，特别是恩格斯关于现实主义的科学见解。译者们反复告诉我们：

> 恩格斯一面规定现实主义的概念，一面说道："现实主义并不是仅仅重视着细琐事之正确的描写，而是正确地在典型的事情上，描写出典型的性格。"①

> 这一段乃是最具体地规定了现实主义的特质，而尤其特别强调了典型性格的重要性。我们看几多有名的古典作品和现实主义作品，不能发现代表某时代人物的典型的，几乎没有；这乃由于最高的真的艺术，乃存在于典型的创造里。②

> 恩格斯曾经说过这句话："照我看起来，现实主义，除了详细情节的真实性以外，还要表现典型的环境之中的典型的性格。"这是一句言简意赅的文艺名言。恩格斯一生虽不治文学，却也发表了含义相当丰富而深邃的书简，非三言两语所能解释得了，许多人认为他在文学上的劳绩，跟社会科学上的贡献是同样不朽的。读了这里译出的一篇，至少可以得到一点他对于文学的基本概念吧。倘嫌不够明显，还请参照《海上述林》上卷五一五八，那里面对马恩二氏的文艺见解，也有着极详细的阐发！③

毫无疑问，这都有助于人们对马恩文艺理论的理解和掌握。马克思恩格斯的文艺理论是从批评斗争中产生的，也只有在批评斗争中才能得到发展。只有更真切的文艺批评，才能有真的新文艺和新批评的产生的希望。鲁迅在《对于左翼作家联盟的意见》中百般感慨地说道：

---

① 《给马格雷特·哈克涅斯的信》。
② 《编后语》，《社会主义的现实主义特辑》（上），《文艺科学》创刊号，1937年。
③ 张香山译：《现实与典型·前记》，《现实与典型》，东京：质文社，1937年初版。

前年创造社和太阳社向我进攻的时候，那力量实在单薄，到后来连我都觉得有点无聊，没有意思反攻了，因为我后来看出了敌军是在演"空城计"。那时候我的敌军是专事于吹擂，不务于招兵练将的；攻击我的文章当然很多，然而一看就知道都是化名，骂来骂去都是同样的几句话。我那时就等待一个能操马克思主义批评的枪法的人来狙击我的，然而他终于没有出现。①

　　为了把鲁迅的"希望"变为现实，"左联"也曾采取了许多措施，作了多方面的努力，但收效仍然甚微，"以马克思主义文艺批评自命的批评家"，"在所写的判决书中，同时也一并告发了自己"的批评还远远没有绝迹……针对这种情况，丛书的译者们用心良苦地编译了《作家论》《批评论》，选取了一些正确把握作家的批评方法的模范和典式。译者在介绍马克思的文学活动时语重心长地说道：

　　　　它是从古代文学到十九世纪文学的史纲；同时又是一个关于正确的文学批评的经典。它不只使我们对于但丁、西万提斯、莎士比亚、歌德、巴尔扎克、海涅那些伟大作家有了一个真实的评价，而且使我们可以根本地获取一个批评的尺度。尤其是在提高文艺理论水准和批判地接受文艺遗产的今日，这是一件自信不无意义的翻译工作。②

　　是的，这是一次很有意义的翻译工作。它不仅集中介绍了马克思恩格斯关于文艺的经典论断，而且集中介绍了社会主义的现实主义，为当时的革命文艺工作者提供了新的斗争武器，大大推动了马克思主义文艺理论的研究工作，促进了无产阶级文艺革命运动的快速发展，对确定马克思主义在中国文艺思想界的领域地位起了很大的作用。由于抗日战争的爆发，人们的视线有了转移，郭沫若和东京左联同仁的这些努力完全被忽视了。今天，我们的文坛经过了更大的震荡和更多的曲折，重新注意一下这套"文艺理论丛书"和《文艺科学》还是很有益的。

----

　　① 鲁迅：《对于左翼作家联盟的意见》，《鲁迅全集·二心集》（第四卷），北京：人民文学出版社，1981年。
　　② 任白戈译：《科学的世界文学观·前记》，《科学的世界文学观》，东京：质文社，1936年初版。

永远的精神支柱

——从周公致郭老的两封信谈起

郭沫若与周恩来从北伐前夕相识到 1976 年周恩来逝世，恰好半个世纪。半个世纪里，两人一直作为知音、兄弟、战友，共同为中国人民的解放、社会主义革命和建设奋斗！

在这漫长而艰辛的岁月里，周恩来始终是郭沫若最重要的精神支柱。南昌起义失败后，在逃亡途中，郭沫若写了一篇题为《神泉》的文章，说：

> 朋友们的去向，丝毫也不知道。特别是病中的恩来，时常在我的脑海中回旋着，我不知道他的病是不是好了，是不是脱了险，顺畅地到达了海陆丰？这要算是不幸，只因偶尔的差池，便和他们离开了。那许许多多精神上的支柱，中国革命的火种。
>
> 有这些火种的存在，中国革命的火，依然要燃烧起来，而且会从地心燃出，而不是在地面上燃鞭炮了。[1]

周恩来、郭沫若作为革命火种留存了下来，从地心燃烧出。周恩来更成为"那许许多多精神上的支柱"之一给郭沫若以最大的影响。可以说，周恩来一直是郭沫若精神上最重要的支柱！

---

[1]　郭沫若：《神泉》1948 年 9 月香港《小说》月刊一卷三期《郭沫若全集·革命春秋·海涛集》十三卷，北京：人民文学出版社。

南昌起义失败后，他们先后潜回上海。周恩来根据党的安排，迅速而成功地将郭沫若转移到日本，让他在那里开辟了一个全新的战场，并取得了辉煌的成就！

抗日战争爆发，郭沫若听从党的召唤，"别妇抛雏"，只身回到祖国。1937年7月27日，快到上海时，他在船上赋诗道：

此来拼得全家哭，今往还当遍地哀。

四十六年余一死，鸿毛泰岱早安排。

回到上海，即马不停蹄地投入抗战洪流。当时，上海已成孤岛，为了发挥更大作用，他打算去南洋募捐。11月27日离开上海，先去香港，后赴广州。1938年1月1日，突然接到武汉陈诚来电：

有要事相商，望即命驾。

陈诚

这时，八路军、新四军都在武汉设立了办事处。郭沫若认为有必要去一趟。1月9日便去到汉口。10日，即前往八路军办事处拜会多年不见、时时思念的周恩来。在周恩来的房间里会见了董必武、林伯渠、邓颖超、王明、博古……

会见中得知：陈诚电文中所谓"要事"，原来是国民党的军队又打算恢复政治部，由陈诚担任部长，周恩来和黄琪翔任副部长。下边分设四个厅，总务厅之外设一、二、三厅，一厅管军中党务，二厅管民众组训，三厅管宣传，拟安排郭沫若任三厅厅长，并担任指导委员。对这样的安排，郭沫若很不以为然，立即表示"不愿干"。理由是：自己耳朵聋，不适宜做这样的工作；并且认为在国民党支配下做宣传工作，只能是替反动派卖膏药，帮助欺骗群众，自己处在自由的地位说话，比加入了不能自由的政府机构，应该更有效力一点，而且相信自己做了官，青年们是不会谅解的……

在场的同志对郭沫若的这些想法、说法，立即进行了规劝、批评……一致认为郭沫若的想法不合时宜。周恩来更是语重心长地说道：

考虑是可以的，不妨多听听朋友们的意见。在必要上我们也还须得争取些有利的条件。但我们不要把宣传工作看菲薄了。宣传应该把重点放在教育方面去看，我倒宁肯做第三厅厅长，让你做副部长啦。不过他们是不肯答应的。老实说，有你做第三厅厅长，我才可考虑接受他们的副部长，不然是毫无意义的。①

朋友们的批评，特别是周恩来的解释、劝说，并没有完全打消郭沫若"不愿干"的念头。1 月 31 日，周恩来又亲自写信劝说郭沫若。信中写道：

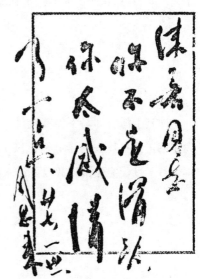

> 沫若同志：
>
> 你不是滑头，你太感情了一点。
>
> 廿七·一·卅一
>
> 周恩来

尽管如此，郭沫若的思想问题仍未得到彻底解决。为躲避三厅厅长职，2 月 6 日，竟只身逃往长沙去了。陈诚得知这一消息，几次电话催督他回汉口，又通过黄琪翔等人向郭沫若表示，一定要他回去，一切问题都可以当面商量。甚至这样放话：要等他回去，三厅才开始组织，假如他不回去，三厅就尽它虚悬在那儿……许多朋友说，你假如要再开玩笑，那大家都不把你当朋友了，将来的历史也不会容恕你的。2 月 26 日，周恩来又特派于立群带着自己的亲笔信和其他朋友的信前往长沙会见郭沫若。于立群还口头转达了陈诚对周恩来的表示：要他立刻回汉口，一切事情都可以商量。这样，郭沫若于 28 日，携于立群一道回汉口。

郭沫若回汉口后，陈诚立即去看望。郭沫若向陈诚提出三个条件：

一、工作计划由我们提出，在抗战第一的原则下，应该不受限制；

---

① 转引自《洪波曲》。

二、人事问题应有相对的自由；

三、事业费要确定，预算由我们提出。

陈诚回答得很干脆，件件依从。①

这样，郭沫若才答应出任第三厅厅长。3月1日着手筹组，先后与董必武、周恩来、阳翰笙等人多次讨论、研究、拟定工作计划，又特送周恩来审阅。周看后，复信说：

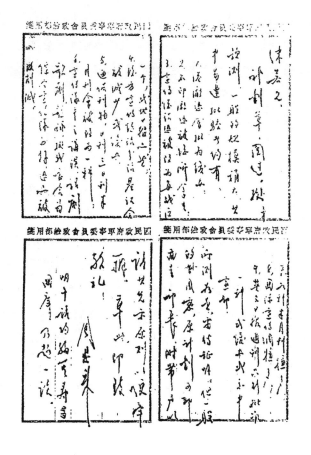

沫若兄：

计划草草阅过。据弟预测，一般的规模稍大，其中易遭批驳者约有：

1. 港厂恐会批为缓办；

---

① 转引自《洪波曲》。

2. 石印厂恐被总所拿去；

3. 宣传总站恐被改为每战区一个，战地日报亦然；

4. 后方宣传总站、分站、基站会被减少或缓办；

5. 通俗刊物，日刊、三日刊、半月刊会被改为一种；

6. 宣传队中之讲演、话剧、歌剧，歌咏，据我意合为综合宣传队为好，恐亦被削减；

7. 各种半月刊嫌多；

8. 国际宣传纲嫌多；

9. 英文日报、周刊只能批准一种，或缓办或交中宣部。

所测如是，尚待证明。但一般的是周密，原计划可即面呈部长。附带声明，请其先示原则，以便举办。

草此，即致

敬礼！

周恩来

明午请约翰笙、寿昌、国庠、乃超一谈。

经过几番协商，反复研究，整个组织机构和工作计划，以及各种重要的人事问题，大体都得到解决。三厅于4月1日宣告正式成立，随即展开了轰轰烈烈的工作：武汉各界"扩大宣传周"；庆祝台儿庄大捷"歌咏、美术、火炬水陆大游行"；"雪耻与兵役扩大宣传周"；"战时节约运动宣传周"；"'七七'周年纪念献金活动"；"'九一八'周年纪念扩大宣传周"……这一系列的宣传活动①，掀起了国统区抗日的最高潮。

在工作中，郭沫若除亲自参与各项实际活动，还从理论上予以总结，为郑传益所编的《政治工作的实施》作了序文，指出：

在工作中教育对象，在工作中尤须教育自己。古人云："修辞立其诚"，必自己先有诚信，然后工作方能推动。本书作者于此曾三致意焉。希望本书之读者勿得鱼而忘筌也。

---

① 详情可参看《郭沫若学刊》发表的《三厅工作报告》。

6月，该书由武汉拔提书店初版。紧接着郭沫若又自己动手撰写了《战时宣传工作》一书。全书分《总论：理论与方法》《分论：应用与实习》两部分。总论阐述了抗战建国纲领、宣传工作者之修养，以及言论宣传，艺术宣传等宣传方式，分论则分别说明对民众、士兵、敌人不同对象以及国防的宣传等。该书于7月25日由民国政府军事委员会政治部印发，封面上特别用了："戎马书生"政治部第三厅厅长郭沫若著、"乐山郭氏""沫若"三个印章。这两本书对三厅的工作起到很好的指导和推动作用。

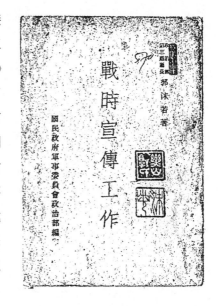

从南昌起义、三厅、文化工作委员会，到解放战争、新中国成立，再到"文化大革命"，可以说，周恩来一直都是郭沫若精神上的支柱。1976年1月9日，周恩来逝世的噩耗传到了正在生病住院的郭沫若耳中，他惊呆了，悲痛欲绝，用颤抖的手在日记本上写下了这样的诗句，寄托自己的无限哀思：

风萧萧兮易水寒，

壮士一去兮不复还。

1月13日，又写了《怀念周总理》：

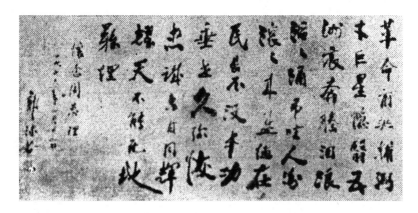

革命前驱辅弼才，

巨星隐翳五洲哀。

奔腾泪浪浮滔涌，

吊唁人群滚滚来。

盛德在民长不没，

丰功垂世久弘恢。

忠诚与日同辉耀，

天不能死地难埋。

1978 年 1 月 13 日

附记：本文写成，得曾健戎先生提供若干材料，致谢。

记周恩来、郭沫若抗战期间一次重大活动

——关于《文工会签名轴》二三事

《文工会签名轴》，是在文化工作委员会庆祝成立举办的一次盛大招待会上全体出席者的签名。全称应该是"政治部招待陪都文化界、新闻界晚会来宾题名"。签名事项由当时的经办单位文化工作委员会负责，因此，习惯称"文工会签名轴"。它是一件极其珍贵的国家一级文物，记载着周恩来、郭沫若抗战期间的一次重大活动，透露了不少的历史信息……是研究抗战史，特别是文化工作委员会的绝好材料。下面谈谈关于它的几个问题。

"得而复失"的故事

"四人帮"垮台后，上海文物清查小组一直在努力寻找《签名轴》，经过不懈努力，终于在一九八三年七月找到，十六日归还给原珍藏者翁植耘。翁立即在长轴的左眉写上了如下话语（末尾盖有收藏者印章：翁植耘藏）：

> 一九四五年郭老嘱保存，一九六六年遭劫，一九八三年七月十六日失而复得，谨献北京郭沫若故居。

短短的几十个字，却包含了无限的感慨。

据他说，招待会后，《签名轴》一直悬挂在天官府七号文化工作委员会的大

厅里，另一边则挂着田汉手书的一幅顶天立地的行书大中堂。行书气冲霄汉，备受周恩来和其他文化界同志的赞赏。一次周恩来来到文工会，看了郭沫若和田汉补题的两首诗，不禁发出感慨，说："郭先生的'笔剑无分同敌忾，胆肝相对共筹量'这一联好！""寿昌的诗更富感情，'天下几人锅有米？川中今亦食无盐'一联道出了人民的疾苦。"1945年4月1日，文化工作委员会被迫解散，在安排善后工作时郭沫若和冯乃超同志将《签名轴》等文物交时任文工会秘书的翁植耘保管。新中国成立，翁向郭沫若汇报过《签名轴》珍藏的情况，郭叫他继承保管。1958年，翁被错划为右派，失去了外间一切联系，但仍然将它珍藏着。"文化大革命"期间，他家先后五次被抄，珍藏文物，散失殆尽，《签名轴》也被抄走，下落不明。

《签名轴》的珍藏者翁植耘，名泽永，字植耘，浙江宁波人。他是文工会首任秘书，一个很有背景的秘书。所谓背景，指他是陈布雷的亲外甥。陈布雷，当时身为国民党中央宣传部次长，蒋介石侍从二室主任，国民党中央政治会议副秘书长……如此背景，翁本可以在仕途上升官发财，然而，他放弃了，投向了进步事业，做了郭沫若在文工委员会首任秘书，与郭沫若"共事数载"，对郭沫若有密切接触，有较多了解。他还喜爱书法，特别是郭沫若的书法。如他寄给笔者的一个复印件中所说："郭沫若的书法手迹，我保存好几幅，见到过的则难以计数，很多是在当面看着郭老挥毫的。"

党的八届三中全会后，他得到彻底平反，曾出版过《在反动堡垒里的斗争》等著作，回忆三厅及文工会的战斗。郭沫若逝世后，我开始郭沫若研究，读了他的著作，受到不少启发。当时，便萌生了一个想法，希望能与他早日相识。很幸运，1982年10月27日到11月2日，在纪念郭沫若诞辰九十周年及学术研究会时终于相见、相识，1984年10月18日至24日在《抗战时期郭沫若学术研讨会》上又得以相会，很快成了好友，常有书信来往，从他那儿得知不少关于郭沫若在重庆的战斗信息……我向他约稿，向他请教，无一不得到满意的答案。他撰写了《郭沫若领导的第三厅在重庆》，我将此文编入《郭沫若研究专辑》第五辑。他还先后赠送给我郭沫若为他书写的条幅照片，为其母陈若希女史五旬大寿所写的帛书手迹复印件等。

1985年，当郭沫若研究室编辑的1949年前郭沫若的佚文集即将付印时，我又先后读到他撰写的《"笔剑无分同敌忾"——记郭沫若领导的文化工作委员会成立时的〈签名轴〉《"签名轴"点滴》，便立即写信向他索要复印件，以便印入《郭沫若佚文集》。他很快就将《签名轴》的照片寄给了我，且在信中说：

> 《签名轴》已放印的照片，多已给友人索去，剩下来的都差一些，兹挑选最清楚的挂号寄上（你的信未用空邮，九日发十七日刚才收到）如果你制版时感到不清晰，盼径直电"上海永嘉路 300 弄 14 号先锡嘉同志，请他多印轴照片一份寄川大"，他正将我的底片拿去扩印（找最好的照相馆），他也是三厅、文工会的老同志，乐山人，很热心。
>
> 近日患疾病，匆匆作复。
>
> 祝
>
> 研祺！

翁植耘
1987 年 3 月 17 日午

经过他挑选的最好的《签名轴》照片，仍不很清楚，上面的字迹多无法辨认，但我还是将它印入《郭沫若佚文集（1906—1949）》的首页。

就在这时，姚雪垠先后发表文章，挑起《甲申三百年祭》的争论，遭到全国学术界的一致批驳。我也参加了批驳行列，撰写《〈甲申三百年祭〉的风波》。写作中，曾请教翁先生，并在文章中引用了他来信中的内容。我在批驳文章中这样写道：

> 姚先生说他"一直认为它是作者匆忙中赶写成的，不是严肃的历史科学著作"。只要对照一下姚先生七十年代的有关言论，读者即可发现，姚先生说的并不是真话。……请允许我先引用一位熟悉那段历史，也熟悉姚先生的老同志给笔者的信吧！信中说：

> 当年郭老在重庆天官府文化工作委员会向文化界朋友和文工会同志讲过关于李自成的事迹，也提到李岩和红娘子，郭老本来想把李岩红娘子的故事写成剧本的，因为斗争的需要写了《甲申三百年祭》，讲述时姚也来恭听，座谈时从未听到他有何想法。

笔者在访问另一些老人时也都一致谈了类似的，然而更尖锐的意见。可见，姚先生多次宣扬的"一直"完全应打上一个问号。

文中引用的话就是翁先生的信。当时一律没提老同志的名字，因此也就没写翁先生。

1991年，接到翁植耘先生的来信说：

锦厚同志大鉴：

公疏　雅启，时切驰念！89—90年，我曾到美国住了一段时间，和老朋友们联系少了。

七八年前您主编的《川大学报：郭沫若研究专刊》（总23期专刊第5期）曾刊登了一篇拙作：《郭沫若领导的第三厅在重庆》，承您赠我样书多册，因三厅老战友多，看到都给拿去了，我自己一本也没有留存了。不知尊处是否还有少量留存否？敢乞再惠赠一本，感激不尽！

专此奉恳，顺颂

撰安！

翁植耘谨启

一九九一·五·一五

我从库存的刊物中取了若干本寄去，他收到后，非常高兴。

今年春节，张顺发教授电话中问我，见过《签名轴》没有，说他在上海期间，从翁植耘一个亲戚处得到一份复印件。我请他寄来看看。寄来后，许多地方还是模糊。我向郭沫若纪念馆的有关人员打探：见过没有？回答是：没见过。顺发和我便四处打探、寻找，终于得知：《签名轴》原件已捐献给了重庆市博物馆。2014年9月3日起，重庆市将它作为国家一级文物在三峡博物馆陈列展出，引起观众的普遍注意和重视。9月4日，《重庆日报》还在《"抗战岁月"还原真实战时重庆》一文中对它作了重点报道：

记者在现场看到，一件国家一级文物引起了围观——该卷轴右侧的"政治部招待陪都文化界新闻界晚会来宾题名"由郭沫若题写，轴尾由田汉题写。三峡博物馆副馆长张荣祥介绍，这是"1940 年 11 月 7 日文化工作委员会成立招待会来宾签名轴"，当时有 400 多位社会各界人士来到重庆，并在上面签下名字。

　　记者看到，这些题名都颇具个性，字体也大不一样，需要仔细辨认才能看出是谁的签名。经过仔细的寻找，记者发现了邹韬奋、陶行知、于右任、沈钧儒、章伯钧、冰心和其丈夫吴文藻等的签名。

应该说，这个报道是欠准确的。

顺便解答一个疑问："失而复得"，收藏者明明写着"谨献北京郭沫若故居"。为何后来又献给了重庆市博物馆，陈列于三峡博物馆呢？据翁植耘先生早先告诉笔者，他曾用林洛的笔名撰写一篇题为《郭沫若与安娜》的文章，刊发在 1984 年 5 期《中国老年》，其中涉及一些人事关系而引起了不悦，因此就一改初衷，将此轴赠送给了重庆市博物馆。

空前绝后的"签名轴"

一九四五年十二月八日重庆《新华日报》以"文化界空前盛会　政治部招待文化新闻界"为题对"盛会"作了报道，说：

　　政治部部长张治中、副部长梁寒操王东原、文化工作委员会主任委员郭沫若、第三厅厅长何浩若五氏，昨晚假中国电影制片厂招待汗市文化新闻界人士举行空前热烈之盛大晚会。到于右任院长孙哲生院长及黄炎培、沈钧儒、章伯钧、周恩来诸等文化新闻界人士共三百五十余人。

其实远远不止三百五十余人。这里说的是记者发稿时"轴"上的签名人数。到底是文化界新闻的哪些人，尽管有人对《签名轴》进行过研辨，由于签名者字体不一，大小各异，很难研辨，到目前为止，似乎尚无准确答案。

然而，弄清签名者将是一件十分有意义的工作。我做了一点尝试，对参加签名的人作了辨认。他们有：

周恩来、黄炎培、沈钧儒、陶行知、于右任、章伯钧、阎宝航、邹韬奋、邓

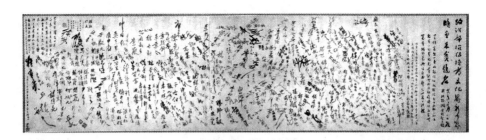

初民、陈望道、张申府、冰心、黄少谷、阳翰笙、李公朴、史良、曾虚白、田汉、冯乃超、洪深、茅盾、老舍、郑伯奇、马宗融、翦伯赞、沈志远、尹伯休、胡风、蓬子、吕霞光、叶籁士、徐步、蔡家桂、凌鹤、李可染、丁正献、柳倩、臧云远、安娥、沙梅、王琦、蔡仪、朱洁夫、尚钺、罗髻渔、朱海观、施白芜、胡仁宇、高植、石啸冲、翁植耘、钱文桢、黄序庞、力扬、乐嘉煊、霍应人、先锡嘉、白薇、万迪鹤、李广才、邢逸梅、绿川、刘巍、韩光、秦侠农、王孝宠、徐进之、于立群、丁月秋、杨鸿礼、陆坚毅、谭文选、常任侠、何公敢、徐寿轩、马彦祥、孙师毅、刘明凡、陈乃昌、刘启光、辛汉文、刘希宁、李嘉、赵启海、高龙生、郑用之、傅承谟、罗真理、孙杰、郭宝祥、张宗元、黄芝冈、李泽普、卓云林、吴作人、舒展、高集、徐盈、余克稷、王伯龙、陈尧圣、吕志澄、戈令、冯当波、王忍之、朱茂生、章骏锜、周光驰、黄微、吴茂荪、彭子岗、吴树琴、浦熙修、汪日章、史靖、黄洛郯、唐性夫、苏怡、黄印文、张良马、杨丙初、曹谷冰、陆晶清、林辰、滕杰、萨空了、陈和山、张维龙、闻廷耀、吴子游、唐国祯、周家岳、林桂园、许詠平、吴藻溪、张元松、李廷英、丁聪、吕少春、杨炳长、胡秋原、刘尊棋、吴敏、张元松、李绍林、郭春涛、吴遵明、沙夏、应云卫、梅林、王德亮、张光宇、金长祐、陈廷怀、孙炳炎、胡树琴、宋如海、华林、许超、彭哈、何联奎、朱世训、黄尧、李小梅、关良、王绍维、宋裴如、徐辅德、陈北鸥、韩鸣、孟君谋、卫聚贤、叶以群、林国华、葛一虹、杨邨人、朱德如、谢友兰、汪竹一、王炳南、王德亮、吴文藻、徐仲年、许君武、刘清扬、罗教、张书旂、何公敢、王卓然、郭宋泽、高兰、张道行、刘芳、范扬、郭秀仪、于毅夫、陈纪滢、吴毅、赵汉行、吕少春、何树元、许涤新、谷正冈、康泽、施复亮、长虹、丘哲、陈赓雅、李季谷、王泊生、林明哲、光未然、鲍宕、张如海、孟健民、安娥、王乃昌、亦五、张颖、潘梓年、罗荪、谢仁钊、李长之、王芃生、何容、白萍、李剑华、赵鹏升、曹靖华、朱洁之、童世纲、张白

山、张西曼、赵敏生、沙林、石部带代子、王云阶、任钧、陈鲤庭、侯外庐、张道藩、郭一予、李仲华、林贤予、方殷、王觉源、张九如、叶飞岚、刘雪庵、李仲平、潘刁农、吴道明、郭泽华、赵慧深、张德流、陈烟桥、胡绳、沙夏、沈起予、徐世勋、王平陵、周文、杨毅夫、吴克坚、凤子……

这个无法辨认全部人员的名单，几乎囊括了当时各党各派及无党无派各行各业在重庆的所有名流。在抗战史上，即使新文化运动史上，如此众多，不分党派、不分行业的名流同时出席一个招待晚会，实属罕见，可谓"空前"。

据翁植耘说：可惜签名台仅设两只，因此有一部分人漏签。看来有五分之一左右的人漏签了，一望便知的如孙科、张治中，轴中就没有名字。又如曾家岩五十号和《新华日报》社的同志，在我的记忆中，董老、邓颖超同志、章汉夫、徐冰、石西民、陈家康等同志，那天都参加了，而未见他们的名字。郭老题诗中说"晚会来宾题名者四百余人"是准确的。横轴裱成时郭老加题了"政治部招待陪都文化界新闻界晚会来宾题名""廿九年十一月七日于纯阳洞电影制片厂"① 两行字。12月21日郭老和田汉来，各赋七律一首，并加说明，裱在一起，内容如下：

四百余宾聚一堂，水银灯炷竞辉煌。
慰劳血战三杯酒，鼓舞心头万烛光！
笔剑无分同敌忾，胆肝相对共筹量。
醉余豪兴传歌曲，声浪如涛日绕梁！

晚会来宾题名者四百余人，宾主相洽，极一时之盛，酒后寿昌、老舍、浅哉、彦祥诸兄先后曼声作歌，佐以话剧及电影，直至夜阑始散，至今思之，犹有余兴，因赋此律。

十二月二十一日郭沫若题

田汉同志在横轴后面也题了一首七律，如下：

---

① 应该是 12 月 7 日。

紫电银涛发四檐，一时群彦见毫纤。

果然酒令如军令，敢说枪尖逊笔尖。

天下几人锅有米？川中今亦食无盐！

诸公且尽盈杯绿，好为民间达苦甜。

当夜部长演说，盛称笔杆之功，孙院长谈及食粮问题，尤得举座同感，盖各人都有一把辛酸泪也。

田　汉

这两首七律，生动准确地写出了"晚会"盛况空前，热烈气氛，充分表达了参会者的政治热情和抱负。

晚会是对蒋介石妄图"羁縻"进步文化人的阴谋的一次绝妙反击，更是全中国文化人抗击日本帝国主义到底的一次宣誓。

这些签名者都是历史最好的见证人，更是历史的参与者、创造者。《签名轴》不愧为一篇鲜活的历史教材！

堡垒是怎样建成的

文工会是国共两党斗争的特殊产物。从诞生到解散，每一步都充满了斗争。在斗争中诞生，在斗争中前进。张治中称它为"租界"，文化人称它为"解放区"，左翼人士视它为战斗堡垒。就是这个在敌人心脏的战斗堡垒，以特殊的方式为抗日战争和世界反法西斯的胜利做出了特殊贡献！

文工会成立于何时？如何成立的？怎样向外界宣布的？……至今说法尚不一致。

先听听几位当事人的说法吧。

郭沫若说：

民国二九年（一九四一年）

九月政治部改组，卸去第三厅厅长职，改组文化工作委员会。

十一月一日文委会成立。①

阳翰笙在回忆录中却这样写道：

文化工作委员会的筹备工作在一九四〇年九月基本就绪，十月一日成立并开始正常工作，十一月七日举行招待会，正式向文化界、新闻界宣布。②

翁植耘则说：

一九四〇年十一月一日文化工作委员会在重庆通元门天官府街七号正式成立。根据周恩来同志的指示，要造一个声势，以显示我们的力量。因而十一月七日晚假座纯阳洞中国电影制片厂（当时大后方唯一的一家电影制片厂）的"抗建堂"举行了一次盛大招待晚会。③

张治中则作了这样一番表达：

是年九月，我奉调为军事委员会政治部部长兼三民主义青年团中央干事会书记长。

……一九四〇年在我接任政治部部长之后，当时就有人主张把郭沫若这一派排挤出去，但是我并不以为然。我以充分的理由说服了建议的人，并且主张在政治部设置一个文化工作委员会，请郭沫若主持，以安置这些左派朋友。④

后来研究者们谈到这个问题时，多沿用了阳翰笙同志的说法。比较有代表性的是：

① 郭沫若：《五十年简谱》，《郭沫若先生创作生活二十五周年纪念会特刊》。
② 阳翰笙：《风雨五十年》，北京：人民文学出版社，1986 年 10 月版。
③ 翁植耘：《笔剑无分同敌忾——记郭沫若领导的文化工作委员会成立时〈签名轴〉》《社会科学》，1984 年第 1 期。
④ 张治中：《张治中回忆录》，北京：华文出版社，2014 年 4 月。

1940 年 9 月 16 日重庆《新华日报》报道："政治部拟设文化工作委员会郭沫若主持。"从这条消息看，这时郭沫若已正式辞去三厅厅长职务，并同意主持文工会。文工会筹组工作应该说从这时候开始。大约经过了九、十月的筹建。于 1940 年 11 月 1 日，文工会正式成立。12 月 7 日，文工会在抗建堂举行招待会，向文化界、新闻界"正式宣布"。①

龚济民、方仁念两位在他们的《郭沫若传》中写道：

> 一九四〇年十月文化工作委员会正式成立……于十二月七日假座纯阳洞中国电影制片厂所属的抗建堂，以政治部名义举行了招待晚会，向文化界、新闻界正式宣布文化工作委员会的成立。②
>   ……

阳翰笙说，"一九四〇年九月基本就绪，十月一日成立并开始正常工作。十一月七日举行招待会，正式向文化界、新闻界宣布"，对吗？可以肯定，不对。要回答这个问题，还得从三厅说起。我们知道，蒋介石点头让郭沫若担任三厅厅长，只不过是权宜之计，试探、软化、羁縻、利用、争取，才是其真实意图。

下面我们来看看事件的进程吧：

九月一日

新任政治部长已于昨日到部视事。③ 张上任的第一件事就是着手处理原三厅的人马。

九月初

张治中一上任，周恩来便去找他，对他说："第三厅这批人都是无党无派的文化人，都是在社会上很有名望的。他们是为抗战而来的，而你们现在搞到他们头上来了。好！你们不要，我们要！现在我们准备请他们到延安去。请你借几辆

---

① 文天行、秦川等撰：《抗战时期的郭沫若》，成都：四川省社会科学院出版社，1985 年 9 月。
② 龚济民、方仁念：《郭沫若传》，北京：北京十月文艺出版社，1988 年 2 月。
③ 中央社发布消息，9 月 2 日重报各报相继刊载。

卡车给我，我把他们送走。"张治中听后就说："等我报告了蒋委员长再说。"①

九月初

没隔几天，蒋介石突然召见郭沫若、阳翰笙、冯乃超、杜国庠、田汉等原第三厅的主要负责人。对他们说，现在正是国家用人之际，你们不能离开。我们想另外成立一个部门，还是由第三厅的人参加，仍然请郭先生主持。接着，蒋介石的机要秘书李维果对他们说，委员长的意思，部里成立一个文化工作委员会，委员会的宗旨是对文化工作进行研究，现在研究工作也很重要，仍然请郭先生主持，请诸公参加，这样也就是离厅不离部嘛!②

九月初

阳翰笙等向周恩来汇报蒋召见的情况后，说："蒋介石分明要把我们圈起来，怕我们去延安，你看怎么办?"周恩来听后，断然回答："就答应他吧! 他划圈圈，我们可以跳出圈圈来干嘛! 挂个招牌有好处，我们更可以同他进行有理、有利、有节的斗争，展开我们的工作。"他鼓励阳翰笙等说："我们处在无权无势时，还能在地下干，现在有一个地盘给我们站住脚，难道还怕干不成事吗?"③

九月七日

张治中约谈周恩来，谈话主要内容有：

（1）解释撤消三厅内幕；（2）探知蒋介石召见郭沫若、阳翰笙、田汉、冯乃超、杜国庠等三厅主要人员情况及谈话内容；（3）告知欲组建文工会，直属部长，专管文艺、对敌工作；（4）欲请郭沫若主持。

九月八日

周恩来致郭沫若，如下：

---

① 阳翰笙：《风雨五十年》，北京：人民文学出版社，1986 年 10 月版。金冲及主编：《周恩来传》，北京：中央文献出版社，1998 年 2 月 1 版。

② 同上。

③ 同上。

沫若我兄：

　　顷间张文白部长约谈三厅事。我告以文化界朋友不甘受党化之约束，故当郭先生就三厅长任时，即向辞修声明，得其谅解，始邀大家出而相助。今何浩若就任三厅，无疑志在党化，与郭先生同进退之人，当然要发生联带关系，请求解职。文白当解释全部更换，系委座意见，王系陈荐，梁为公推，袁、徐虽黄埔，但新识，何则最后决定，亦非自荐，只滕杰任办公厅主任，乃文白旧识。文白又询兄见委座经过，我当据实以对。彼言翰笙等辞职已准，但仍须借重，必不许以赋闲。最后征我意见，我以在文艺和对敌方面仍能有所贡献，只不便在党化三厅方针下继续供职，但决非不助新部长。文白乃言可组文化工作委员会仍请郭先生主其事，直属部长，专管文艺对敌工作。我答以此容可商量，最好请文白亲与郭先生一商。彼言明晨下乡作纪念周，将顺道访兄一谈此事。我意文白谈及此事，当为奉命而来，兄不妨与之作具体解决。盖既名文委，其范围必须确定，文艺（剧场剧团仍宜在内）与对敌工作倒是两件可做之事，然必须有一定之权（虽小无妨）一定之款（虽少无妨）方不致答应后又生枝节也。除此，在野编译所仍宜继续计划，因文委即使可行，定容纳不了全部人员，而文化界留渝一部分朋友亦宜延入编译部门。究如何请兄酌之！

　　早安！

周恩来

九月八日夜①

九月九日

张治中于赖家桥晤郭沫若，商谈关于文化工作委员会事宜。

郭沫若根据周恩来信中指示精神，接受组织文化工作委员会。

九月十日

郭沫若完成《文化工作委员会　组织大纲　拟议》

---

　　① 周恩来：《文艺和对敌工作仍能有所贡献——致郭沫若》，《周恩来书信选集》，北京：中央文献出版社，1988 年 1 月 1 版。

一、机构

直属于部长（据张部长口头指示）。设主任委员一人、副主任委员一人、委员若干人，下分三组（一）文献编纂组，（二）艺术改进组，（三）对敌工作组。外加主任办公室。全体机构仿厅之组织而较小。

二、工作范围

关于编纂方面：

1. 负责编纂较基本、较高级之战时文献。如《抗战一年》、《抗战二年》、《抗战三年》之类。

2. 负责编辑一种巨型之综合刊物。

3. 负责编辑较基本、较高级之文化丛书。

关于艺术方面：

1. 负责研究各种艺术部门（美术、音乐、戏剧、电影等）之改进与实验。

2. 负责指导本部直属各艺术团队之业绩并供给资料。

3. 完成中国万岁剧场之建立，并负责经理。

关于对敌方面：

1. 担任本部一切之对敌工作。

2. 日本在华反战同盟划归本委员会监督指挥。

3. 担任对敌工作人员之训练与督导。

三、经费

除一定之办公费经常费外，希望每月能有事业费（此乃最低限度，能多当然更好）二万元，在此范围之内编配应进行之工作限度。

四、人选

除三厅被撤换同事得以参加并以原级待遇（据张部长口头指示）之外，得酌量延纳外界人士以充实工作。

党籍不限。（此据张部长口头指示）

以上四项，如蒙核准，当再进行详细之组织方案。

廿九年九月十日于赖家桥　郭沫若　拟

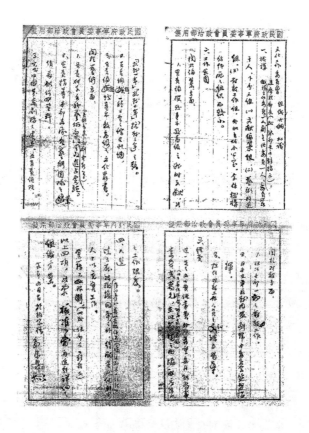

九月十三日

郭沫若致函张治中，谓："本部直属电影放映总队总队长一职本由沫若兼任，兹以本部改组，沫若原兼职务理应联带解除，敬请命令公布。至总队业务，向由副总队长郑用之同志负责，所有移交手续应否责成该副总队长代为处理之处并乞钧裁。"张治函覆道："大函敬悉，电影放映总队长职务应准解除，并派何厅长接充，函交接事宜，已分令何厅长及郑副总队长分别办理矣。"①

九月中旬

郭沫若拟订组织规程、编制及工作计划草案等，呈周恩来征求意见。

---

① 转引自：蔡震：《郭沫若生平史料撷拾》，台湾：花木兰文化出版社，2013 年 9 月。

九月二十一至十月二日

政治部以"治用巴字19200，19201，19203号"公文分别发出派令，办理任免交接事宜。

十月八日

治用巴字—九七六四号文拟设文化工作委员会并派郭沫若兼任主任委员、组织规程等件呈报国民政府军事委员会蒋委员长。

拟设文化工作委员会并派郭沫若兼任主任委员呈文

一、事由：本部拟设文化工作委员会并派郭沫若兼任主任委员，检呈组织规程等件请核示由

本部为发扬战时文化，加强对敌宣传并提供关于国际问题之研究，拟设置文化工作委员会，并派本部指导委员郭沫若兼任主任委员，是否有当？理合连同组织规程及编制草案一并呈请

鉴核示遵。

谨呈

委员长蒋

附呈文化工作委员会组织规程及编制草案各六份

政治部部长 张〇〇

二、事由：函请贵指导委员兼任本部文化工作委员会主任委员即希尅日组织成立由

本部为发扬战时文化，加强对敌宣传并提供关于国际问题之研究，特设置文化工作委员会并请

贵指导委员兼任主任委员，除呈会备案及加委外，相应核同组织规程及编制草案函请

查照即希尅日组织成立为荷

此致

郭指导委员沫若

附组织规程及编制草案各一份
部长 张〇〇

十月中旬

蒋介石以军事委员会指令令政治部

二十九年十月八日治用巴字第一九七六四号呈一件本部拟设文化工作委员会并派郭沫若兼任主任委员检呈组织规程等件。请核示由。

呈件均悉。准予备案。惟组织规程内尚有错字，编制表内官佐总数不符，经予修正。除饬函知军政部铨叙厅外，修正规程编制随令颁发，仰即知照。此后呈核附件，务须缮印清晰，校对无讹，然后上呈，以免贻误！是为至要。此令。

附发修正文化工作委员会组织规程及编制表各一份

委员长　蒋中正

十月十七日

张治中下达手令

聘　郭沫若先生为本部文化工作委员会主任委员

治中　十、十七①

---

① 手令，九月十七日签，十月十七日下达。

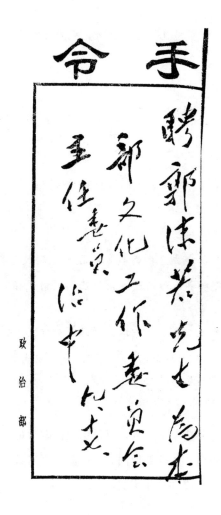

十月十八

国民政府军事委员会政治部命令

治机任字第十九号

二十九年十月十八日

本部

一、聘任杜国庠 尹伯休 洪深 孙师毅 □□□ 沈雁冰 胡风
郑伯奇 姚蓬子 沈志远诸先生为本文化工作委员会委员

二、聘田汉 舒舍予 马宗融 吕振羽 黎东方 孙伏园 熊佛西

王芸生　张志让　王昆仑诸先生兼任本部文化工作委员会委员。①

右令

第三厅

部长　张治中

十一月一日

文化工作委员会在重庆通元门天官府七号正式成立。

张治中说:

在文化委员会成立的时候,我还和他们谈了几个钟头。给他们解释安慰,并还约定和郭沫若两周谈话一次。谈话是在和谐友好的气氛下进行的,大家都觉得满意。

当时我还曾和郭沫若先生说过一句笑话:"我特意为我们左派文化人建立了一个租界!"这是笑话,但也可以反映出我的心意。②

十二月初

周恩来指示:要造一个声势,以显示我们的力量。

经与张治中协商,并得到他同意,以政治部名义召开陪都文化界、新闻界晚会,正式宣布文工会成立,并庆贺。

积极筹办十二月招待晚会。

十二月八日

《新华日报》以"文化界空前盛会　政治部招待文化新闻界"为题对"招待晚会"作了报道。席间张部长首先致辞,"深望今后诸先生更能努力在抗战建国两方面加强文化领导,则三民主义新中国之建立当在不远,希望诸先生多多与政治部联络"。最后举杯祝来宾健康,便请郭沫若主任讲演。郭沫若语,"抗战本身即为文化运动之发展,我文化界同人抗战以来,精诚团结,以发挥其无比力量,

---

① 以上关于文工会文件,源自 2011 年 2 期《郭沫若学刊》。

② 张治中:《张治中回忆录》,北京:中国出版集团公司华文出版社,2014 年 4 月。

今后更盼加强团结，笔杆一致对外，打倒日本帝国主义。文化工作委员会更望能与大众合作，并请多多帮助，本人愿全力追随"。郭沫若讲毕，张治中部长复请孙科院长讲话，孙院长在热烈掌声中致辞，"人生须要两种粮食，一为物质食粮，另一为精神食粮，我们要靠工农大众给我们物质食粮，工农大众需要文化，要诸位给以精神食粮。正如张部长所说，抗战之所以必然胜利，是由于诸位在文化上给以启蒙与鼓动……抗战即是革命，因为我们抗战建国的主要方向是实现民有民治民享之三民主义。……我文化界人士掌握供应人民大众精神粮食之重责，如何教导人民建立民有民治民享之三民主义新中国，而与敌寇汉奸，贪污发国难财者作无情战斗，实为文化同人之唯一方向。"孙院长讲毕，鼓掌之声持久不息，全体来宾都感奋不已。

讲演毕，晚会开始，田汉、老舍、洪深、马彦祥等同志先后登台慷慨高歌。救亡歌曲、诗歌朗诵等，节目一个接一个。最后中国万岁剧团演出了独幕话剧《未婚夫妻》，放映了一场魔术电影。至深夜始尽欢而散。

从这个过程，可以断定：文工会经过了两个多月的艰难筹备，11月1日成立，12月7日政治部举行招待会正式向外界公开宣布。一个红色堡垒建成，从此在国民党反动派的心脏展开了一场特殊的战斗，到1945年4月1日被迫解散，为抗日战争和世界反法西斯斗争的胜利作了特殊贡献！

2016年1月10日于川大花园

始终是值得尊敬的

——郭沫若与孙中山

郭沫若亲历了四川保路运动的全过程，他对辛亥革命有着特殊的感情，对领导这次革命的孙中山特别崇拜。他曾经这样说过：

> 当时的中国思想界是康、梁的保皇立宪和孙、黄的排满兴汉的对立，在四川虽然只是片面的前一派人占有势力，而在我们青年人的心目中却是鄙屑他们的。中国的不富不强就因为清政府存在，只要把清政府一推翻了，中国便立地可以由第四等的弱国一跃而成为世界第一等的国家。这是支配着当时青年脑中的最有力的中心思想。凡是主张这种思想的人，凡是这种思想的实行家，都是我们青年人崇拜的对象。我们崇拜十九岁在上海入西牢而瘐死了的邹容，我们崇拜徐锡麟、秋瑾，我们崇拜温生材，我们崇拜黄花岗的七十二烈士。一切生存着的当时有名的革命党人不用说，就是不甚轰烈的马君武，有一时传说要到成都来主办工业学校，那可是怎样地激起了我们的一种可言状的憧憬！①

可见当时的青年，革命热情是何等的高昂。这里说的是对烈士的崇拜，虽然没有直接提到孙中山先生，但却包括了对孙中山先生的无限崇拜，是毫无疑

---

① 郭沫若：《反正前后》，《郭沫若全集》11 卷，北京：人民文学出版社，1992 年版，第 203—204 页。

义的。

1925 年 3 月 12 日上午 9 点左右，郭沫若从路人的哀戚的谈话中预感到孙中山先生去世，果然，报载了这个消息：孙中山逝世了。他立即倾注全力写了一篇《哀感》，说：

呵，孙中山先生终竟死了！把他苦了多久的肝癌现在也不能再苦他了。他的功绩不消说是用不着我来表扬，他的瑕疵，或许是有时，也用不着我来诽谤了。我自己本是一个傲慢不逊的人，但在我的心目中，像孙中山先生这样的人始终是值得尊敬的。呵，他如今死了，他的铜像不消说是准定会建设的，他的葬仪或许也怕要采取国葬的形式吧？……但是就有五百尊铜像，五百倍国葬的威仪，那抵得上那位问我的商人的那种至诚的情意呢？

呵，他那很低抑很低抑的声音，很哀戚很哀戚的容貌！……中山先生哟！人们对你的思慕是会永远不灭的呵！……①

在郭沫若的心目中，孙中山永远是值得尊敬的。这种尊敬远远超过了年轻时对邹容、秋瑾、温生材、黄花岗七十二烈士的尊敬。经瞿秋白推荐，1926 年春广东大学聘请郭沫若任教，3 月，去广州前夕，12 日又前往交通大学出席孙中山先生逝世周年纪念会，并发表了三民主义与共产主义的讲话。3 月 23 日，郭沫若抵达广州，出任广东大学文科学长，立即着手整顿文科……8 月 17 日，国民政府发布命令，正式宣布将广东大学改名国立中山大学。郭沫若受聘参与改名改制的筹备工作，担任筹备委员，受托以孙中山先生思想为指导，订定校歌歌词。他不负所托，很快完成了校歌歌词的写作。歌词如下：

浩然正气此长存，霹雳一声天下惊，叱咤风云卷大陆，倡导三民主义救民族，此乃吾校之衣钵，此乃吾校之衣钵。

白日青天满地红，新兴文化作先锋，匪行之艰知之艰，倡导三民主义重民权，此乃吾校之真铨，此乃吾校之真铨。

---

① 郭沫若：《哀感》，《郭沫若全集》16 卷，北京：人民文学出版社，1992 年版，第 172 页。

中原之大中山大，扶植桃李满下天。博审慎明还笃行，倡导三民主义济民主，此乃吾校之光荣，此乃吾校之光荣。

歌词充分表达了中山大学师生继承孙中山的三民主义的愿望和决心。郭沫若自己则身体力行去实践孙中山的遗教：投笔从戎，参加北伐。

抗战爆发，他冒着生命危险，别妇抛雏，回到祖国，投入全民抗战的洪流。……1938年3月12日，孙中山先生逝世十三周年时，他为汉口《新华日报》题词：

仰之弥高

中山先生逝世十三周年纪念，题为《新华日报》

郭沫若

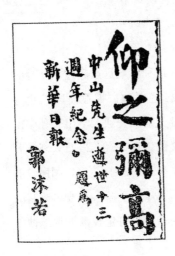

这位"仰之弥高"的伟人一直是他效法的榜样。1941年，正是抗战最为艰难的岁月，他所领导的政治部文化工作委员会为了鼓舞人们的斗志，3月12日，在抗建堂举行了盛大的庆祝国父孙中山诞辰七十五周年纪念大会。会上，郭沫若以"纪念孙中山先生的两大任务——加强国际国内团结"为题，致了开幕词，特别强调了"奉行中山先生团结救国的遗教，是当前国内政治生活中最迫切的任务，是一切环节中最主要的一环"。他明白无误地说道：

今天是国父孙中山先生的诞辰，是中国人民最重大的纪念日。

纪念伟大革命家的基本任务，不仅口头上赞扬他们的言行，而在实践上奉行他们的遗教。只有从这一观点出发，我们才配纪念孙中山先生。

从奉行遗教的观点出发，他详尽而中肯地分析并论证了切实加强国际的团结和国内的团结的重要性和紧迫性，对从实践上如何奉行孙中山先生的遗教提出了宝贵意见，最后语重心长地告诫到会者：

　　谁是中山先生的忠实信徒，谁是中华民族的优秀儿女，他们就必须牢牢记住并切实遵行中山先生的另两句遗言：

　　"革命尚未成功，同志仍须努力。"①

　　同时，郭沫若还撰写一篇题为《永在的荣光——为纪念国父诞辰而作》的专文，刊登在 1941 年 11 月 12 日重庆《中央日报》。文章充分表达了郭沫若对孙中山先生的尊重、热爱。它未收入郭沫若的文集、选集、全集。特全文引录：

　　七十五年前的今日，是中华民族历史上的一个新的时代的开端。

　　这一天，中华民族诞生了一位宁馨的婴儿，诞生在沿海的一个荒凉僻寂的乡村，在黑暗的暴力统治下面的中国，在门户洞开外患深入的时代。从这

---

　　① 郭沫若：《纪念孙中山先生的两大任务——加强国际国内的团结》，1941 年 11 月 12 日《新华日报·纪念孙中山七十五周年诞辰日刊》。

一天起世界的全貌就在暗暗地转换，中国的历史也在暗暗地转换：从卑贱的灵魂的没落到崇高的灵魂的长成，从古老的衰残的帝国到现代的文明的国家，从腐蚀的死去的一代到新生的年青的一代。

从这一天起，耶稣基督的棘冠和十字架，释迦牟尼的摩顶和放踵，列宁的流逐和出亡，三位圣哲的苦难沉重地放在一个人的肩上，压在一个人的心中。

从这一天起，四万万五千万所渴望着的幸福的自由的种子，从一个人的手中播散开来，萌出芽来。

他是三位圣哲的苦难的化身。他是四万万五千万人民的苦难的化身。他是尧舜禹汤文武成康以来的光荣的传统。他是中华民族的血液中的最优秀的一滴血。

他的遗教都成为耶稣基督的登山宝训，他所指引我们的道路成为以色列先知们的预言。

如今，他的遗教正在逐步实现了，我们已经和我们的患难相共的友邦亲密地携起手来，并肩作战。

他所指引我们的道路也正是我们今天所走的道路，虽然还是荆棘塞途。

我们快要废除一切不平等的条约，粉碎我们的镣铐！

我们快要消灭法西斯帝国主义，赶走东亚的强盗！

我们为国民民族的前途欢欣；

我们为他的永在的荣光歌唱。

没有他，我们都要变成了水族，没有一个光荣的十一月十二日，我们世世代代都要沉沦在万劫不复的深渊！

十一月十二日①

1956 年 11 月 11 日，北京举办了孙中山诞辰九十周年的展览会、纪念会，毛泽东为纪念会题了词："孙中山先生诞辰九十周年纪念大会"，又为孙中山诞辰九十周年展览会题词："孙中山先生生平事迹展览会"，还写了《纪念孙中山先生》的专文，刊载于 11 月 12 日《人民日报》，后收入《毛泽东选集》第五卷和《毛

---

① 郭沫若：《永生的荣光》，原载 1941 年 11 月 12 日《中央日报》第二版。

泽东著作选读》。文章高度评价了孙中山"领导人民推翻帝制，建立共和国的丰功伟绩"，赞扬了孙中山"全心全意地为了改造中国而耗费了毕生的精力，真是鞠躬尽瘁，死而后已"的高贵品质，并对如何利用孙中山"在政治思想方面留给我们许多有益的东西"作了重要指示。

在这次纪念孙中山先生诞辰九十周年的活动中，郭沫若写了四首律诗。他在给《人民日报》负责人邓拓同志的短信中说：

邓拓同志：

　　做了四首诗纪念孙中山，请您看，如无大毛病，请登出。

　　敬礼！

郭沫若
十、三十一

这四首诗以"纪念孙中山先生"为题发表在 1956 年 11 月 2 日《人民日报》，现收入《郭沫若全集》第 5 卷，改为《纪念孙中山》。诗是这样写的：

其　一

　　高野声名传禹绩，少年憧憬系斯人。

　　先知先觉开先路，改玉改行庆改秦。

　　资本喜闻将节制，地权切望待平均。

　　谁期三策遭颠复，蠢彼嚚顽误国民。

诗，从自己青少年时代对孙中山的无限景仰写起，述说孙中山先生的丰功伟绩，以鞭挞背叛孙中山遗志的"嚚顽"作结。

其　二

　　和平奋斗救中国，沉痛呼声不忍闻。

　　提防敌人来软化，宁教祖国受瓜分？

　　百言遗嘱沉沧海，一片降旗赴寇军。

　　社稷险教深屋复，鸡笼犹自锁妖氛。

诗，从怀念孙中山先生当年沉痛呼号救国的奔波，写到国民党违背总理遗嘱，险些让祖国灭亡，如今，台湾仍处在妖气的氛围中。

其　三

天高风净雁声还，寄语台澎托羽翰。

条约不平摧锁链，典型犹在沥胸肝。

为何甘作花旗虏，好自归来大节完。

此日西山秋正好，碧云深护水晶棺。

诗，由鸿雁传书的典故引发到闻雁声而想到写信，寄语台湾同胞摧毁那不平等的所谓《共同防御条约》，以孙中山与共产党合作为范例实现第三次国共合作。现在正是大好时机，碧云寺里孙中山的水晶棺还好好地存放着呢！

其　四

珍重三民精义在，五星赤帜遍中华。

有田耕者家家足，无产劳工处处嘉。

合辙自然符马列，论功当得轶华拿。

重将《礼运》临风读，遥拜金陵献一花。

诗，从孙中山的三民主义在祖国大陆实现的事实证明它符合马列主义的基本原则，其功劳远远超过了华盛顿和拿破仑，如今，更应该诵读孙中山手抄《礼运》所展示的"大同世界"的愿景，以此告慰孙中山的在天之灵。

四首律诗把孙中山的功业、愿景与现实融为一体，不但歌颂了孙中山，也歌颂了共产党，充分表达了继承孙中山遗志的坚定信心和决心。

1962年春，郭沫若去南方视察，专程访问了孙中山先生的故乡，参观了故居。作诗五首，以"访孙中山先生故乡"为题发表在当年3月30日《人民日报》，说："一九六二年三月七日由广州经顺德，前往中山，访孙先生故居。往返三日，得诗四首，词一首。"其中《访翠亨村二首》，专写访孙先生故居，诗前小序说：

翠亨村在中山县治石岐东南三十公里许。中山先生生地，旧宅犹存。宅前空旷处有榕树一株，树心已空。中山先生幼年时尝攀登此树，取鸟巢雏鸟。宅有围墙，墙内有小园种花。酸豆树一株，为中山先生手栽，在东侧傍墙，早年被风吹倒，卧地复上，已成大乔木。宅前西北角上有石井一眼，颇深，井壁青苔碧绿。住宅为中西合璧式，一列三间，有楼。

一

珠江门户漾春风，三角洲中水量丰。

满望农耕秧子碧，沿途花放木棉红。

华堂轮奂无都鄙，帝政推翻有巨公。

我到翠亨先奉告：工农已作主人翁。

二

酸豆一株起卧龙，当年榕树已成空。

阶前石井苔犹绿，村外木棉花正红。

早识汪胡怀贰志，何期陈蒋叛三宗？

百年史册春秋笔，数罢洪杨应数公。

此原件存翠亨村孙中山纪念馆　见《郭沫若学刊》2009年1期封二

第一首，通过翠亨村的巨变，既肯定了孙中山领导推翻帝制的功绩，又歌颂了人民革命的胜利，告慰孙中山"工农已作主人公"。

第二首，从孙中山亲手栽种的酸枣树，幼时攀登的榕树的变化写到今日的繁荣，对比中展开联想，如果早早识破汪精卫、胡汉民"怀二心"，那会料到陈其美、蒋介石背叛三民主义啊！编写近百年史，除了赞扬洪秀全、杨秀清，更应该大书特书孙中山的功绩。

参观完毕，郭沫若还应纪念馆的请求，书写了《访翠亨村二首》，那飞动的线条，刚健的神采，把诗意美与书法美融为一体，让人们透过自然美，窥见了现实和历史的变化，表达了郭沫若对孙中山的深情厚谊！

附记：

2007 年 11 月 13 日，我和佛山市委宣传部副部长、文化局局长徐东涛，创作室主任杨凡周一行七八人，沿着郭沫若当年参观孙中山故乡的路线，到了顺德、清晖园、翠亨村。

参访孙中山故居时，解说员告知："馆方所办书法展刚结束。其中有郭老一幅书法，可惜，现已收入特藏室。"应我们的要求，馆领导又特许从特藏室取出，让我们拍照。对纪念馆的这种热情，我得再次表示谢意。

二〇〇九年一月于川大花园寓所

台湾的声音藉诸位的喉舌放送了出来

——郭沫若与《台湾文艺》

1894 年甲午战争失败，清政府被迫签订了丧权辱国的"马关条约"，宝岛台湾割让给日本。从此，日本帝国主义对台湾实行了残酷的法西斯统治。尽管如此，台湾同胞还是进行了不屈不挠的反抗，一刻也没有忘记回归祖国。1926 年，一位署名明心（真姓张，名秀哲，又名月橙）的台湾青年就写了一篇题为《一个台湾人告诉中国同胞书》，倾诉了台湾同胞心向祖国的情怀，恳请郭沫若为之作序。他告诉郭沫若：

> 日本人统治台湾的法律，是不准台湾人批评政治和非难台湾政府一切的施设的，假使台湾人要非难政府，或者加入中国的国民党，政治结社，著书立说，向中国人介绍的，均处以相当的有期徒刑或罚金。①

又一位名叫杨志诚的台湾青年写了《我看了〈一个台湾人告诉中国同胞书〉》，两文合编成册，定名《勿忘台湾》。郭沫若为之作了序。1926 年 6 月 25 日由广州丁卜图书馆出版。郭沫若在序文中"佩服"他们的"勇敢"，希望他们"本着大无畏的精神，以后更努力介绍，努力宣传，以慰成台湾民众的彻底的革命"。诚如郭沫若希望的那样，日后越来越多的青年，投身到宣传台湾的洪流，

---

① 郭沫若：《勿忘台湾·序》，《郭沫若集外序跋集》，成都：四川人民出版社，1982 年版。

创办刊物，撰写文章，介绍台湾人民的处境，表达台湾人民的心声……1934年5月6日，爱好文艺的青年更是召开了台湾文艺大会，成立了"台湾文艺联盟"，创办了台湾第一份文艺刊物：《台湾文艺》。它以"为人生而艺术，为社会而艺术"作为办刊指导思想，遵循着"深入大众里头去"，"在世界的心脏上开放艺术之花"的方针，刊载各种类型、各种体裁的文艺作品及理论文章。刊物发行遍及台湾全岛，直到1937年"七七卢沟桥"事变，中日战争全面爆发前夕方才终刊。它是日本帝国主义法西斯统治台湾时期发行时间最长，作者最多，影响最大的文艺刊物。

郭沫若是台湾文艺青年一向"最敬仰的中国新时代之伟大作家"。《台湾文艺》的编者们殷切盼望郭沫若的支持和帮助。筹组期间，好不容易才从日本《改造》杂志发表郭沫若的随笔中得到一点他的信息，赖明弘立马到北京找朋友蔡嵩林介绍，去信身陷日本的郭沫若。信是这样写的：

沫若先生足下：

今得承蔡嵩林兄之介绍，得以奉信领教，这算鄙人久在希冀的愿望达到了。现在鄙人感到异常的喜悦并十分的光荣，因为能够和平素我们最敬仰的中国新时代之伟大作家先生通讯。

自从先生在杂志文艺——改造社——登出随笔的那儿，当时还在台湾的鄙人便立刻写信到改造社询问先生之住址。想奉信趋教，但后来又想没有经人之介绍，那是未免有些唐突，是以踌躇至今，未呈一信。虽然其间，即本年五月鄙人等在台湾组织文艺团体"台湾文艺联盟"之后，拟定发刊《台湾文艺》之杂志当时，鄙人亦每想要呈信征求先生之珠玉，惠赠大作，有所指示台湾文学之前途。然而已如上述未经人之介绍，未免无礼，故久悬在念头的愿望也就未能如愿了。真是抱憾！

迨至鄙人九月初旬上京后，才和嵩林兄会见，今才能够奉这第一信，以求先生之高教。这信匆匆便要首先向先生恳请佳稿，以增全台湾同胞之杂志《台湾文艺》之光辉。窃思我们素来最为敬仰之先生，尤其是能够理解殖民地将要建设大众的新文学之精神的先生，也许所乐应鄙人等之恳求吧。

台湾之新文学运动，是跟随着中国之新文学革命而抬头起来。虽经已多年，但为诸种种困难之客观情势，至今还是在微微不振之状态，这是我们最为痛感者。但台湾新文学，虽然尚未见良好的收获，也已有新文学的形影可观了。至少，对于旧文学之宣战可谓得着胜利，对民众培养了理解新文学之精神了。我们坚决地相信我们台湾的新文学，一定能够如同历史的演进不断地发展，将有未可限量的前途可以期待。是以我们不顾困难之现状，不怕前途浓厚的黑暗，纠合同志携手起来，向我们的工作，任务忠实地努力。

从来台湾新文学建设的客观情势成熟，反之我们主观的情势有些过慢，是以使新文学尚未脱出幼稚之期，这应归于我们的努力还是不足之故。然而近年来之趋势是在欣欣日上，有些自觉的热血青年，渐次在努力奋斗，这使我们更确信殖民地之新文学，一定有伸展之望。不消说，台湾的新文学是承接中国而缺少创造性，但我们必须努力使其能够自己创造伟大的台湾文学。鄙人等本年五月六日于台中倡开台湾文艺大会时，得全岛近百名之同志出席（其中也有旧诗人来参加），这在小小的台湾可谓空前的盛况。同时藉这个机会，组织前记之"台湾文艺联盟"的全岛之团体，虽组织尚未巩固，尚缺优秀之指导者，但我们不断地在努力，谅此团体将来亦能够收到相当的成果吧。如上言我们现在祇痛感缺乏优秀之指导者，我们委员学识未宏，经验又少，是以此后很盼望先辈诸公之指导和鞭挞。尤其是对素为我们崇仰之先生，我们很伏望多指示开拓台湾新文学之处女地的法子和出路，使我们同一民族之文学能够伸展而且能尽够历史的底任务！那么，我们的任务之一，可谓完成了。杂志《台湾文艺》创刊号现在业已付印，谅不日中可以出产，届时当奉赠先生，如果承先生不弃，给我们阅读加以批评，则我们荣幸之至了。

沫若先生足下，在这封信鄙人还有关于现中国文学上的一问题，深为疑义，很想拜闻先生之高见。是以这封信略有过长，甚有耗费先生之宝贵时间，多多无礼之处，敢请先生谅鉴是幸。这个问题是鄙人此一个月来萦回于脑里的，即所谓"大众语文"的建设问题。鄙人很难解现在中国怎么还在提倡这个问题。其实关于这个问题的提倡，岂不是还有考虑的余地吗？鄙人对这非科学的，盲目的之提倡表示反对。鄙人虽然还未曾到过中国，但据一些的书籍和许多从中国回来的友人之话，可以略知中国话各省各地大同小异（不过语音不同）至于语言的组织完全一致。从来的白话文确实很接近我们日常的语言，虽然还有点文皱皱，但我们容易理解。如先生、达夫、资平等诸先生的浅明平易的文章，我们读来不但容易理解，而觉得从我们的日常语言，滤去粗杂的油滑的文章。（鄙人之语言乃属福建）不容赘言，文章是滤去艰涩、粗笨的语言，而写就一种油滑、明亮的文，并不是把语言死板板地运用于文章里面的。他们似乎不明白此理，所谓"大众语文"的运动，岂不是陷此误谬？提倡者的一个任白戈说："'大众语文'使中国消灭一切语言底隔关，统一中国的语言，使完全为大众的……"云云。这是未免太模糊广泛的主张，鄙人敢断言没有具体的实现的可能性。为什么呢？各省各地的方言，若使其尽量运用于文章里面，是难以统一，会惹起混乱，那是自然之理。故如要统一语言，一定要有一种标准语（大众语中之一）和藉诸宣传机关。如日本以东京的语言为标准语，去藉发达的教育并诸宣传机关来统一全国的语言、文章。中国的方言甚多，不能各地主张各地语言的文章，照愚见还是以北京白话为标准，更努力普遍于全国，这才能够统一中国的语言，消灭一切语言底隔关。从来大众未能亲近文学，或致文盲，这并不能全归于白话文之罪，这是基于中国政治经济教育的客观情势使然的。若是树立所谓拉杂广泛的"大众语文"，那文学便是方言文学，不但不能够统一中国的语言，而是要更一层扰乱语言的统一。鄙人并不是在侮视各地的地方方言，鄙人之意见，不过是要有一种的标准语。文章、作品里面无妨可以插入各地比较普遍而善于感动民众的地方方言，以期语言之渐渐统一，语言之文字化，即语言之优美化（如日本的现象）。这才是统一中国语言的唯一办法，而是毫无违背大众的要求之工作。从来的白话文若说还有点文绉绉，那末，就再写些接近大众语言的文便够了，何必再提倡什么"大众语文"呢？

沫若先生！这种运动岂不是轻举妄动吗？以上的愚见未知先生以为何如？在此尚未得充分申述愚见，但鄙人之意见，高明先生大略可以窃知了吧。先生如赞同愚见，即希望先生速速促他们反省，打破他们的迷梦，庶免再在扰乱中国文坛。

信写得过长，耗费先生很多的宝贵工夫了，在这里重行道歉。并希先生对愚见返信指导，是为至祷。即此承导并请文祺

赖明弘　鞠躬
十一月十九日

郭沫若得信后，非常"愉快"地立即作了回复：

> 你们①的信接到，尤其是赖君的长信，我是很愉快的阅读了的。台湾有《台湾文艺》诞生，真是极可庆贺的消息，我是渴望着拜读。台湾的自然、风俗、社会、生活……须得有新鲜的观察来表现出来。
>
> 赖君关于所谓"大众语文"的批评是极正确的，目前的中国正是"黄钟毁弃、瓦釜雷鸣"的时代，让他们②去无事忙好了，纵横中国的大众和他们③是没有关系的。我大抵每天都是在家的，你们④得空的时候可以来谈。
>
> 沫若　十一月二十一日

（原附注：①④说你们乃我和蔡嵩林先生。②③说他们是指在中国提倡"大众语文"的诸家。）

郭沫若对台湾文艺青年的关怀和支持。赖明弘便将信，连同自己给郭沫若的信，加了按语，并发表在该刊一卷二期上。按语说：

> 于次乃系郭沫若先生复我之信，虽然是一张短短的信，但我们由此可以拜察郭先生对我们台湾文艺的关心，我们在此应该向郭先生道谢！末次附我的往信，以便领略信之内容。

赖明弘很受鼓舞，便约同蔡嵩林于 12 月 2 日前往郭沫若寓所进行面访。不巧，这天访问郭沫若的人很多，一波接一波，赖明弘只得抓紧时间，与郭沫若作了短暂的交谈，即使如此，他仍然觉得"很有收获"，"很有益于台湾的文坛"，因此一回去，立即写了一篇《访问郭沫若先生》，记录下郭沫若的重要谈话。刊发于 1935 年新年号。现将谈话内容摘录如后：

> 我们静候了十余分钟，郭先生又回到我们的室内来。我没有踌躇地就向郭先生开口了。
>
> "近年来为什么，很罕有先生创作？"
>
> "没有发表的地方。"

"上海岂不是有文学、现代等的文艺杂志?"

"是,可是文学有党派性,即鲁迅一派为中心的。现代很胆小,他们出版业者,极力逃避政府的干涉,所以没有舞台可以发表。"

"中国现在的左派作家有在活动吗?中国左翼作家联盟现在怎样?"

"大都受政府的压迫,陷于无可如何的状态了吧。"

"此次苏俄的作家大会,中国也有一个女左翼作家出席,这个女作家是不是中国左翼作家联盟的所属?"

"是,她名叫□□□,曾游学于德国,也是前孙逸仙夫人的秘书。"

"创造社一派的作家,岂不是还在活动吗?"

"是,虽然还在活动,可是离散了。"

在此问答小断,但我又说了。

"先生怎么不再写些小说?"

"我亦想要写,不过我想写的是中国民众现在的写实的底生活,可是我远离了故乡多年,现在的中国民众底具体的生活,不能够在目前看见,所以现在搁起笔来,虽然幼时在中国,可是现在的中国之情势不比当时了。"

"先生不想再回国吗?"

"那是未定的,我的生命想不到现在就死去,大约还能够再回国一趟罢。哈哈哈。"

"听说丁玲被政府暗杀了。是真的事吗?"

"我却没有确实知道,议论纷纷,也有人说她现在转向了,听说什么在拥护政府的杂志国民文学,最近丁玲女士在执笔云云。但是,实在转向与否,丁玲女士早前的功绩仍然是存在着。"

说到这里我便把话转向了。

"先生,台湾的文学,从哪一条路走去好呢?"

"我想还是以写实主义,把台湾特有的自然、风俗,以及社会一般和民众的生活、积极的而大胆地描写表现出来,台湾的特□□□□□□,我们是不能够知道的,只好广泛而率直地表现出来,别抱什么难解的观念,尽量去努力。"

"对于旧诗应取排斥的态度吗?"

"对于旧诗,不取排斥的态度,以诱导的方法,使其感化合流我们如何?不消说,我是局外者,不知道你们的内容的。若从合法的底纯艺术的立场说,即不在话内,可是若从非合法的之政治的底立场说,必须以诱导他们旧诗人来合流为上策。"

"我们的团体是合法的底纯文学团体的,并没有政治的底色彩。可是对于旧诗,岂不是采取排斥的态度,才是建设新文学的精神吗?"

"那是不必说的,对于旧诗我也是反对,但是不单旧诗,凡一切旧的形式,不合现代的内容,都要改革,我们都要再新创造的必要。譬如中国有句'日没西山,绿水东流'的成语,这是中国人,看出在西方的立说。但日本的汉学者,就是台湾的汉学家,每写文章,恐怕没有顾及山在西或不,仍然应用'日没西山……'下去,这些不是与现实矛盾?又譬如'青山绿水',我们以现在的眼光来观察,其实山不一定是青,水不一定是绿的,有时亦会变为红的……这些不过是一个举例,我们对于一切的语言,必须以新的感情来创造活泼泼而具有新的生命才好。"

"中国的新文学杂志如现代、文学,对于旧诗似乎完全排斥她。"

"是,文学或现代对于旧诗是绝对排斥的。"

我听了后很受感动。以上的话不过十五分钟以内说的,虽然我还有许多的话想求指教,但在别室尚有别的访问客在等候是以我也收束了话起来,和蔡君站起来告别,我们临走的时候,郭先生问我进过学校吗,我答还没。一面又激励蔡君用功。唉,你想,郭先生对我们青年很关心呵!我真情地感激了!

"今天真是打扰先生了。"

"不,请你们得空再来,我每日都在家。"

"那么失陪了。"

"失陪了。"

我和蔡君便出了门,在外面郭夫人又向我们道礼,我们也恭敬地应酬她。我们出了外门,即同原来的路归来了。途中我想今天很有收获了,蔡君亦说沫若先生的话,很有益于台湾的文坛。我们很得意极了,我年来的愿望也就完成的了。

在归途的车中，我的脑里还占据着，诗人郭沫若先生，小说家郭沫若先生，戏曲家郭沫若先生，学者郭沫若先生的伟大面影同时，我想像，期待郭沫若先生的从今以往，留着更伟大的功绩给我们，启蒙我们的前程！

为拯救祖国的废亡，为抗拒阶级的不平，为完成一个为民众的艺术家，为彻底的替民众探究真理的学者，伟大郭沫若先生此后更一层的奋战罢。

（一九三四·十二月二日记 于东京旅次）

该刊 1935 年新年号一出版，他们就寄送给了郭沫若，出乎意料的是刊物正连载增田涉著、顽铁译的《鲁迅传》。传文披露了创造社扣压销毁法国大文豪罗曼·罗兰对《阿 Q 正传》的"历史性的批评文字"。郭沫若看了，极为不满，当即致信《台湾文艺》编者，指出该传记的"误谬"：

启者，承你们寄了一份《台湾文艺》的新年号来，实在多谢得很。台湾的声音藉诸位的喉舌放送了出来，我是感着十二分的喜悦，并怀着十二分的期待的。这次我要写封信给你们，除专诚表示我这番意思之外，我要顺便提到一件关于《鲁迅传》中所述的事体。

《鲁迅传》的作者增田涉君，我也曾有一面之识，他是鲁迅的弟子，他的《鲁迅传》在《改造》上发表时我不曾翻阅，到这次由贵志翻译了出来，我才看见。但一看却使我大吃一惊的是左列的一段话：

"他的《阿 Q 正传》被翻译于法国，而登载在罗曼·卢兰所主宰的《欧罗巴》……这一个大文豪的卢兰，对他——鲁迅特地写了一篇很感激的批评，寄给中国去。然而很不幸，那篇历史的批评文字，因为落于和鲁迅抗争之'创造社'的手里，所以受他毁弃，那就不得发表了。"

这一节话真是莫须有的一段奇谈。

对这一节"真是莫须有的一段奇谈"，郭沫若根据自己掌握的事实给予了批驳，并再次对《台湾文艺》同仁提出自己的希望，说：

我很希望你们用新鲜的感觉，新鲜的笔致，把台湾的自然、风俗、社会、要求等等，如实地写出来给我们看，我们住在台湾以外的人是有这样的要求的。

郭沫若这封致编者的信，以"《鲁迅传》中的误谬"为题以及赖明弘访问记一并刊发于《台湾文艺》，一九三五年二月二卷二号上，由此，引发了一场关于"一封信"的旷日持久的争论。……

1935 年 1 月 30 日，增田涉致信鲁迅。鲁迅于 2 月 6 日作复，竟写下了这样的一段话：

> 《台湾文艺》我觉得乏味。郭君要说些什么罢？这位先生是尽力保卫自己光荣的旧旗的豪杰。①

毫无疑问，这是针对郭沫若的《〈鲁迅传〉中的误谬》有感而发的。鲁迅在给增田涉的信中虽然作了如此强烈的反应，但并没有在公开发表的文字中给予回击。倒是增田涉对郭沫若的指责同样采用了致刊物编者信函的形式予以辩解，并将刊有自己辩解信函的《台湾文艺》寄送给了鲁迅。鲁迅再没有说什么，只是在日记中记上了一笔：

> 一九三五年四月十九日
> 得增田君信并《台湾文艺》一本。

《鲁迅全集》十五卷 645 页对《台湾文艺》的注释是："台湾文艺·月刊。张星建编。台中台湾文艺联盟发行，一九三三年创刊。中日文合刊"。同一书十三卷 620 页致增田涉信对《台湾文艺》注释，却说创刊于一九三四年十一月五日。不是很矛盾么？同一刊物为什么有两个创刊时间呢？

增田涉的信发表后，郭沫若没有立即批驳。直到鲁迅逝世后，他才在悼念文章中再次提起罗曼·罗兰关于《阿 Q 正传》的历史性的批评文字寄给创造社的事。以后姚克、许寿裳及一些研究者都曾为此事先后进行过激烈论争，直到 21

---

① 鲁迅：《致增田涉》，《鲁迅全集》13 卷。

世纪，经过中外学者的不懈努力，终于将事实弄了个"水落石出"：罗曼·罗兰确实没有写过关于评价鲁迅的《阿Q正传》的文章；敬隐渔也没有将文章寄给创造社。关于这封信的争论，读者可以参见戈宝权的《"阿Q正传"在国外》及拙著《决不日夜记着个人的恩怨——鲁迅与郭沫若个人恩恩怨怨透视》。

后 记

1979年6月12日至19日，在乐山郭沫若研究学术讨论会期间，中国科学院文学研究所副所长、郭沫若著作编辑出版委员会办公室负责人、与会代表、著名作家吴伯箫强烈呼吁：

> "郭老是四川人，四川大学是郭老的母校。四川出了郭老，四川大学出了郭老，这是四川人的骄傲，这是四川大学的骄傲！"
>
> "四川大学的同志应该在研究郭老、宣传郭老方面做出更多的贡献！"
>
> "四川大学应该成为研究、宣传郭老的基地。"
>
> "我们寄希望于四川大学的同志们！"
>
> ……

这也是当年与会代表的呼吁和希望。

学校当局，校系两级领导听到了这些呼吁，知道了这些希望，很快采取了果断的行动：在全国率先成立了郭沫若研究室，由中文、历史两系教师组成，聘请吴伯箫、楼适夷、戈宝权等著名专家学者担任顾问，又率先创办了《郭沫若研究专刊》，恭请茅盾题写了刊名，率先开设了郭沫若研究课，接着还举办了一系列具有中心主题的郭沫若研究的会议及相关活动……中央人民广播电台、《人民日报》《光明日报》《文汇报》《文艺报》《北京周报（英文版）》等媒体对这些活动先后作了这样或那样的报道或评论。

在郭沫若研究的带动下，四川现代作家研究一浪又一浪，李劼人、巴金、阳翰笙、沙汀、艾芜学术研讨会相继举办，《四川作家研究》出版了，李劼人研究学会、重庆地区抗战文学研究会成立了……八十年代，是四川大学现代作家研究最为活跃的时期，也是在全国影响最为广泛的时期。

好事多磨，随着时间的推移、校系领导人特别是系领导的变动，阻力出来了，杂音出来了……郭沫若研究室无形消亡，《郭沫若研究专刊》《四川作家研究》相继寿终正寝……尽管如此这般折腾，郭研工作并没有消亡，也不可能消亡。它仍以各种形式在阻力和杂音中进行着，并取得一个又一个成果：《郭沫若集外序跋集》《郭沫若佚文集（一）》《郭沫若作品辞典》等一大批著作相继出版并获得广泛好评。

著名诗人、中国人民保卫世界和平委员会副秘书长、中国亚非团结委员会副主席、中国人民对外友协常务理事朱子奇来信说：

> 对郭老的保护不是个人问题，是个原则问题。你们的工作很有意义。特赐拙作散文集《飞向世界》给王教授指正。

他在给曾绍义教授的信中这样写着：

> "是个原则问题"，"工作很有意义"，怎么能够中断呢？一定得继续，而且要做得更好。

幸好，乐山地区、乐山市的党政领导杨万明专员、刘超书记、张浩部长以及文管所的黄高彬、唐明中等是有眼光、也有魄力的热心人，他们给了郭沫若研究以人力、物力方面的大力支持，让研究、宣传郭沫若的中心，研究、宣传郭沫若的基地得以顺利地由成都、由四川大学转移到乐山。郭沫若研究学会挂牌乐山大佛寺；《郭沫若学刊》1987 年和读者见面；1996 年四川郭沫若研究中心在乐山师范学院成立；2005 年四川省教育厅人文社会科学重点研究基地——四川郭沫若研究中心在乐山师范学院挂牌了，2007 年又升级为四川哲学社会科学重点研究基地。学会、中心、基地的郭沫若研究工作有声有色，成果累累，广泛而深刻地影响着中国乃至世界的郭沫若研究和宣传。

在喧嚣声浪中，顶着风风雨雨的吹袭，我们在郭沫若研究的道路上总算走过了近四十个年头，回想起来，真是百感交集。本书，只不过以个人的亲身经历，从一个侧面反映四川近几十年来郭沫若研究的变迁，为日后的郭沫若研究提供若干可供参考的史料！

本书得以出版，感谢四川郭沫若研究中心的资助，感谢《郭沫若学刊》编辑部同人的支持！

2016 年 10 月于
川大花园寓所